KB099587

# 실증 배달국사 I

# 실증 배달국사 I

발행일 2017년 6월 21일

지은이 전 문 규
펴낸이 손 형 국
펴낸곳 (주)북랩
편집인 선일영 편집 이종무, 권혁신, 송재병, 최예은
디자인 이현수, 김민하, 이정아, 한수희 제작 박기성, 황동현, 구성우
마케팅 김회란, 박진관
출판등록 2004. 12. 1(제2012-000051호)
주소 서울시 금천구 가산디지털 1로 168, 우림라이온스밸리 B동 B113, 114호
홈페이지 www.book.co.kr
전화번호 (02)2026-5777 팩스 (02)2026-5747

ISBN 979-11-5987-605-9 04910(종이책) 979-11-5987-606-6 05910(전자책)
979-11-5987-607-3 04910(세트)



이 도서의 국립중앙도서관 출판예정도서목록(CIP)은 서지정보유통지원시스템 홈페이지(http://seoji.nl.go.kr)와 국가자료공동목록시스템(http://www.nl.go.kr/kolisnet)에서 이용하실 수 있습니다.
(CIP제어번호 : CIP2017014139)

잃어버린 역사를 찾는 책들 ❷

# 實證 倍達國史

# 실증 배달국사 Ⅰ

전문규 지음

북랩 book Lab

**【 일러두기 】**

1. 이 책은 인용한 고전 원본을 복사하여 [원문(原文)]을 옮겨 적고 직접 [해석(解釋)]을 하여 독자로 하여금 고전 원본에 대한 이해를 돕고자 하였다.

2. 구성은 '장'과 '절'로 하였다.

3. 부호의 의미는 다음과 같다.

   ≪ ≫ 책, 잡지, 신문 이름을 표기한다.

   〈 〉 문헌 속의 부(部), 편(編), 기(記), 지(誌) 등 편명을 표기한다.

   " " 대화체를 묶는다.

   ' ' 강조할 단어와 문구를 묶는다.

   ( ) 추가 설명을 기록하였다.

   [ ] 추가 설명이 중복될 때 큰 괄호를 사용하였다.

4. 표, 그림 부연 설명

   [표 001~] 표를 첨부하였다.

   [그림 001~] 그림, 사진, 자료를 첨부하였다.

# 【 서문 】

역사연구가인 필자는 2015년 4월 30일 ≪실증 환국사≫ Ⅰ, Ⅱ를 출간하였다. 출간 이후에 ≪실증 배달국사≫ Ⅰ을 준비하던 중 아래와 같은 신문기사를 보게 되었다.

고인이 되신 박은용 전 효성여대 국문과 교수는 2002년 3월 21일 ≪대구매일신문≫[1]에 기고한 글에서 역사학계에 뼈아픈 지적을 하였다.

> 우리 학계가 민족의 기원신화에 나오는 '삼위'란 글자가 태백을 수식하는 관용어인지, 별도의 지명인지에 대한 학술적인 규명도 못 하고 있다.

이 '삼위(三危)'에 대한 뼈아픈 지적을 연구한 결과 '현 강단사학계에서는 금기어(禁忌語)로 삼고 있다.'는 결론에 도달하였다. 학술적인 규명을 못하는 것이 아니라 방치(放置)하고 있는 연구 분야였다. 즉 삼위(三危)가 삼위산(三危山)으로 해석되는 것을 교묘하게 학술적인 연구를 동원하여 방해하고 있다. 이 분야를 사실대로 바로 잡

---

1) '단군신화 기원은 중국 天山' 조향래 기자, ≪대구매일신문≫, 2002년 3월 21일자.

는 것이 이 책의 주요 내용이다. 몇 가지 핵심 내용을 소개하고자 한다.

첫째, 이 책은 ≪삼국유사(三國遺事)≫의 '삼위태백(三危太伯)'과 ≪제왕운기(帝王韻紀)≫의 '삼위태백(三危太白)'이란 역사기록을 연구하였다. 특히 '삼위(三危)'만 연구하는 데도 사료가 많았다. 그래서 '태백(太白)'은 ≪실증 배달국사≫ II에서 연구할 계획이다. 사료가 많은 이유는 오랜 세월 동안 '삼위(三危)'는 중국 감숙성 돈황현에 있는 유명한 서역(西域)의 명산(名山)이었기 때문이다.

둘째, '삼위태백(三危太伯)'을 연구한 책인데 왜 책 이름은 ≪실증 배달국사≫인가?'라는 의문이 생길 것이다. 삼위태백은 삼위산과 태백산이다. 2개의 산이 언급되는 것은 2개의 산이 나라를 세웠던 터전이었기 때문이다. 삼위는 삼위산(三危山)이다. 삼위산에는 반고가한께서 삼묘국이란 나라를 건국하였다. 장소는 중국 감숙성 돈황현이다. 태백산은 대부분 역사연구가들이 백두산(장백산)으로 추정하지만, 이는 잘못된 추정이다. 삼위태백의 태백은 중국 섬서성 미현에 있는 태백산이다. 이곳에 환웅천왕께서 배달국을 건국하셨다. 이를 이름하여 신시(神市)라 하였다. ≪삼국유사≫에는 배달국(倍達國)이란 기록은 없다. 신시(神市)라고 소개하고 있다. 그러나 ≪환단고기(桓檀古記)≫에는 배달국이란 나라 이름이 전해지고 있다. 삼위태백을 살펴본 시대는 바로 우리 민족의 최초의 나라, 즉 환인께서 건국하신 환국(桓國) 말기에 새로운 나라, 즉 배달국을 건국하던 때의 이야기이기 때문에 책 제목을 ≪실증 배달국사≫로 하였다. 삼위태백은 배달국과 삼묘국의 건국의 역사기록이기 때문이다.

셋째, 왜 삼위(三危) 해석이 역사연구에서 중요한가? 삼위태백은 삼위산과 태백산이다. 그런데 강단사학계에서는 삼위(三危)를 '세 봉우리가 솟은', '세 봉우리의' 등 고유명사가 아닌 수식어 정도로 왜곡하여 해석하려고 편법을 동원하고 있다. 삼위산이 중국 감숙성 돈황현에 있는 산으로 밝혀지면 어떤 문제가 있기에 왜곡하고 있는가? 이는 현 역사학계의 기조인 반도사관(半島史觀)을 수정해야 하기 때문이다. 또한, 중국에서 우리 민족이 동진(東進)한 이동 경로를 상세하게 연구하고 설명하여야 하기 때문이다. 이렇게 하려면 현 역사학계의 연구가 문제가 많다는 것을 스스로 드러내야 하므로 왜곡하고 있다. 필자가 책 내용에서 현 역사학계를 강도 높은 비판을 하였다. 그러나 역사학계가 이 책에 대한 반박과 비판을 필자는 기대하지 않는다. 그들은 역사적 진실을 무시하고, 핑계를 대고, 외면하는 전략을 지속할 것이기 때문이다. 그래서 더욱 실증(實證)적인 방법으로 연구하였다. 인용한 사서의 원문(原文)을 찾아서 같이 소개하고 있다.

넷째, ≪삼국유사≫ 등 국내 사서, 위서라고 비판하는 ≪환단고기≫, 고대사 연구 관련 서적, 중국 사서, 지리 관련 고지도 등을 살펴보았다. 마지막으로 중학교와 고등학교 역사교과서에 해석된 삼위태백을 살펴보았다. 교과서를 살펴보는 이유는 대학교에서는 전공 서적이 아니면 역사를 배우기 어려운 구조이다. 중학교와 고등학교에 배우는 역사가 인생에서 마지막으로 배우는 중요한 지식이기 때문에 꼼꼼하게 살펴보았다. 그러나 역사교과서에서도 삼위태백은 철저하게 왜곡되고, 무시되고, 외면당하고 있는 현실을 이 책을 통하여 알 수 있을 것이다.

이 책은 역사서적이다. 조금은 딱딱할 수 있다. 그러나 역사를 잃어버린 민족은 미래가 없다는 생각으로 읽어 보시고 잘못된 곳이 있으면 비판을 해 주기를 독자 여러분에게 바란다. 책 내용 중에 다소 비판의 정도가 심할지라도 이는 역사 연구를 비판한 것이지, 저자들의 인격을 비판하지 않았음을 밝혀두고자 한다. 이 연구가 책으로 편찬되도록 도와준 많은 분에게 감사의 마음을 전한다.

환국기원(桓國紀元) 9214년
배달국 신시개천(神市開天) 5914년
단군기원(檀君紀元) 4350년
서력기원(西曆紀元) 2017년 정유년(丁酉年) 여름

전문규(全文奎)

【 차례 】

제2절

## 제6절 중학교 역사교과서 삼위 고찰 _ 313



## 제7절 고등학교 역사교과서 삼위 고찰 _ 337

# 제 1 장

# 삼위산
# 三危山

≪삼국유사(三國遺事)≫를 조금만 읽어 봐도 잃어버린 상고역사를 찾는 매우 중요한 단서가 되는 핵심 단어를 찾을 수 있다. 환인(桓因)께서 환웅(桓雄)에게 새로운 나라를 개척하시는 것을 허락하실 때 삼위태백(三危太伯), 태백산(太伯山), 신시(神市)라는 산명(山名)과 지명(地名)을 남겼다. 특히 삼위(三危) 기록은 매우 중요한 단서(端緖)이다.

새로운 나라를 개척할 때 제일 먼저 살펴본 곳이 삼위산(三危山)이다. 삼위산에 대한 명확한 연구가 선행되어야만 한다. 삼위산(三危山)과 관련된 모든 역사자료를 찾아보고자 한다. 더불어 실증연구를 통하여 진실한 삼위(三危) 관련 상고역사를 찾아보고자 한다.

삼위산(三危山)의 위치는 쉽게 찾을 수 있다. 환국(桓國)의 터전인 천산(天山)처럼 삼위산의 이름은 수천 년 동안 그대로 부르고 있기 때문이다. 필자는 삼위태백(三危太伯), 삼위(三危), 삼위산(三危山) 등을 기록한 모든 사서를 찾아서 정리할 것이다. ≪삼국유사≫와 ≪제왕운기(帝王韻紀)≫ 등 국내 사서, ≪환단고기(桓檀古記)≫ 그리고 상고사 연구 서적, 중국 사서, 고지도에서 삼위산과 관련하여 찾을 수 있는 모든 자료를 정리하고자 한다. 또한, 중학교 검정 역사교과서와 고등학교 검정 역사교과서도 면밀하게 살펴볼 것이다. 역사란

세대에 세대를 이어가는 것이기 때문에 무엇보다도 역사교육의 교과서가 중요하다. 그래서 면밀하게 검토하고자 한다.

중요한 것은 단서를 바르게 해석하는 것이다. ≪삼국유사≫에 기록된 삼위태백(三危太伯)에 대한 해석을 어떻게 하고 있는지를 살펴보았다. 역사를 왜곡하는 것은 큰 불행이다. 삼위(三危)라는 기록을 바르게 해석하지도 못하고, 고대사의 중요한 단서를 애써 신화로 무시하고 있는 것이 우리 역사학계의 현실이다. 이런 역사학자들이 만든 중학교와 고등학교 역사교과서에서 무엇을 기대할 수 있겠는가? 독자들이 직접 살펴볼 수 있도록 가능한 모든 자료를 원본과 함께 제시하고 쉽게 번역하여 잃어버린 역사적 사실과 실증된 역사를 찾고자 노력하였다. 아무리 숨기려 해도 찾으려는 노력이 있다면 결코 역사의 진실을 숨길 수 없다. 그 역사 이야기를 시작하려고 한다.

# 제 1 절

# 《삼국유사》 등 국내 사서 삼위 고찰

≪삼국유사(三國遺事)≫, ≪제왕운기(帝王韻紀)≫, ≪조선왕조실록(朝鮮王朝實錄)≫, ≪동사강목(東史綱目)≫, ≪신증동국여지승람(新增東國輿地勝覽)≫, ≪관암전서(冠巖全書)≫ 등의 원본 기록을 살펴보고자 한다. 환인의 나라 환국(桓國)에서 환웅의 나라 배달국(倍達國)으로의 분국에 관한 기록에서 지명(地名)에 관련된 내용 중 삼위태백(三危太白)을 찾아볼 수 있다. 또한, ≪서경(書經)≫에서 언급된 삼위에 대한 사건을 ≪조선왕조실록≫에서 다시 인용한 기록과 여러 지리서에서 구월산(九月山)과 관련된 기록에서 삼위(三危)를 찾아볼 수 있다.

잃어버린 상고 역사를 찾기 위해서는 무엇보다도 가장 중요한 기록이 산 이름과 지명이다. 국내 사서 중 대표적으로 삼위태백을 기록하고 있는 사서들을 표로 정리하였다. 이는 상고사의 역사를 밝혀줄 매우 중요한 핵심 기록이다. 삼위태백을 명확하게 연구한다면 역사의 무대가 대륙 중심으로 해석되어 잃어버린 역사를 다시 찾을 수 있을 것이다.

삼위(三危) 관련 기록들과 더불어 ≪삼국유사≫를 해석한 책과 논문들을 찾아보았다. 핵심 단서를 자세하게 연구를 하지 않았으며, 일본 강점기에 연구한 식민사관(植民史觀) 중심의 해석을 비판 없이 그대로 옮겨 적고 있는 것이 현실이다.

역사를 잃어버리면 민족의 미래는 없다. 길게 보면 민족의 정체성을 상실한다. 그만큼 진실한 역사는 소중하다.

**[표 001] 삼위 자료를 기록한 주요사서 현황**

| 상고사적 | 내용 | 제작년도 | 비고 |
|---|---|---|---|
| 삼국유사 | 삼위태백<br>(三危太伯) | 1281년 | 정덕본<br>파른본 |
| 제왕운기 | 삼위태백<br>(三危太白) | 1287년 | |
| 제왕운기 | 삼위<br>(三危) | 1287년 | 아사달산 |
| 조선왕조실록 | 삼위태백<br>(三危太伯) | 1452년 | 단종실록 |
| 조선왕조실록 | 삼위<br>(三危) | 1452년 | |
| 동사강목 | 삼위태백<br>(三危太伯) | 1778년 | |
| 신증동국여지승람 | 삼위<br>(三危) | 1530년 | |
| 관암전서 | 삼위<br>(三危) | 1774~<br>1851년 | 홍경모 |

# 1. ≪삼국유사≫의 삼위태백(三危太伯) 기록

哉此紀異之所以漸諸篇也意在斯焉
古朝鮮 王儉朝鮮
魏書云乃往二千載有壇君王儉立都阿斯達 經云無葉山亦
云白岳在白州地或云在開城東今白岳宮是 開國號朝鮮與高同時古記云
昔有桓因 謂帝釋也 庶子桓雄數意天下貪求人世父知子
意下視三危太伯可以弘益人間乃授天符印三箇遣
往理之雄率徒三千降於太伯山頂 即太伯今妙香山 神壇樹
下謂之神市是謂桓雄天王也將風伯雨師雲師而主
穀主命主病主刑主善惡凡主人間三百六十餘事在
世理化時有一熊一虎同穴而居常祈于神雄願化爲

[그림 001] 1512년(壬申, 중종 7년)에 인쇄된 ≪삼국유사≫ 정덕본(正德本). 국보 306-2호로 서울대 규장각 도서관에서 보관 중인 사본이며 삼위태백(三危太伯)에 대한 역사 기록이 있다.

哉此紀異之所以漸諸篇也意在斯焉
古朝鮮 王儉朝鮮
魏書云乃往二千載有壇君王儉立都阿斯達 經云無葉山亦
云白岳在白州地或云在開城東今白岳宮是 開國號朝鮮與高同時古記云
昔有桓因 謂帝釋也 庶子桓雄數意天下貪求人世父知子
意下視三危太伯可以弘益人間乃授天符印三箇遣
往理之雄率徒三千降於太伯山頂 即太伯今妙香山 神壇樹
下謂之神市是謂桓雄天王也將風伯雨師雲師而主
穀主命主病主刑主善惡凡主人間三百六十餘事在
世理化時有一熊一虎同穴而居常祈于神雄願化爲

[그림 002] 2013년 연세대에서 기증받아 보관 중인 고(故) 손보기 교수의 ≪삼국유사≫ 파른본. 1512년의 정덕본보다 이른 조선 초기 간행본이다. 손보기 교수는 생전에 판본을 공개하지 않았으며, 사후에 가족을 통하여 공개되었다. 파른본에도 삼위태백(三危太伯) 기록이 있다.

**원문**

古記云 昔有桓国(謂帝釋也) 庶子桓雄
고기운 석유환국 위제석야 서자환웅

數意天下 貪求人世 父知子意
삭의천하 탐구인세 부지자의

下視三危太伯可以弘益人間
하시삼위태백가이홍익인간

乃授天符印三箇 遣往理之 雄率徒三千
내수천부인삼개 견왕리지 웅솔도삼천

降於太伯山頂(卽太伯今妙香山)神壇樹下
강어태백산정 즉태백금묘향산 신단수하

謂之神市 是謂桓雄天王也
위지신시 시위환웅천왕야

**[해석]**

옛 기록에 이르기를, 옛 적에 환국(桓国, 파른본은 환인)이 있었다(제석을 이른다). 서자부에 환웅(桓雄)께서 계셨다. 항상 천하에 뜻을 두었으며, 인간 세상을 탐구하였다. 아버지(환인)께서 자식(환웅)의 뜻을 아시고 삼위태백(三危太伯)을 살펴보시니 가히 인간을 널리 이롭게 할 만한 곳이라. 이에 천부인 삼 개를 전수하시고, 그 이치로써 다스리게 하였다. 환웅(桓雄)께서 무리 3천 명을 이끌고 가셨다. 태백산(太伯山) 정상(즉 태백은 현재의 묘향산), 신단수 아래로 내려가셨다. 이름하여 신시(神市)이며, 환웅천왕(桓雄天王)이시다.

정덕본(正德本) ≪삼국유사≫ 〈기이(紀異)〉 〈제일(第一)〉 〈고조선(古朝鮮)〉 〈왕검조선(王儉朝鮮)편〉에 있는 기록이다. 일연스님(一然,

1206~1289)은 고려 후기의 인물이다. ≪삼국유사≫에는 ≪고기(古記)≫ 원문을 인용하여 고대 역사를 기록하였다. 경주에서 1512년(壬申)에 인쇄된 판본으로 ≪삼국유사≫ 정덕본이다. 국보 306-2호로 서울대 규장각 도서관에 보관 중인 판본이다. 손보기 교수의 파른본 ≪삼국유사≫도 참고로 첨부하였다. 파른본 ≪삼국유사≫와 정덕본 ≪삼국유사≫의 차이점은 파른본은 환인(桓因)으로 기록하고 정덕본은 환국(桓国)으로 기록한 점이다. 즉 나라를 세운 건국자와 나라 이름으로 기록한 차이다.

위 기록에서 핵심 내용은 지리(地理)와 관련된 내용으로 삼위태백(三危太伯), 태백산(太伯山), 신시(神市)이다. 특히 삼위태백은 환웅께서 환국으로부터 분국하게 되는 상황을 언급한 중요한 지리적인 산 이름이다. 역사학계에서는 ≪삼국유사≫를 정통 사서로 인정하고 있다. 그 기록에 있는 삼위태백은 우리 구환족(九桓族, 한민족)에게는 민족웅비의 중요한 단서가 될 것이다. 그러나 현실은 안타깝게도 역사학자들이 역사를 교묘하게 왜곡하고 조작하여 역사 진실 찾기가 너무 어렵게 만들고 있다. 한민족의 역사를 바로 세우는 것이 후세교육의 최우선 과제임에도 불구하고 우리 민족은 이미 역사를 포기하고 있다. 어느 부분에서 조작되었고 왜곡되었는지를 명확하게 파악하고 지적해야 하지만 역사학계는 한 패거리가 되어 일제강점기 사학자들의 잘못된 주장을 앵무새처럼 되풀이만 하는 것이다. 그러나 잃어버린 역사를 찾으려는 노력을 지속한다면 반드시 역사의 진실은 이 세상에 본 모습을 드러낼 것이다. 역사의 진실은 영원히 사라지지 않을 것이다.

위 기록에는 연구해야 할 몇 개의 중요한 단서가 있다. 즉 역사연구의 중요한 증거를 기록하였다는 점이다. 증거가 명백하면 어느 학자도 진실을 거짓으로 꾸며대지 못할 것이다. 고대사 연구는 철저하게 고증되고 실증(實證)된 사료를 통하여 검증되어야 할 것이다.

첫째, 삼위태백(三危太伯) 기록이다. 이 기록만 본다면 1개의 지명으로도 생각할 수 있다. 그러나 깊이 있는 논쟁과 철저한 연구를 하지 않았기 때문에 1개의 지명으로만 해석하고 있다. 깊이 있는 연구를 해보면, 실제로는 삼위태백(三危太伯)은 삼위산(三危山)과 태백산(太伯山)을 지칭하는 것이다. 그 증거가 바로 아래 나와 있는 태백산(太伯山) 정상이라는 '태백산정(太伯山頂)'의 기록이다. 즉 삼위산과 태백산을 살펴보았으나 최종적으로 태백산으로 터전을 정하게 되었다는 기록이다. 즉 '태백(太伯)은 태백산(太伯山)이니, 삼위(三危)는 삼위산(三危山)이다.'는 설명이다.

둘째, 태백산 지역을 신시(神市)라고 불렀다는 점이다. 주산(主山)은 태백산(太伯山)이고 주도(主都)는 신시(神市)라는 점이다. 신시는 태백산 아래 지역에 있었다는 점이다. 즉 지리적으로 신시와 태백산은 같은 지역에서 찾아야만 할 것이다. 또한, 삼위와 태백은 서로 먼 거리에 있는 곳이 아니다. 삼위태백을 둘러 보았다는 점은 쉽게 이동할 수 있는 길이 있었다는 것이다.

셋째, 신시(神市)를 건설하신 주인공이 바로 환웅천왕(桓雄天王)이라는 기록을 남기고 있다는 점이다. 특히 환웅(桓雄)으로만 기록되어 있던 위 기록보다 천왕(天王)으로 기록하였다는 점이다. 천왕(天王)의 기록은 나라의 개념이 없이는 부를 수 없는 호칭이다. 비록 나라 이름이 ≪삼국유사≫에는 기록이 없지만, 나라의 통치자 호칭을 사용했다는 점은 고대사의 중요한 연구 증거자료이다.

# 2. ≪제왕운기≫의 삼위태백(三危太白) 기록

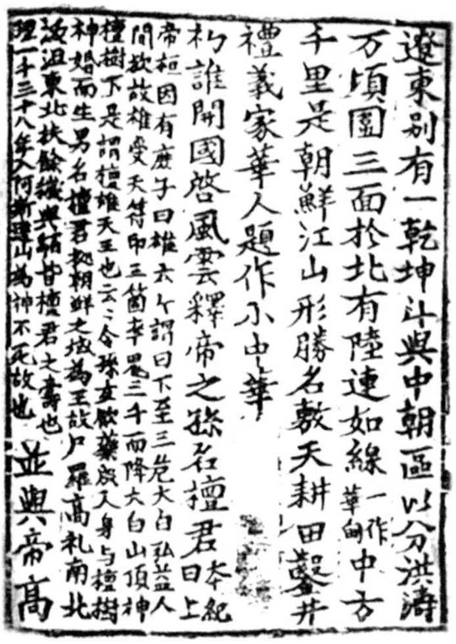
遼東別有一乾坤斗與中朝區以分洪濤
万頃圍三面於北有陸連如線華甸一作中方
千里是朝鮮江山形勝名敷天耕田鑿井
禮義家華人題作小中華
初誰開國啓風雲釋帝之孫名檀君本紀曰上
帝桓因有庶子曰雄云云謂曰下至三危太白弘益人
間歟故雄受天符印三箇率鬼三千而降太白山頂神
檀樹下是謂檀雄天王也云云令孫女飮藥成人身與檀樹
神婚而生男名檀君據朝鮮之域爲王故尸羅高礼南北
沃沮東北扶餘濊與貊皆檀君之壽也
理一千三十八年入阿斯達山爲神不死故也
並與帝高

[그림 003] 1287년(충렬왕 13년) 이승휴가 쓴 역사서 ≪제왕운기≫. 보물 제418호로 곽영대 소장본이며 삼위태백(三危太白) 기록이 있다.

**원문**

初誰開國啓風雲 釋帝之孫名檀君
초 수 개 국 계 풍 운 석 제 지 손 명 단 군

本紀曰上帝桓因有庶子曰雄云云
본 기 왈 상 제 환 인 유 서 자 왈 웅 운 운

謂曰下至三危太白弘益人間歟
위 왈 하 지 삼 위 태 백 홍 익 인 간 여

故雄受天符印三箇率鬼三千
고 웅 수 천 부 인 삼 개 솔 귀 삼 천

而降太白山頂神檀樹下
이 강 태 백 산 정 신 단 수 하

是謂檀雄天王也云云
시 위 단 웅 천 왕 야 운 운

**[해석]**

처음에 어느 누가 나라를 개국하여 풍운을 헤쳐 나갔는가? 석제(釋帝)의 손자 이름은 단군(檀君)일세! 〈측주〉 본기(本紀)에 이르기를 '상제(上帝) 환인(桓因)에게 서자부(庶子部) 대인이 있으니 이름을 웅(雄)이라 하였다.' 환인(桓因)이 환웅에게 이르기를 "하계(下界)에 내려가 삼위태백(三危太白)에 이르러 인간에게 크게 이롭게 할 수 있겠는가."라고 하문하였다. 이리하여 '환웅께서 천부인(天符印) 3개를 받고 귀신 삼천을 거느리고 태백산(太白山) 정상에 있는 신단수(神檀樹) 아래에 내려왔으니, 이가 곧 단웅천왕(檀雄天王)이라고 하였다.'

≪제왕운기≫는 고려 시대 1287년 충렬왕 13년에 이승휴(李承休 1224~1300)가 편찬한 역사서이다. 원본이 전해지고 있는 곳은 곽영대 소장본(보물 제418호), 동국대학교 소장본(보물 제895호), 삼성출판박물관 소장본(보물 제1091호) 등이 있다. 2권 1책으로 상권은 반고(盤古)로부터 금(金)나라까지 중국의 역사를 칠언시로 읊었으며, 하권은 1~2부로 나누어 단군부터 충렬왕까지의 역사를 서술하고 있다. 이 역사서에 삼위태백(三危太白)의 기록이 보인다.

≪삼국유사≫에는 삼위태백(三危太伯)이라 하여 '맏 백(伯)'으로 기록하였고, ≪제왕운기≫에는 삼위태백(三危太白)이라 하여 '흰 백(白)'

으로 기록하였다. 한민족 최초의 국가였던 환국(桓國)은 천산(天山)의 고명(古名)인 백산(白山)을 터전으로 삼았다. 이름하여 흑수백산(黑水白山)이다. 후에 배달국을 개척하신 환웅(桓雄)께서 이주하게 되시는 산은 태백산(太白山)이다. 이때 태백산은 백산보다 더 큰 백산이라는 의미이다.[2)]

그래서 태백산(太伯山)이 아니라 태백산(太白山)으로 기록하는 것이 타당하다. 지금도 중국 태백산(太白山)과 대한민국의 태백산(太白山), 일본의 태백산(太白山)도 모두 다 클 태(太), 흰 백(白)자로 기록하고 있다. 그래서 원문(原文) 인용을 제외하고는 태백산(太白山)으로 기록하고자 한다.

≪제왕운기≫에서도 ≪삼국유사≫처럼 중요한 고고학적인 연구 단서를 3가지를 기록하고 있다.

첫째, 삼위태백(三危太白)를 언급하고 있다는 점이다.

위 기록은 ≪삼국유사≫와 ≪제왕운기≫에서도 기사화되었다는 점이다. 학계에서 정통 사서로 인정하고 있는 2권의 사서에서 고대사 연구의 핵심단어인 삼위태백(三危太白)이 기록되어 있다면 당연히 상세하게 연구해야 하지만 제대로 된 연구 서적을 찾아볼 수 없다. ≪제왕운기≫에 '삼위태백(三危太白)' 기록은 잘 알려지지도 않았다. ≪삼국유사≫ 관련 출판물은 많이 있지만 ≪제왕운기≫ 관련 서적은 적은 편이다. 그러나 삼위태백 기록만으로도 상고사 역사

---

2) ≪실증 환국사≫ Ⅱ, 전문규, 북랩, 2015년, 213쪽 참조.

의 중요한 서적이 될 수 있다.

둘째, 태백산(太白山)에서 정착하였다는 점이다.

삼위태백을 둘러보시고 최종적으로 태백산에 정착하였다는 기록이다. 삼위산을 통과하여 즉 경유하여 내려간 것이다. 그래서 삼위산(三危山)은 태백산으로 내려가는 경유지에 있어야 할 것이다.

셋째, 단웅천왕(檀雄天王)이라는 호칭으로 기록한 점이다.

≪삼국유사≫는 환웅천왕(桓雄天王)이라 하고 ≪제왕운기≫에서는 단웅천왕(檀雄天王)이라 하였다. 결국, 환웅을 단웅이라고도 불렀다는 증거이다. 그것도 천왕(天王)이란 칭호와 함께 불렀다는 것이다.

## 3. ≪제왕운기≫의 삼위(三危) 기록

≪제왕운기≫는 ≪삼국유사≫와 같은 시기에 기록된 역사서이다. 위 기록에서 삼위태백(三危太白), 태백산(太白山), 아사달산(阿斯達山)을 같이 기록하고 있다. 여기에서 '아사달산(阿斯達山)은 현재의 구월산이다.'라는 해석과 '다른 이름은 삼위(三危)라.'는 기록이 보인다.

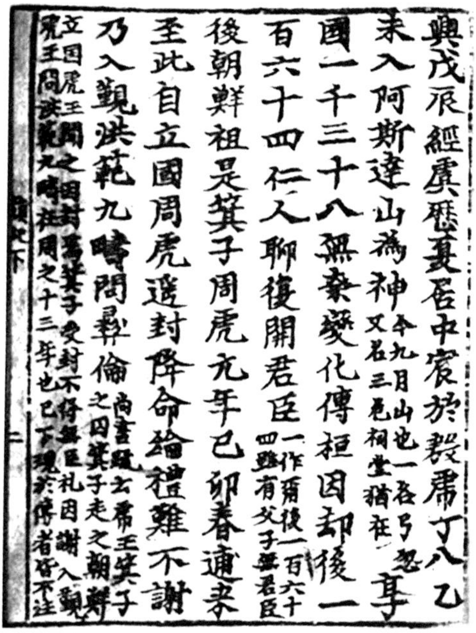

興戊辰經虞歷夏居中宸於殷虎丁八乙
未入阿斯達山爲神(今九月山也一名弓忽 又名三危祠堂猶在)享
國一千三十八無奈變化傳桓因却後一
百六十四仁人聊復開君臣(一作爾後一百六十 四雖有父子無君臣)
後朝鮮祖是箕子周虎元年己卯春逋來
至此自立國周虎遣封降命綸禮難不謝
乃入覲洪範九疇問彝倫(尚書疏云虎王釋箕子 之囚箕子走之朝鮮)
(文国虎王聞之因封焉箕子受封不得無臣礼因謝入覲 虎王問洪範之疇在周之十三年也已下現於傳者皆不注)

[그림 004] ≪제왕운기≫(보물 제418호. 곽영대 소장본)에는 아사달산 관련 기록이 나오며 그 기록 각주에 삼위(三危) 기록이 있다.

**원문**

乙未入阿斯達山爲神
을 미 입 아 사 달 산 위 신

今九月山也 一名 弓忽 又名三危 祠堂猶在
금 구 월 산 야 일 명 궁 홀 우 명 삼 위 사 당 유 재

**[해석]**

을미년에 아사달산에 들어가 신이 되었다. 아사달산(阿斯達山)은 현재의 구월산(九月山)이다. 일명 궁홀(弓忽) 또 다른 이름은 삼위(三危)라 하였으며, 구월산에 사당이 있다.

우리는 여기에서 역사연구의 중요한 단서를 찾을 수 있다.

첫째, 아사달산의 다른 산 이름으로 삼위(三危)를 기록하였다는 점이다.

≪삼국유사≫ 역자(譯者)들이 대부분 삼위(三危)를 수식어나 형용사로 해석하고 있다. 뒤에서 상세하게 살펴보겠지만 먼저 핵심만 인용하여 보면, 삼위(三危)를 세 봉우리가 솟은(이상인)[3], 세 봉우리가 솟은(고운기)[4], 세 봉우리의(이재호)[5] 등으로 해석하고 있다. 왜냐하면 삼위(三危)를 산(山)으로 해석하면 한반도를 중심으로 국한한 역사해석이 잘못되었음을 인정하는 것이 되기 때문이다. 즉 '우리 민

---

3) ≪청소년을 위한 삼국유사≫ 이상인 옮김, 평단문화사, 2008년, 20쪽 참조.
4) ≪삼국유사≫, 고운기 옮김, 현암사, 2002년, 15쪽 참조.
5) ≪삼국유사≫, 이재호 옮김, 솔출판사, 1997년, 65~66쪽 참조.

족이 대륙에서 이주하였다.'는 기록이기 때문이다. 그런 사실을 드러내지 않기 위하여 역사기록에 있는 삼위(三危)를 수식어로 해석하는 것이다. 거짓말을 맞추기 위하여 또 다른 거짓말을 하는 것이다. 그런데 삼위(三危)를 수식어로 해석하는 것이 잘못되었음을 '아사달산(阿斯達山) = 구월산(九月山) = 궁홀산(弓忽山) = 삼위산(三危山)'이라고 기록한 측주(側註) 설명에서 찾을 수 있다. 위 산명(山名)의 실제 위치는 잘못 추정되었으나 삼위(三危)를 산명으로 인식하고 있다는 점은 수식어나 형용사로 해석하는 연구에 심각한 오류가 있다는 점을 증명해주는 실증 자료가 되고 있다.

둘째, 아사달산(阿斯達山)은 당시 단군 관련 사적지로 인식되고 있었다.

삼위태백은 단군 이전의 역사이다. 즉 단군조선의 이전 배달국 개국 시기를 말하고 있다. 즉 배달국보다 먼저인 환국 말기에 배달국으로 분국 되는 시점이다. ≪환단고기≫에 기록된 역사기록으로 환산하면 단군조선은 BC 2333년, 배달국은 BC 3897년 전에 나라를 열었다. 2017년은 단군기원 4350년, 배달국기원 5914년이다. 약 6,000여 년 전에 삼위산과 태백산 터전에서 살기 시작하였다는 것이다. 그 이후 약 5,200년이 지난 고려 충렬왕 13년 서기 1287년에 민족의 이동과 관련된 삼위태백 기록을 정리하면서 이승휴는 '삼위태백'에 대해서는 별도로 각주 부연설명을 하지 않았다. 또한 '태백산'에 대해서도 일연스님처럼 '묘향산인 것 같다.'는 각주 설명을 하지 않았다. 다만, 아사달산에 대해서는 각주를 남겼다. 당시 구월산이 단군의 사적지(史跡地)로 민간에 널리 알려져 있었기 때문이다.

> ≪조선왕조실록≫ 세종 10년 1428년 무신 6월 14일 기사에 유관(柳寬)의 상서문이 있다. '구월산은 문화현의 주산입니다. 단군조선 때에는 이름을 아사달산(阿斯達山)이라 불렀으며, 신라 때에 이르러서는 궐산(闕山)이라 고쳐 불렀습니다.'[6]
> 또한, 구월산에 있는 삼성당을 소개하고 있다. '산봉우리(嶺)의 허리쯤에는 신당(神堂)이 있는데 어느 시대에 처음으로 세워졌는지 알 수가 없습니다. 북쪽 벽에는 단웅천왕(檀雄天王), 동쪽 벽에는 단인천왕(檀因天王), 서쪽 벽에는 단군천왕(檀君天王)을 문화현 사람들은 삼성당(三聖堂)이라고 항상 부르며'[7]

이처럼 구월산을 단군의 사적지로 인식하고 있었기 때문에 단군 관련 아사달산, 궁홀산, 삼위산 등을 구월산으로 추정하여 부르게 된 것이다. 그러나 이는 상고사의 역사를 잃어버리고 후대에 추정하여 부르게 되는 지명이동(地名移動) 현상이다.

셋째, 사당(祠堂)이 있다는 점이다.

---

6) 九月山是縣之主山, 在檀君朝鮮時 名阿斯達山, 至新羅改稱 闕山 ≪조선왕조실록≫ 1428년(세종 10년) 무신(戊申) 6월 14일 기사원문.
7) 嶺之腰有神堂焉, 不知創於何代 北壁檀雄天王, 東壁檀因天王, 西壁檀君天王, 文化之人常稱三聖堂 ≪조선왕조실록≫ 1428년(세종 10년) 무신(戊申) 6월 14일 기사 원문.

위에서 소개한 ≪조선왕조실록≫ 세종 10년 사료에는 '북쪽 벽에는 단웅천왕(檀雄天王), 동쪽 벽에는 단인천왕(檀因天王), 서쪽 벽에는 단군천왕(檀君天王)을 문화현 사람들은 삼성당(三聖堂)이라고 항상 부르며'를 소개하고 있다.

즉 구월산의 사당은 환국(桓國)의 환인천왕, 배달국의 환웅천왕, 단군조선의 단군천왕를 모시는 사당이다. 그래서 단군조선 건국과 관련된 아사달산(阿斯達山)을 구월산으로 추정하였으며, 배달국의 건국과 관련된 삼위태백의 삼위산(三危山)을 구월산으로 추정하였다. 물론 아사달산과 삼위산은 추정으로 실제 위치하는 곳이 아니다. 그러나 추정하였다는 사실만으로도 충분히 삼위산과 아사달산의 중요성이 입증되는 것이다.

# 4. ≪조선왕조실록≫의 삼위태백(三危太伯) 기록

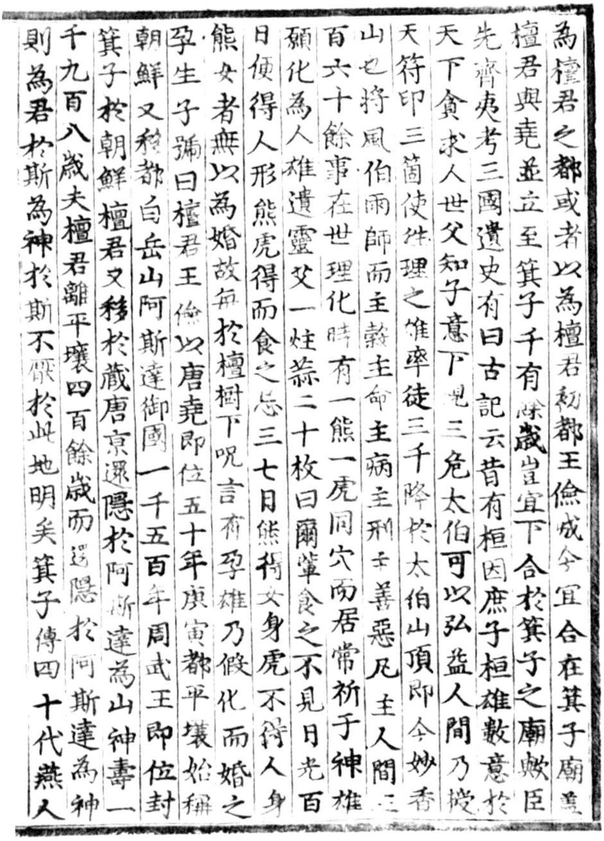

為檀君之都或者以為檀君刱都王儉成今宜合在箕子廟盖
檀君與堯竝立至箕子千有餘歲豈宜下合於箕子之廟歟臣
先齊叟考三國遺史有曰古記云昔有桓因庶子桓雄數意於
天下貪求人世父知子意下視三危太伯可以弘益人間乃授
天符印三箇使往理之雄率徒三千降於太伯山頂即今妙香
山也將風伯雨師而主穀主命主病主刑主善惡凡主人間三
百六十餘事在世理化時有一熊一虎同穴而居常祈于神雄
願化為人雄遺靈艾一炷蒜二十枚曰爾輩食之不見日光百
日便得人形熊虎得而食之忌三七日熊得女身虎不得人身
熊女者無以為婚故毎於檀樹下呪言有孕雄乃假化而婚之
孕生子號曰檀君王儉以唐堯即位五十年庚寅都平壤始稱
朝鮮又移都白岳山阿斯達御國一千五百年周武王即位封
箕子於朝鮮檀君又移於藏唐京還隱於阿斯達為山神壽一
千九百八歲夫檀君離平壤四百餘歲而還隱於阿斯達為神
則為君於斯為神於斯不厭於此地明矣箕子傳四十代燕人

[그림 005] ≪조선왕조실록≫ <단종실록> 1권, 1452년 6월 28일 경창부윤 이선제(李先齊)의 상서문에 있는 삼위태백 기록.

**원문**

臣先齊夷考三國遺史有曰
신 선 제 이 고 삼 국 유 사 유 왈

古記云 昔有桓因 庶子桓雄
고 기 운 석 유 환 인 서 자 환 웅

數意於天下 貪求人世 父知子意
삭 의 어 천 하 탐 구 인 세 부 지 자 의

下視三危太伯可以弘益人間
하 시 삼 위 태 백 가 이 홍 익 인 간

乃授天符印三箇 使往理之 雄率徒三千
내 수 천 부 인 삼 개 사 왕 리 지 웅 솔 도 삼 천

降於太伯山頂卽今妙香山也
강 어 태 백 산 정 즉 금 묘 향 산 야

**[해석]**

신(臣) 이선제가 ≪삼국유사≫를 상고하니 이에 이르기를, 옛 기록에 이르기를 옛적에 환인(桓因)이 계셨다. 서자부에 환웅(桓雄)께서 계셨다. 항상 천하에 뜻을 두었으며, 인간 세상을 탐구하였다. 아버지(환인)께서 자식(환웅)의 뜻을 아시고 삼위산(三危山)과 태백산(太伯山)을 살펴보시니 가히 인간을 널리 이롭게 할 만한 곳이라. 이에 천부인 3개를 전수하시고, 그 이치로써 다스리게 하였다. 환웅(桓雄)께서 무리 3,000명을 이끌고 가셨다. 태백산(太伯山) 정상에 내렸으니, 즉 현재의 묘향산이다.

≪조선왕조실록≫ 〈단종실록〉 1권의 공식기록이다. 국가공식 기록에도 삼위태백(三危太伯)이 기록되어 있다. 그런데 ≪조선왕조

실록≫ 홈페이지를 통하여 설명된 주(註)[8]를 살펴보고자 한다.

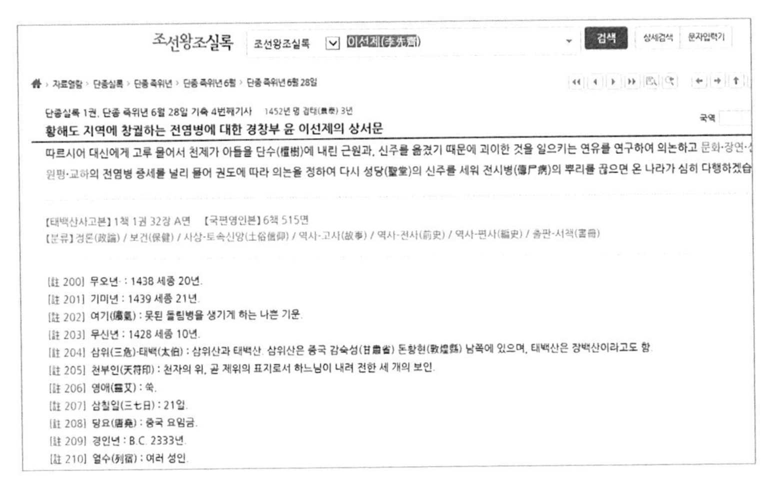


[그림 006] ≪조선왕조실록≫ <단종실록> 1권, 1452년 6월 28일 경창부윤 이선제의 상서문에 나오는 삼위태백 기록에 대한 ≪조선왕조실록≫ 홈페이지 [주 204] 설명. 2016년 10월 15일 캡처 자료.

≪조선왕조실록≫ 홈페이지에는 1452년 6월 28일 경창부 윤 이선제(李先齊)의 상서문 내용 중 삼위태백(三危太伯)에 대한 설명을 주(註)로서 상세하게 소개하고 있다.

> [주(註) 204] 삼위(三危)·태백(太伯): 삼위산과 태백산. 삼위산은 중국 감숙성(甘肅省) 돈황현(敦煌縣) 남쪽에 있으며, 태백산은 장백산이라고도 함.

8) ≪조선왕조실록≫ 홈페이지 http://sillok.history.go.kr

위 주(註)에는 중요한 해석을 보여 주고 있다. ≪조선왕조실록≫ 〈단종실록〉 1권은 이선제가 ≪삼국유사≫를 상고하여 쓴 글이니 위 기록은 사실 ≪삼국유사≫ 기록을 해석한 것과 같다. 몇 가지 중요한 사실을 확인하고 싶다.

첫째, 삼위(三危)를 산(山)으로 해석하였다는 것이다.

지금도 ≪삼국유사≫의 역주자들이 대부분 삼위(三危)를 산(山)으로 해석하지 않고 수식어나 형용사로 해석하고 있다는 점이다. 해석을 통하여 역사 왜곡을 하고 있는데 ≪조선왕조실록≫ 홈페이지에서는 삼위산(三危山)으로 해석하고 있다는 점은 매우 중요한 사항이다.

둘째, 삼위의 위치를 정확하게 설명하고 있다는 점이다.

지금도 삼위산(三危山)이라 부르고 있는 중국 감숙성(甘肅省) 돈황현(敦煌縣) 남쪽에 있는 산(山)을 말하고 있다. 우리 민족이 천산(天山)에서 태백산(太白山)으로 이주할 때 삼위산(三危山)으로도 이주하게 된다. 우리와는 동족이다. 이름하여 묘족(苗族) 등 여러 부족이다. 중국 기록에 삼묘국(三苗國)이라 하였다. 이 책에서 상세하게 연구해야 할 과제들이다.

셋째, 태백산은 장백산이라는 해석이다.

이 부분은 ≪실증 배달국사≫ Ⅱ에서 태백산(太白山)에 대한 설명에서 상세하게 해석할 것이다. 태백산에 대한 여러 학설 중 하나가 바로 장백산설(長白山說)이다. 즉 백두산설(白頭山說)을 말한다. 또한 ≪삼국유사≫에서 일연스님의 측주(側註)에서는 묘향산설(妙香山說)을 주장하고 있다. 태백산을 명확하게 밝히는 것이 매우 중요한 연구대상이다. 태백산에 대한 연구와 논쟁은 삼위산을 먼저 연구한 다음에 상세하게 논하고자 한다.

## 5. ≪조선왕조실록≫의 삼위(三危) 기록

조선왕조 500여 년의 역사를 기록한 ≪조선왕조실록≫은 위대한 유산이다. 방대한 기록을 잘 살펴보면 상고사 기록을 뒷받침할 자료들이 많이 보인다. 그중에서 삼위(三危)에 대한 자료들을 찾아보고 그 의미를 살펴보고자 한다.

≪조선왕조실록≫에 삼위(三危) 관련 기록이 총 19건이다. 〈단종실록〉 1건, 〈성종실록〉 4건, 〈중종실록〉 2건, 〈명종실록〉 6건, 〈선조실록〉 1건, 〈광해군정초본〉 1건, 〈효종실록〉 1건, 〈현종실록〉 1건, 〈숙종실록〉 1건, 〈정조실록〉 1건이다. 〈단종실록〉 1건은 ≪삼국유사≫를 인용한 기록으로 앞에서 충분히 설명하였으며, 나머지 18건은 ≪서경≫ 〈우서(虞書)〉 〈순전(舜典)〉의 '찬삼묘우삼위(竄三苗于三危): 삼묘를 삼위 지역으로 쫓아내었다.'를 인용한 기록들이다. 이 부분에 대해서는 중국 사서 연구에서 상세하게 논하고자 한다. ≪조선왕조실록≫ 홈페이지에서 삼위에 대한 주(註)를 살펴보았다.

≪광해군정초본 9권≫

[주(註) 110] 삼위(三危): 사방의 맨 끝에 있다는 산(山). 순(舜)임금 시대의 악한 제후인 삼묘(三苗)를 귀양 보냈던 곳이라 한다.

≪서경≫ 우서(虞書) 순전(舜典).

≪현종실록 7권≫

[주(註) 011] 삼위(三危): 순(舜)이 삼묘(三苗)를 귀양 보냈던 곳.

**[표 002] ≪조선왕조실록≫의 삼위(三危) 관련 기록**

| 조선왕조실록 | 삼위(三危) 관련 기록 |
|---|---|
| 단종실록 1권<br>단종 1년 6월 28일 | 下視三危太伯<br>삼위산과 태백산을 내려다보니 |
| 성종실록 131권<br>성종 12년 7월 3일 | 竄三苗于三危<br>삼묘를 삼위에 찬(竄)하고 |
| 성종실록 193권<br>성종 17년 7월 25일 | 竄三苗于三危<br>삼묘를 삼위에 찬(竄)하고 |
| 성종실록 199권<br>성종 18년 1월 3일 | 有苗負固不服而竄于三危<br>유묘(有苗)가 지세(地勢)의 견고함을 믿고 복종하지 아니하므로 삼위로 귀양 보냈다 |
| 성종실록 222권<br>성종 19년 11월 28일 | 竄三苗于三危<br>삼묘를 삼위에 찬(竄)하고 |
| 중종실록 68권<br>중종 25년 6월 8일 | 三危, 羽山之裔<br>삼위(三危)·우산 같은 원방에 |
| 중종실록 86권<br>중종 32년 11월 3일 | 三危之竄<br>삼위(三危)로 귀양 보내는 것은 |
| 명종실록 29권<br>명종 18년 8월 22일 | 迸竄三危<br>삼위(三危)로 내쫓아도 |
| 명종실록 29권<br>명종 18년 8월 23일 | 迸諸三危之命<br>삼위(三危)로 내쫓으란 명이 |
| 명종실록 29권<br>명종 18년 10월 13일 | 而三危之命<br>삼위(三危)로 내쫓으란 명이 |
| 명종실록 29권<br>명종 18년 10월 13일 | 亦有三危之竄<br>삼위(三危)에 귀양 보내고 |
| 명종실록 31권<br>명종 20년 8월 11일 | 三危之竄<br>삼위(三危)로 귀양 보내는 것은 |

| 명종실록 31권<br>명종 20년 8월 14일 | 快示三危之竄,<br>흔쾌히 삼위(三危) 귀양 보내시면 |
|---|---|
| 선조실록 107권<br>선조 31년 12월 14일 | 薄示三危之竄<br>삼위(三危)로 찬축하는 가벼운 |

삼위(三危)를 '사방의 맨 끝에 있다는 산(山)[9]'으로 설명하고 있다. ≪서경≫ 〈우서(虞書)〉 〈순전(舜典)〉의 기록은 상고사 연구에서 중요한 자료이다. '순(舜)임금 시대의 악한 제후인 삼묘(三苗)를 귀양 보냈던 곳'이란 설명처럼 그 지역에는 삼묘족(三苗族)이 살고 있었다. 광오이해사본(1979) ≪환단고기≫ 〈삼성기전(三聖記全)〉 하편(下篇)에 삼위산(三危山)에 대한 기록을 살펴보면

> 환웅께서 태백산을 개척하실 때에 반고라는 사람이 있었는데 기이한 술법을 좋아하였던 인물이었다. 반고가 개척의 길을 나누어 가기를 원하여 청하니 환인께서 허락하시니라. 반고는 많은 재화와 보물을 싣고 십간과 십이지의 신장을 거느리고 공공(共工), 유소(有巢), 유묘(有苗), 유수(有燧)와 함께 삼위산(三危山) 납림동굴(拉林洞窟)에 이르러 임금으로 즉위하였다. 이들을

9) ≪조선왕조실록≫ 홈페이지 http://sillok.history.go.kr

> 제견(諸畎)이라 하고 반고를 반고가한(盤固可汗)이라 불렀다.[10]

위 기록에는 공공(共工), 유소(有巢), 유묘(有苗), 유수(有燧) 등 4개 족속(族屬)이 나온다. 4개 족속은 환국(桓國)의 백성들이다. 반고가한(盤固可汗)를 따라 이주하여 삼위산(三危山)에서 정착한 족속들이다. 그럼 ≪서경≫ 〈우서(虞書)〉 〈순전(舜典)〉에 기록을 살펴보면

> ≪서경(書經)≫에 이르기를, '공공(共工)을 유주(幽州)로 귀양(流) 보내고 환두(驩兜)를 숭산(崇山)에 가두(放)고 삼묘(三苗)를 삼위(三危)로 쫓아(竄)내시고 곤(鯀)을 우산(羽山)에 죽을(殛) 때까지 있게 하셨다. 이 네 가지 형벌에 천하가 모두 복종케 되었다.'[11]

위 기록에서 공공족(共工族)은 그대로 부족명까지 일치한다. 묘족(苗族)인 유묘족(有苗族)은 삼묘족(三苗族)으로 기록되어 있다. 여기에서 곤(鯀)은 하족(夏族)으로 하(夏)나라를 건국하는 우(禹)임금의 부친이다. 반고가한의 시대는 배달국의 건국 시기인 기원전 BC 3897

---

10) 時에 有盤固者가 好奇術하야
欲分道而往으로 請하니 乃許之하시니라.
遂積財寶하고 率十干十二支之神將하고
與共工 有巢 有苗 有燧로
偕至三危山拉林洞窟하야
而立爲君하니 謂之諸畎이오 是謂盤固可汗也라
≪환단고기≫ 〈삼성기전〉 하편, 광오이해사본(1979) 참조

11) 流共工于幽州하시며 放驩兜于崇山하시며 竄三苗于三危하시며 殛鯀于羽山하사 四罪而天下咸服者하니라. ≪합본 사서오경≫, 류정기, 태평양출판공사, 1983년, 610쪽 참조.

년이다. 그로부터 1,565년이 지난 단군조선 건국 시기는 기원전 BC 2333년이다. 이때까지도 공공족(共工族)과 묘족(苗族)이 부족을 이어오고 있었으며 특히 묘족은 삼위산(三危山)에 터전을 계속해서 삼고 있었다는 기록이다. 특히 순임금이 핍박한 부족들이 환국(桓國)에서 분국한 백성들이었다는 점이다. 그 장소가 바로 삼위산(三危山)이라는 역사기록이다.

≪조선왕조실록≫ 기록을 분석해 보면 대부분 '삼묘족(三苗族)'으로 기록하고 있으나, 〈성종실록〉 199권 성종 18년 1월 3일 기록은 다르게 기록하였다. 즉 ≪환단고기≫의 기록처럼 '유묘(有苗)'라고 기록하였다. 이는 ≪환단고기≫의 기록에서처럼 유묘라는 명칭과 삼묘족이란 명칭이 동일한 부족을 말함을 실증해 주는 것이다.

> 그러나 이때를 당하여 숭백[崇伯, 순의 신하인 곤(鯀)]이 명령을 거역하고 무리와 화합하지 못하므로 우산(羽山)에서 죽였고, 유묘(有苗, 종족의 이름)가 지세(地勢)의 견고함을 믿고 복종하지 아니하므로 삼위(三危)로 귀양 보냈으며, 공공(共工)과 환도(驩兜)도 모두 벼슬에 있으면서 죄를 따라 처벌을 받았습니다.[12]

---

12) 然當是時也, 崇伯方命圮族而殛于羽山, 有苗負固不服而竄于三危, 以至共工、驩兜皆在位服罪. 〈성종실록〉 199권 성종 18년 1월 3일 원문 기록.

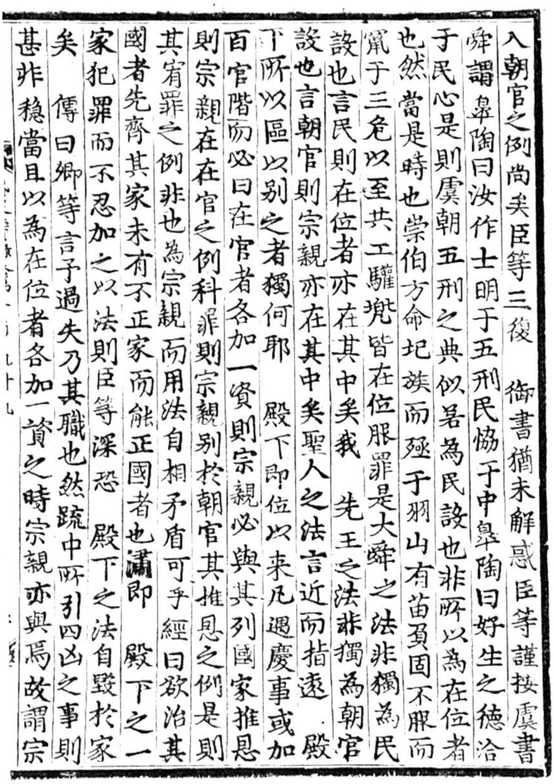

入朝官之例尚矣臣等三復 御書猶未解惑臣等謹按虞書
舜謂皐陶曰汝作士明于五刑民協于中皐陶曰好生之德洽
于民心是則虞朝五刑之典似若為民設也非所以為在位者
也然當是時也崇伯方命圮族而殛于羽山有苗頑固不服而
竄于三危以至共工驩兜皆在位服罪是大舜之法非獨為民
設也言民則在位者亦在其中矣我 先王之法非獨為朝官
設也言朝官則宗親亦在其中矣聖人之法言近而指遠 殿
下所以區以別之者獨何耶 殿下即位以來凡遇慶事或加
百官階而必曰在官者各加一資則宗親必與其列國家推恩
則宗親在在官之例科罪則宗親別於朝官其推恩之例是則
其宥罪之例非也為宗親而用法自相矛盾可乎經曰欲治其
國者先齊其家未有不正家而能正國者也讒即 殿下之一
家犯罪而不忍加之以法則臣等深恐 殿下之法自毁於家
矣 傳曰卿等言予過失乃其職也然疏中所引四凶之事則
甚非穩當且以為在位者各加一資之時宗親亦與焉故謂宗

[그림 007] <성종실록> 199권, 성종 18년 1월 3일의 유묘(有苗)에 대한 기록.

# 6. ≪동사강목≫의 삼위태백(三危太伯) 기록

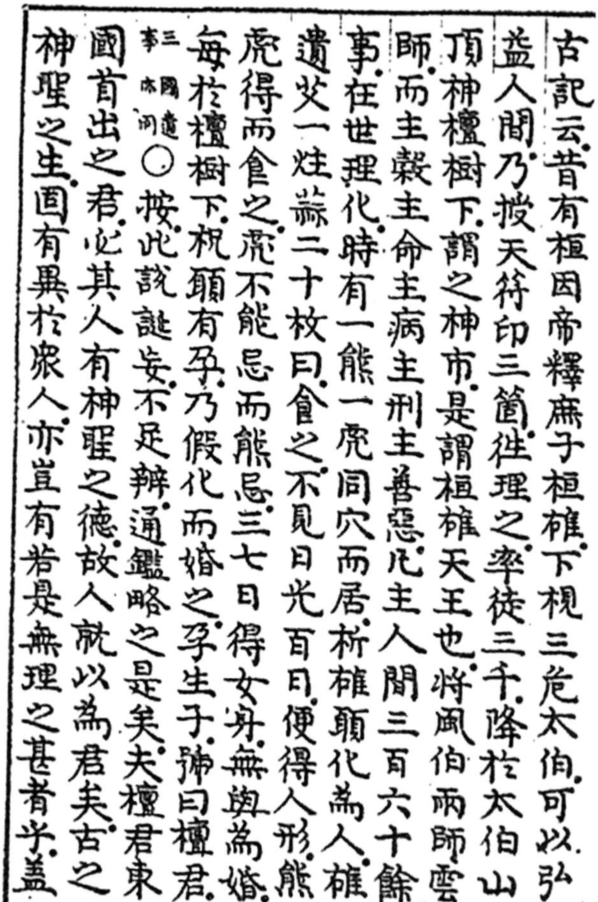

古記云昔有桓因帝釋庶子桓雄下視三危太伯可以弘
益人間乃授天符印三箇往理之率徒三千降於太伯山
頂神檀樹下謂之神市是謂桓雄天王也將風伯雨師雲
師而主穀主命主病主刑主善惡凡主人間三百六十餘
事在世理化時有一熊一虎同穴而居祈雄願化為人雄
遺艾一炷蒜二十枚曰食之不見日光百日便得人形熊
虎得而食之虎不能忌而熊忌三七日得女身無與為婚
每於檀樹下祝願有孕乃假化而婚之孕生子號曰檀君
三國遺事亦同 ○按此說誕妄不足辨通鑑略之是矣夫檀君東
國首出之君必其人有神聖之德故人就以為君矣古之
神聖之生固有異於衆人亦豈有若是無理之甚者乎蓋

[그림 008] ≪동사강목≫ 부록 상권 중 <괴설변증(怪說辨證)>에 나와 있는 삼위태백(三危太伯) 기록. ≪동사강목≫은 1778년 실학자 안정복(安鼎福, 1712~1791)이 쓴 역사책이다.

**원문**

古記云 昔有桓因帝釋庶子桓雄
고 기 운 석 유 환 인 제 석 서 자 환 웅

下視三危太伯 可以弘益人間
하 시 삼 위 태 백 가 이 홍 익 인 간

乃授天符印三箇 往理之 率徒三千
내 수 천 부 인 삼 개 왕 리 지 솔 도 삼 천

降於太伯山頂神壇樹下
강 어 태 백 산 정 신 단 수 하

謂之神市 是謂桓雄天王也
위 지 신 시 시 위 환 웅 천 왕 야

**[해석]**

≪고기(古記)≫에는 이렇게 되어 있다. 옛날에 환인제석(帝釋)의 서자부에 환웅(桓雄)께서 계셨다. 환인제석께서 삼위태백(三危太伯)을 내려다보니 인간 세계를 널리 이롭게 할 만하므로, 환웅에게 천부인(天符印) 3개를 주어 내려보내 인간을 다스리게 하였다. 환웅은 그 무리 3천 명을 거느리고 태백산(太伯山) 꼭대기 신단수(神檀樹) 아래에 내려왔다. 이곳을 신시(神市)라 불렀으니, 이분이 곧 환웅천왕(桓雄天王)이시다.

조선 후기 순암 안정복 선생이 집필한 ≪동사강목≫에 삼위태백(三危太伯) 기록이 있다. 삼위태백(三危太伯)은 우리 민족인 구환족(九桓族)의 이동 경로를 밝혀줄 핵심 단어이다.

# 7. ≪신증동국여지승람≫의 삼위(三危) 기록

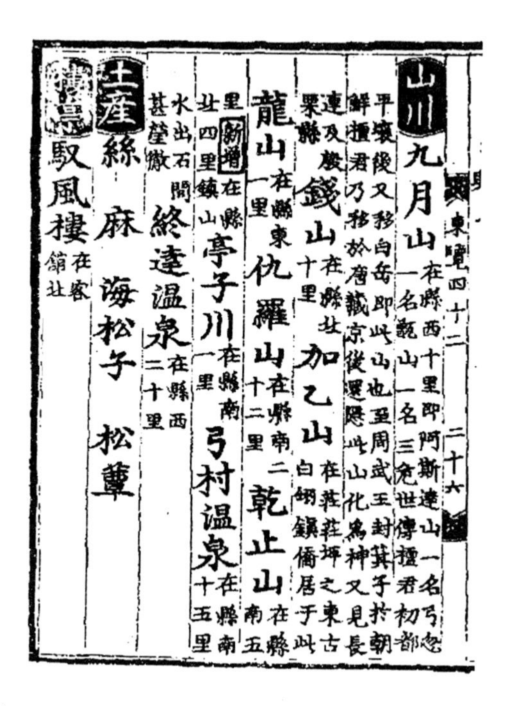

東覽四十二　二十六

山川 九月山 在縣西十里即阿斯達山一名弓忽一名甑山一名三危世傳檀君初都平壤後又移白岳即此山也至周武王封箕子於朝鮮檀君乃移於唐藏京後還隱此山化爲神又見長連及殷栗縣 錢山 在縣北十里 加乙山 在莊莊坪之東古白翎鎭僑居于此 龍山 在縣東一里 仇羅山 在縣南二十二里 乾止山 在縣南五里 新增 在縣北四里鎭山 亭子川 在縣南一里 弓村溫泉 在縣南十五里水出石間甚瑩澈 終達溫泉 在縣西二十里

土産 絲 麻 海松子 松蕈

樓亭 馭風樓 在客舘北

**[그림 009]** ≪신증동국여지승람≫ 제42권 <황해도> <문화현> <산천>편에 나오는 구월산(九月山) 삼위(三危) 기록. 1530년(중종 25년)에 출간된 ≪신증동국여지승람≫ 참조.

≪동국여지승람(東國輿地勝覽)≫을 증보한 ≪신증동국여지승람≫ 원본에 나와 있는 구월산(九月山) 자료를 살펴보고자 한다. ≪신증동국여지승람 제42권≫ 〈황해도〉 〈문화현〉 〈산천〉편의 자료이다.

**원문**

九月山 在縣西十里即阿斯達山 一名 弓忽
구 월 산 재 현 서 십 리 즉 아 사 달 산 일 명 궁 홀

一名甑山 一名三危 世傳檀君初都平壤
일 명 증 산 일 명 삼 위 세 전 단 군 초 도 평 양

後又移白岳 即此山也 至周武王對箕子於
후 우 이 백 악 즉 차 산 야 지 주 무 왕 대 기 자 어

朝鮮檀君乃移御唐臟京後 還隱此山 化爲神
조 선 단 군 내 이 어 당 장 경 후 환 은 차 산 화 위 신

又見長連及殷栗縣
우 견 장 연 급 은 율 현

**[해석]**

구월산(九月山) 고을 서쪽 10리에 있으니 즉, 아사달산(阿斯達山)이다. 다른 이름은 궁홀(弓忽)이요, 또 다른 이름은 증산(甑山), 삼위(三危)이다. 세상에서 전하기를 '단군이 처음 평양에 도읍하였다가 후에 또 백악으로 옮겼다'하는데 곧 이 산이다. 주 무왕이 기자를 조선에 봉하니, 단군이 이내 당장경으로 옮겼으며, 후에 다시 이산으로 와서 숨어, 화하여 신이 되었다 한다. 또 장연현 및 은율현 편에 보인다.

위 내용은 우리 상고사가 얼마나 왜곡되어 전해져 오고 있었는지를 보여주는 현실이다. 기자조선은 잘못된 기록이다.[13] 그러나 다행히도 아사달산(阿斯達山), 삼위산(三危山) 등은 그 이름이 전해져서 후

---

13) ≪실증 환국사≫ I, 전문규, 북랩, 2015년, 28쪽 참조.

세에 구월산으로 추정하면서 그 기록이 남게 된 것이다. 비록 지명 이동으로 다른 지역의 산이 추정되었지만, 그 이름을 남긴 것이다.

왜 지리(地理)에 관한 책에서 본래 이름이 있는 구월산(九月山)에 대해서 다른 이름들을 소개하고 있을까? 그 산에 본래 이름 외에 다른 이름으로 부르고 싶은 사연이 있기 때문이다.

첫째, 아사달산(阿斯達山)은 어떤 사연이 있는 산인가?

아사달(阿斯達)에 대한 기록은 ≪삼국유사≫에서 찾아볼 수 있다. 즉 단군조선의 건국과 관련된 산이다.

> 위서(魏書)에 이르기를 지금으로부터 2,000년 전에 단군왕검(壇君王儉)께서 아사달(阿斯達)(경에 이르기를 무섭산이라 하고 백악이라고도 이르는데, 백주 땅에 있다. 개성 동쪽에 있다 했으니, 지금의 백악궁이다.)에 도읍을 정하시고 나라를 열어 조선이라고 불렀으니, 바로 요임금과 같은 시기다.[14]

둘째, 삼위산(三危山)은 어떤 사연이 있는 산인가?

삼위산은 ≪삼국유사≫와 ≪제왕운기≫의 기록에 삼위태백(三危太白)으로 전하고 있으므로 배달국의 건국과 관련된 산이기 때문이

14) '위서운(魏書云) 내왕이천재(乃往二千載) 유단군왕검(有壇君王儉) 입도아사달(立都阿斯達)[경운(經云) 무섭산(無葉山) 역운(亦云) 백악(白岳) 재(在) 백주지(白州地) 혹운(或云) 재개성동(在開城東) 금백악궁시(今白岳宮是)]개국호조선(開國號朝鮮) 여고동시(與高同時)' ≪삼국유사≫ 정덕본(국보 306-2호) 참조.

다. 그래서 구월산은 배달국 건국과 단군조선 건국의 터전이 아닌가 하여 본래 이름 외에 아사달산과 삼위산이라고 불렀다.

셋째, 구월산(九月山)은 왜 별칭이 많은가?

구월산(九月山)은 단군조선 건국의 주산 이름인 '아사달산(阿斯達山)'일 것이라는 추정이 있다. 이는 환국(桓國)의 환인(桓因), 배달국의 환웅(桓雄), 단군조선(檀君朝鮮)의 단군(檀君)의 영정이 구월산 삼성당(三聖堂)에 있어서 더욱 그렇게 불리게 된 것이다.

구월산(九月山)은 배달국의 건국 시기에 삼위태백(三危·太白) 기록에 있는 '삼위산(三危山)'일 것이라는 추정이 있다. 당연히 삼위태백(三危·太白) 기록에 환웅(桓雄)의 기록과 함께 나오는데, 구월산에는 삼성당의 환웅을 모시는 신당이 있으니 그렇게 추정하게 된 것이다.

구월산(九月山)은 황해도 문화현(文化縣)에 있는 산이다. 문화현의 옛 이름이 '궁홀(弓忽)'이다. 그래서 '궁홀'에 있는 산이므로 '궁홀산(弓忽山)'이라 한 것이다. 구월산(九月山)을 왜 증산(甑山)이라고 불렀을까? 우리나라 산 이름으로 시루봉 또는 시루산이 많이 있다. 한문으로 표기하면 시루봉은 증봉(甑峰), 시루산은 증산(甑山)이라 기록한다. 이런 지명이 많이 나오는 것은 '증(甑)' 자는 시루 또는 솥을 의미한다. 산세가 솥이나 시루처럼 생겨서 시루봉이라 불렀다. 즉 구월산의 산세를 보고 이름한 것으로 생각한다.

## 8. ≪관암전서≫의 삼위(三危) 기록

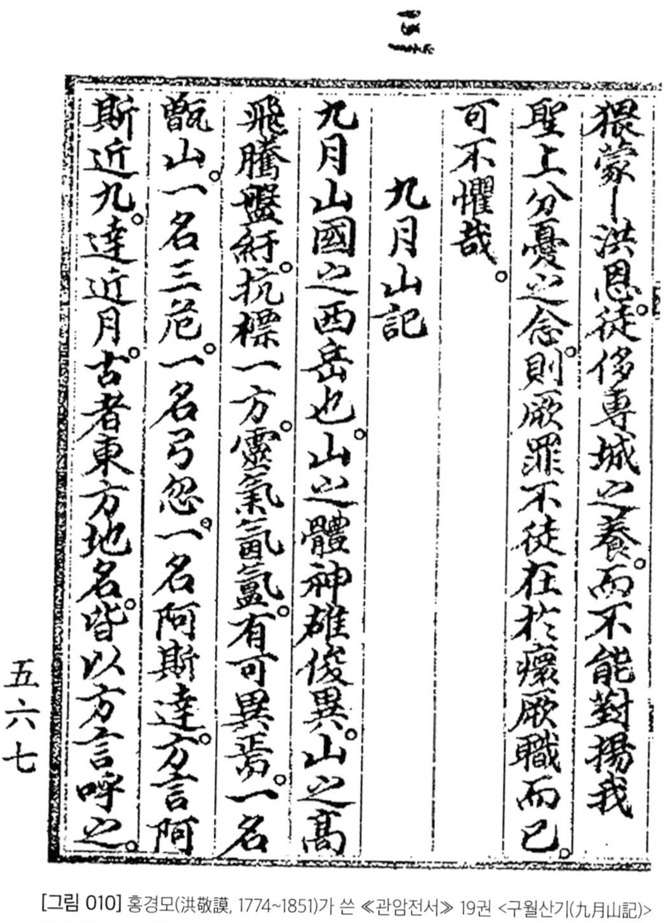

猥蒙 洪恩徙侈專城之養而不能對揚我
聖上分憂之念則厥罪不徒在於瘝厥職而已
可不懼哉

九月山記

九月山國之西岳也山之體神雄俊異山之高
飛騰蟠紆抗標一方靈氣氤氳有可異焉一名
甑山一名三危一名弓忽一名阿斯達方言阿
斯近九達近月古者東方地名皆以方言呼之

五六七

[그림 010] 홍경모(洪敬謨, 1774~1851)가 쓴 ≪관암전서≫ 19권 <구월산기(九月山記)>의 삼위(三危) 기록.

홍경모(洪敬謨, 1774~1851)의 저서 《관암전서》 19권 〈구월산기(九月山記)〉에 구월산을 부르는 여러 이름을 소개하고 있다. 그중에서 삼위(三危)라는 산 이름이 있다. 삼위는 바로 배달국을 개국한 환웅천왕의 역사와 관련된 산 이름이고, 아사달산은 단군조선의 개국과 관련된 산 이름이다.

**원문**

九月山記
구 월 산 기

九月山國之西岳也 山之體神雄俊異
구 월 산 국 지 서 악 야 산 지 체 신 웅 준 이

山之高飛騰盤紆 抗標一方 靈氣氤氲 有可異焉
산 지 고 비 등 반 우 항 표 일 방 영 기 인 온 유 가 이 언

一名甑山 一名三危 一名弓忽 一名阿斯達
일 명 증 산 일 명 삼 위 일 명 궁 홀 일 명 아 사 달

方言阿斯近九 達近月
방 언 아 사 근 구 달 근 월

**[해석]**

구월산은 나라의 서쪽의 큰 산이다. 산의 형체는 신기하고, 웅장하고, 준수하고, 특이하다. 산의 높이는 날아올라야 할 정도로 크게 굽이친다. 한 방향으로 솟아올라 표가 날 정도로 두드러져 있다. 신령스러운 기운이 왕성하게 서려 있다. 가히 기이하고 특별함이 있도다. 다른 이름으로는 증산(甑山), 삼위산(三危山), 궁홀산(弓忽山), 아사달산(阿斯達山), 방언으로는 아사근구산(阿斯近九山), 달근월산(達近月山)이라 한다.

구월산(九月山)에 삼성사(三聖祠)가 있다. 즉 삼성(三聖)이란 말 그대로 세 분의 성인이다. 우리 민족에게 세 분의 성인은 바로 환국(桓國), 배달국(倍達國), 단군조선(檀君朝鮮)이란 나라를 건국한 환인(桓因), 환웅(桓雄), 단군(檀君)을 말한다. 삼성사가 있는 구월산은 3개의 나라 건국과 관련된 산명으로 불리게 되었다.

산명은 왜 역사연구에 중요한 단서인가? 산은 수만 년의 역사가 흘러도 큰 변화 없이 그 지역을 대표하는 상징이다. 산은 깊으면 물도 깊어 강을 이루게 된다. 강을 이루면 문명의 토대를 형성한다. 그래서 나라는 산과 강을 경계로 하여 형성되어 왔다. 그래서 삼위산과 태백산의 진실을 밝히는 것은 역사의 토대를 밝히는 것이다.

## 9. ≪삼국유사≫의 삼위태백을 어떻게 해석하고 있는가?

≪삼국유사≫, ≪제왕운기≫, ≪조선왕조실록≫, ≪동사강목≫, ≪신증동국여지승람≫, ≪관암전서≫ 등 우리 민족 사서에 삼위태백(三危太白)과 삼위(三危)가 기록되어 있다. 이 중에서 가장 대표적인 사서인 ≪삼국유사≫를 해석한 서적들과 ≪조선왕조실록≫ 역주, 그리고 인터넷 포털 검색을 통하여 삼위태백 해석을 살펴보았다. 여러 문헌과 자료 내용 중에 삼위태백(三危太伯)을 어떻게 설명하고 있는지 비교 분석하였다.

앞에서 설명해 드렸듯이 ≪제왕운기≫의 '三危太白'의 기록인 태백산(太白山)으로 한문 기록을 따르고자 한다. 태백산(太白山)의 본래 유래는 환국을 세운 천손민족인 구환족의 시원지가 바로 천산(天山)이다. 천산 이전에는 백산(白山)이라 하였다. 천산을 이두식으로 표기한 파내류산(하늘산)은 순수 우리말이다. 여기에서 백산은 태백산의 어원이다. 백산보다 큰 백산이라는 의미로 태백산이라 불리게 된 것이다. 또한, 태백은 전 세계로 문명이 전수되어 세계 곳곳에 태백의 어휘를 남기에 되었으며, 이름하여 태백문명론(太白文明論)의 중심어휘가 되었다. 그런 중심 어휘가 삼위산과 태백산이다. 다행히도 ≪삼국유사≫에 그 기록이 명확하게 남아 있다. 아무리 사학자들이 외면하려 해도 서지학적으로 기록되어 있는 핵심어휘는 강력한 증거가 되어 우리 역사를 회복하는 실마리가 될 것이다.

### 1) 인터넷 포털에서의 삼위태백(三危太伯) 검색결과

첫 번째, 인터넷 포털 다음(Daum) 한국어 검색에서 삼위태백(三危太伯)을 검색하면 그 결과가 다음과 같다.

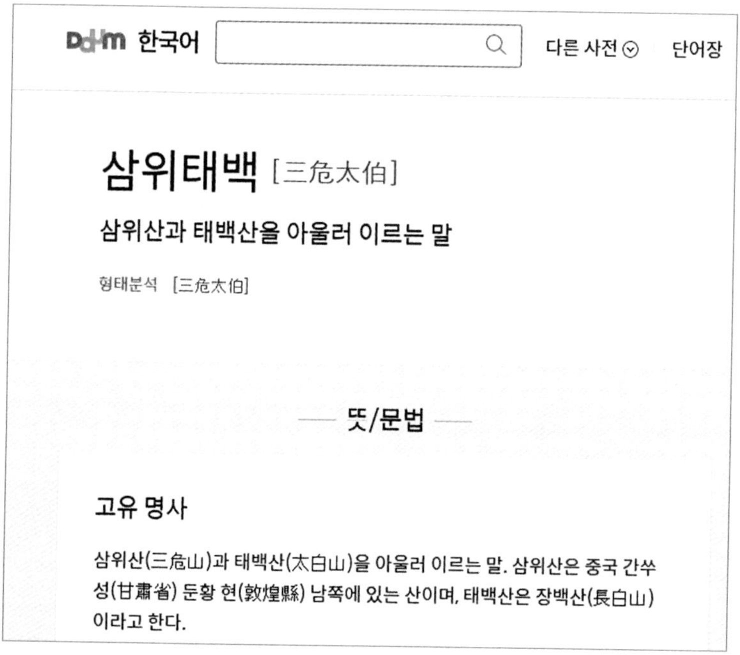

Daum 한국어 다른 사전 단어장

삼위태백 [三危太伯]

삼위산과 태백산을 아울러 이르는 말

형태분석 [三危太伯]

뜻/문법

고유 명사

삼위산(三危山)과 태백산(太白山)을 아울러 이르는 말. 삼위산은 중국 간쑤성(甘肅省) 둔황 현(敦煌縣) 남쪽에 있는 산이며, 태백산은 장백산(長白山)이라고 한다.

[그림 011] 인터넷 포털 다음의 삼위태백(三危太伯) 검색 결과. 2016년 10월 14일 캡처 자료.

> 고유명사, 삼위산(三危山)과 태백산(太白山)을 아울러 이르는 말, 삼위산은 중국 간쑤성 둔황 현(敦煌縣) 남쪽에 있는 산이며, 태백산은 장백산(長白山)이라고 한다.

위 검색결과는 명확하다. 삼위태백은 삼위산과 태백산이라는 명확한 설명이다. 삼위산은 그 위치를 중국 감숙성 돈황현이라 명확하게 설명하고 있다. 그러나 태백산은 추정이 틀리다. 장백산은 태백산이 아니다.

두 번째, 인터넷 포털 네이버(Naver) 한자사전에서 삼위태백(三危太伯)을 검색하면 그 결과가 다음과 같다.

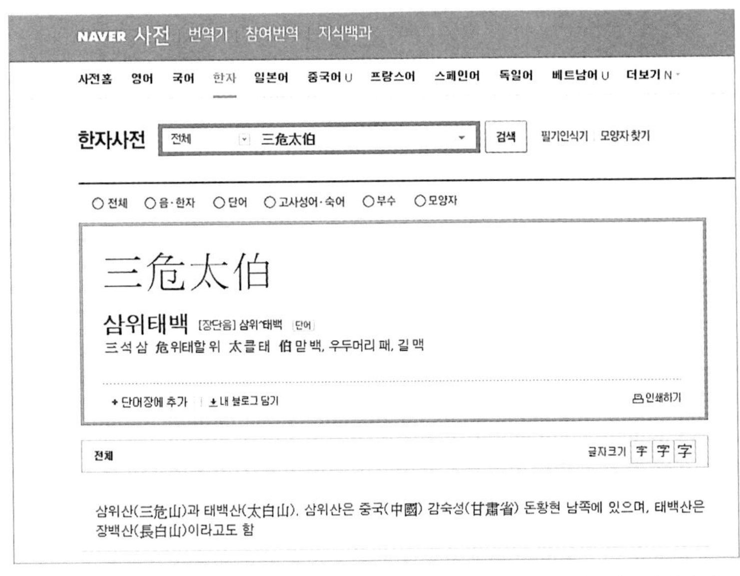


[그림 012] 인터넷 포털 네이버 한자사전의 삼위태백(三危太伯) 검색 결과. 2016년 10월 14일 캡처 자료.

삼위산(三危山)과 태백산(太白山), 삼위산은 중국(中國) 감숙성 돈황현(敦煌縣) 남쪽에 있으며, 태백산은 장백산(長白山)이라고도 함.

네이버 한자사전 검색결과도 명확하다. 삼위태백은 '삼위산과 태백산'이라고 명확하게 설명하였다. 다음 검색결과와 동일하게 삼위산은 중국 감숙성 돈황현이라고 설명하고 있으며, 태백산은 장백산이라고 잘못된 추정을 소개하고 있다.

### 2) ≪청소년을 위한 삼국유사≫ 역주자 이상인의 삼위 해석

이상인 역주 ≪청소년을 위한 삼국유사≫에 해석된 내용을 그대로 옮겨 보고자 한다.

평소 인간 세상에 관심이 많았던 환인의 서자 환웅은 곧잘 천하를 내려다보았다. 아들의 뜻을 안 환인은 세 봉우리가 솟은 태백산(지금의 묘향산)을 내려다보고 널리 인간을 이롭게 할 만하다 여기고는 신의 위력을 지닌 천부인(天符印) 3개를 환웅에게 주면서 그곳을 다스리도록 했다.[15]

---

15) ≪청소년을 위한 삼국유사≫, 이상인 옮김, 평단문화사, 2008년, 20쪽.

≪삼국유사≫에 기록되어 있는 '삼위태백(三危太伯)'을 '세 봉우리가 솟은 태백산'으로 해석하였다. 즉 삼위(三危)를 고유명사로 해석하지 않고 형용사적인 수식어로 해석한 오류(誤謬)를 범하고 있다.

**원문**

下視三危太伯可以弘益人間
하 시 삼 위 태 백 가 이 홍 익 인 간

乃授天符印三箇 遣往理之 雄率徒三千
내 수 천 부 인 삼 개 견 왕 리 지 웅 솔 도 삼 천

降於太伯山頂(卽太伯今妙香山)神壇樹下
강 어 태 백 산 정 즉 태 백 금 묘 향 산 신 단 수 하

謂之神市 是謂桓雄天王也
위 지 신 시 시 위 환 웅 천 왕 야

위 인용 문구 다음에 나오는 '降於太伯山頂(卽太伯今妙香山)神壇樹下' 내용에서 '삼위태백' 명칭 대신 '태백산'이 기록되어 있다. 어떤 사유인지 삼위(三危)라는 명칭이 2번째 태백산 설명에서는 기록되지 않았다. 만약에 형용사적인 수식어였다면 계속해서 사용해야 할 것이다. 즉 삼위는 태백산 앞에 붙은 형용사, 즉 수식어가 아니라는 것을 유추해 볼 수 있다. 삼위산과 태백산이 '홍익인간'의 뜻을 펼 수 있는 장소였는데 최종적으로 환웅께서 태백산으로 내려가시게 되어 '태백산정(太伯山頂) 신단수 아래 신시(神市)를 열게 되었다.'는 이야기이다. 즉 삼위가 형용사적 수식어였다면 다음에 다

시 그 태백산 명칭이 나올 때 당연히 수식어가 표현될 것이기 때문이다. 결론적으로 위 해석은 고유명사를 형용사로 해석하는 오류를 범하고 있다. 이는 엄격하게 말하면 의도적인 역사 왜곡의 시작이다.

그럼 왜 이렇게 해석하고 있는가? 만약에 삼위(三危)를 그 명칭 그대로 '삼위산(三危山)'이라고 바르게 해석한다면 역사학자들의 반도사관 이론은 폐기되어야 하기 때문이다. 그런 이유로 우리 민족의 상고역사를 찾을 수 있는 핵심 산 이름인 삼위(三危)를 교묘하게 다른 해석을 하는 것이다. 이렇게 역사를 왜곡하는 뿌리는 일제강점기 일본인 아래에서 배운 식민사학자들이다. 빼앗긴 산하(山河)는 찾았으나 민족의 유구한 역사는 아직도 식민지 시대 해석 그대로이다.

### 3) ≪사진과 함께 읽는 삼국유사≫ 역주자 리상호의 삼위 해석

리상호 역주 ≪사진과 함께 읽는 삼국유사≫에 해석된 내용을 그대로 옮겨 보면 다음과 같다.

> 고기(古記)에 이르기를, "옛날 환인(桓因)에게 지차 아들(庶子) 환웅(桓雄)이라는 이가 있어 자주 나라를 가져볼 뜻을 두고 인간 세상을 지망하였다. 그 아버지가 아들의 뜻을 알고 아래로 삼위태백(三危太伯)(각주: 황해도 구월산을 가리킨다. 동국여지승람) 땅을 내려다보니 인간들에게 크나큰 이익을 줌 직한지라 이에

아들에게 천부인(天符印) 세 개를 주어 보내어 이곳을 다스리게 하였다."[16]

위 책에서는 '삼위태백(三危太白)'을 각주를 통하여 '황해도 구월산을 가리킨다(동국여지승람).'라고 설명하고 있다. 또한 '태백산정(太伯山頂)'은 원본에 있는 각주를 그대로 인용하여 '태백은 지금의 묘향산이다.'라고 설명하였다. 위 해석의 문제점은 유추한 산이 서로 모순이 발생하고 있다는 점이다. 삼위태백(三危太白)을 1개의 산 이름으로 인식하여 '삼위태백 = 구월산[17]'이라 하였으며, 이어지는 태백산은 '태백산 = 묘향산[18]'이라 하였기 때문이다.

학문연구에 가장 기초가 되는 비교연구에서 모순이 발생한 것이다. ≪삼국유사≫ 저자인 일연스님이 태백산 각주에 묘향산이라 설명한 것을 우선해서 생각해 보면 ≪사진과 함께 읽는 삼국유사≫ 리상호 역주자는 삼위태백 각주에 '황해도 구월산을 가리킨다.'고 잘못 설명한 것이다.' 차라리 '삼위태백'은 삼위산과 태백산을 지칭하는데 ≪동국여지승람≫에서 구월산을 삼위산이라 추정하였으

16) ≪사진과 함께 읽는 삼국유사≫ 리상호 옮김, 강운구 사진, 까치, 1999년, 51쪽.
17) 구월산은 황해도 신천군 용진면과 은율군 남부면, 일도면에 걸쳐 있는 산으로 높이는 945m이다. 우리나라 4대 명산 중의 하나이다. 구월산 외에도 아사달산(阿斯達山), 궁홀(弓忽), 백악(白岳), 증산(甑山), 삼위(三危), 서진(西鎭)으로도 불렀다. 현재는 구월산으로 불리고 있다. 조선왕조실록 유관의 글에는 신라 때에 궐구현(闕口縣)이라 이름하여 궐산(闕山)이라 불렀는데 궐산을 느린 소리로 발음하여 구월산이라 불리게 되었다고 소개하고 있다.
18) 묘향산은 평안북도 영변군, 희천군과 평안남도 덕천군에 걸쳐 있는 산으로 높이는 1,909m이다. 일명 태백산(太伯山) 또는 향산(香山)으로 불렀다. 고려 시대 이전부터 묘향산이라 지칭하였다.

며, 태백산은 일연스님께서 묘향산이라 추정하였다.'라고 소개하면 잘못된 추정이라 할지라도 모순은 되지 않을 것이다.

구환족(九桓族)은 천산(天山)에서 환국(桓國)을 열고 태백산에 배달국을 건국하고 단군조선과 북부여, 고구려, 백제, 신라, 가야, 고려, 조선으로 이어 오면서 수많은 침략 전쟁과 조선 시대 세조, 예종, 성종 3대에 시행된 수서령(收書令)과 일제강점기 상고사 수탈과 역사서적 소각으로 인하여 상고사를 잃어버리게 되었다. 특히 수서령과 일제강점기의 상고사 말살정책이 결정적인 역사를 잃어버리게 된 직접적인 원인이다.

그러나 민족의 기상과 역사가 이어질 수 있는 핵심 지명이 ≪삼국유사≫, ≪제왕운기≫, ≪동사강목≫, ≪조선왕조실록≫, ≪신증동국여지승람≫, ≪관암전서≫에 기록되어 있다. ≪삼국유사≫의 저자 일연스님은 '삼위태백'에는 각주를 달지 않았다. 그러나 태백산에는 묘향산으로 추정하는 각주를 달았다. 저자가 살았던 당시에는 묘향산을 태백산이라고도 부르고 있었기 때문에 묘향산으로 추정하는 각주를 기록한 것이다. 이는 역사적인 진실이 아니라 일연스님의 해석인 것이다. 당연히 후대에 수정되고 오류가 바로 잡혀야 한다. 필자도 이렇게 최선을 다해서 연구하지만, 후대에 위 연구의 오류가 발견된다면 당연히 수정되어야 할 것이다.

### 4) ≪삼국유사≫ 역주자 김원중의 삼위(三危) 해석

김원중 역주 ≪삼국유사≫에 기록되어 있는 내용을 그대로 옮겨 보면 다음과 같다.

> 고기(古記)에는 이렇게 말하였다. "옛날 환인(桓因, 제석을 말한다)의 서자 환웅(桓雄)이 자주 천하에 뜻을 두고 인간 세상을 탐내어 구하였다. 아버지가 아들의 뜻을 알고는 삼위태백(三危太伯, '삼위(三危)'는 ≪서경(書經)≫에 나오는 산 이름으로, '태백'은 그중 하나이다. 고운기는 '세 봉우리가 솟은 태백산'이라고 해석했고, 이병도는 '삼고산(三高山)'이라고 풀이하였다.')을 내려다보니 인간을 널리 이롭게 할 만하여 환웅에게 천부인(天符印) 세 개를 주어 내려보내 인간 세상을 다스리게 하였다."[19]

위 책에서는 '삼위태백(三危太白)에 대한 각주를 통하여 '삼위(三危)'는 ≪서경≫에 나오는 산 이름으로, '태백'은 그중 하나다. 고운기는 '세 봉우리가 솟은 태백산'이라고 해석했고, 이병도는 '삼고산(三高山)'이라고 풀이했다.'라고 설명하고 있다. '삼위(三危)는 ≪서경≫에 나오는 산 이름으로'라는 부분은 뒤쪽에서 원본을 찾아서 연구할 예정이다. 구환족인 삼묘족이 수천 년 동안 살아왔던 지역이 삼위산(三

---

19) ≪삼국유사≫, 김원중 옮김, 민음사, 2007년, 36쪽.

危山) 지역이다. 현재 중국 감숙성 돈황현(敦煌縣) 남쪽에 있는 산 이름이다. 그런데 "'태백'은 그중 하나다."라는 부분은 이해하기 어려운 해석이다. 삼위를 3개의 산으로 이해하고 그중에서 하나가 삼위태백산이라고 해석하였다면 이는 잘못된 해석이다. 삼위산과 태백산은 별개의 산이라는 것이 ≪삼국유사≫ 원문에 기록되어 있기 때문이다. 고운기의 학설과 이병도의 학설은 원본을 찾아서 상세하게 이어서 논하고자 한다.

### 5) ≪삼국유사≫ 역주자 이병도의 삼위(三危) 해석

이병도 역주 ≪삼국유사≫에 기록되어 있는 내용을 그대로 옮겨보면 다음과 같다.

> 옛날에 桓因(帝釋을 이름)의 庶子 桓雄이 있어, 항상 天下에 뜻을 두고 人世를 탐내거늘, 아버지가 아들의 뜻을 알고 三危太白(각주: 三危는 三高山의 義요, 太伯은 그중의 하나)을 내려다보매 人間을 널리 利롭게 할만 한지라 이에 天符印三個를 주어, 가서(세상사람들을) 다스리게 하였다. 雄이 무리 三千을 이끌고 太白山 꼭대기(太伯은 지금의 妙香山) 神壇樹 밑에 내려와 여기를 神市라

이르니 이가 桓雄天王이란 이다.[20]

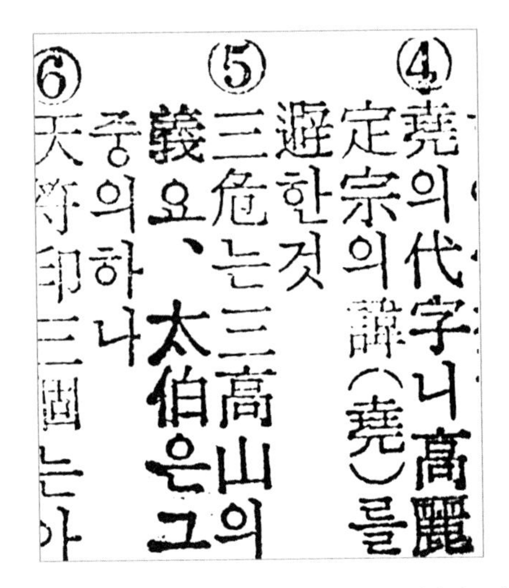
④ 堯의 代字니 高麗
定宗의 諱(堯)를
避한 것
⑤ 三危는 三高山의
義요、太伯은 그
중의 하나
⑥ 天符印三個는 아

[그림 013] 이병도 역주 ≪삼국유사≫ 해석 중 삼위태백 각주 설명.

이병도 역주 ≪삼국유사≫의 삼위태백 각주 설명은 '三危는 三高山의 義요, 太伯은 그중의 하나.'라고 주장하였다. 즉 '삼위태백(三危太伯) = 삼고산(三高山)이란 뜻을 가진 세 봉우리 중의 하나인 태백(太伯)'이라고 해석하고 있다. 몇 가지 문제점을 살펴보자.

첫째, '三危는 三高山의 義요.'의 의미는 '三高山'은 '3개의 높은 봉우리가 있는 산'으로 해석할 수 있다. 여기에서 '義' 자는 의미,

20) ≪삼국유사≫, 이병도 역주, 명문당, 1990년, 180쪽.

뜻[21]으로도 해석할 수 있다. 그러므로 '3개의 높은 봉우리가 있는 산이란 의미이다.'라고 해석할 수 있다. '삼위산은 3개의 높은 봉우리가 있는 산이다.'라는 의미이니 우선은 산(山) 이름으로 인식한 것이다. 위(危)자의 뜻[22]으로 높다는 의미도 있다.

이병도는 삼위(三危)를 산(山)으로 인식하였다. 실제 위치를 추정하였다면 역사 연구에 도움이 될 수 있었을 것인데 아쉽게 생각한다. 필자는 높다(高)는 의미보다는 본래 이름인 위태롭다(危)는 의미로 설명하는 것이 학문의 기본 원칙이 아닌가 생각한다. 즉 삼위산(三危山)의 의미는 '세(三) 개의 위(危)태로운 봉우리가 있는 산(山)이다.'라는 해석이 바른 해석이라고 생각하기 때문이다.

이 해석은 삼위태백은 삼위산과 태백산인데 1개의 산으로 해석하는 가짜 학설이다.

둘째, '태백(太伯)은 그중의 하나'라는 해석은 삼위(三危)는 3개의 높은 봉우리 중에서 그중의 하나를 태백이라고 해석한 것이다. 그

---

21) 1. 옳다, 의롭다 2. 바르다 3. 선량하다(善良--), 착하다 4. 순응하다(順應--) 5. 맺다 6. 해 넣다 7. 섞다, 혼합하다(混合--) 8. 간사하다(奸邪--: 마음이 바르지 않다), 옳지 않다 9. 의(義), 정의(正義), 올바른 도리(道理) 10. 의리(義理), 우의(友誼) 11. 뜻, 의미(意味), 의의(意義) 12. 거동(擧動: 임금의 나들이), 예절(禮節), 의식(儀式) 13. 정의에 합당(合當)한 행동(行動), 의로운 일 14. 명분(名分) 15. 법도(法道) 16. 용모(容貌), 행동거지(行動擧止: 몸을 움직여 하는 모든 짓) 17. 의로 맺은 친족 관계(關係), 의리(義理)의 관계(關係) 18. 공적인 것, 공익을 위한 것 19. 인공적인 것 20. 가짜

22) 위태로울 위(危)자의 뜻 1. 위태하다(危殆--), 위태롭다(危殆--) 2. (마음을 놓을 수 없이) 불안하다(不安--) 3. 두려워하다, 불안해하다(不安---) 4. 위태(危殆)롭게 하다, 해치다(害--) 5. 높다, 아슬아슬하게 높다 6. 엄하다(嚴--: 매우 철저하고 바르다), 엄정하다(嚴正--: 엄격하고 바르다), 엄(嚴)하게 하다 7. 발돋움하다 8. 병이 무겁다, 위독하다(危篤--) 9. 바르다, 똑바르다 10. 빠르다 11. 마룻대(용마루 밑에 서까래가 걸리게 된 도리), 용마루(龍--: 지붕 가운데 부분에 있는 가장 높은 수평 마루) 12. 별의 이름 13. 거의

럼 '삼위산의 두 번째와 세 번째 봉우리는 뭐라 부르는가?' 최소한의 본질을 벗어나는 해석을 만들려면 두 번째와 세 번째 명칭이라도 만들어내야 하지 않겠는가? 학자로서 논리적이지도 못한 해석이다. 강단사학자들이 이 학설을 따르지만, 누구 하나 두 번째와 세 번째 봉우리 이름을 언급한 적은 없다. 이는 해석이 잘못되었기 때문이다.

셋째, 이어서 나오는 ≪삼국유사≫의 태백산(太伯山)과의 관계는 무엇인가? 앞의 삼위태백은 '삼위산의 세 봉우리 중에서 하나인 태백'이고 뒤에 나오는 태백산은 그냥 태백산(묘향산이란 측주를 그대로 소개하고 있다)인가? 이는 앞뒤가 모순되는 설명이다. 즉 문맥(文脈)이 관통하지 못하는 설명이다. 삼위태백의 태백과 태백산정의 태백은 동일한 장소에 있는 산(山)으로 설명해야 옳은 설명이다.

넷째, '삼고산(三高山)'에 대한 혼란이다. '삼위산이 오늘날의 삼고산이구나!'라고 오해를 불러일으키게 되어 있다. 과연 삼고산(三高山)은 어디인가? 이는 존재하지 않는 산 이름이다. 삼고산이란 이름을 가진 산 이름은 없다. 애초 '삼위는 삼고의 뜻을 가지고 있는 것'으로 생각한다고 설명한 것이다. 그러나 삼위가 삼고산인 것처럼 인식되고 있다는 점이 문제이다. 역주자 김원중의 설명에도 '이병도는 삼고산(三高山)이라고 풀이했다.'고 소개하고 있기 때문이다.

### 6) ≪삼국유사≫ 역주자 구인환의 삼위(三危) 해석

구인환 역주 ≪삼국유사≫에 기록되어 있는 내용을 그대로 옮겨 보면 다음과 같다.

> 먼 옛날 천상의 세계를 다스리는 상제(上帝, 환인)에게는 환웅(桓雄)이라는 서자가 있었다. 환웅는 매일같이 지상을 내려다 보며 인간의 세계를 다스려 보고 싶은 욕망을 갖고 있었다. 아버지 환인은 아들의 뜻이 그런 줄 알고 어디로 보낼까 하고 지상을 굽어보았다. 아름답게 펼쳐진 산과 강과 들, 그 가운데서 삼위태백(三危太伯)이란 산, 그곳이 가히 인간을 홍익(弘益)할 만한 근거지로 적합하다고 생각되었다. 그는 곧 아들 환웅에게 부하 신(神)을 거느리고 가서 지상을 다스릴 직권을 부여하는 뜻으로 천부인(天符印) 세 개를 주어 내려가서 다스리게 했다.[23]

위 책에서는 '삼위태백'에 대한 각주 설명으로 "'삼위'는 삼고산(三高山)이 뜻이고, '태백'은 그중의 하나라는 설임"이라고 해석하고 있다. 즉 이병도의 학설을 따르고 있다. 오류가 재생산되는 '오류재생

---

23) ≪삼국유사≫, 구인환 지음, ㈜신원문화사, 2002년, 13쪽.

산법칙(誤謬再生産法則)'[24] 처럼 잘못된 학설이 진짜인 것처럼 확대 재생산되는 것이다. 시간이 흐르면 잘못된 학설이 진짜로 둔갑하게 되는 것이다. 앞으로 절대로 인용되어서는 안 될 가짜 학설이다.

### 7) ≪청소년을 위한 삼국유사≫ 역주자 김혜경의 삼위 해석

김혜경 역주 ≪청소년을 위한 삼국유사≫에 기록되어 있는 내용을 그대로 옮겨 보면 다음과 같다.

> 아득한 옛날, 하느님(환인, 桓因)의 여러 아들 중에 환웅(桓雄)이란 분이 있었다. 환웅은 어려서부터 이상하리만치 인간 세상에 관심이 많았다. 다른 형제들이 뭐라고 하든 말든 그는 늘 인간 세상을 내려다보며 '언제가 저 아름다운 세상을 다스려 보리라.'고 꿈을 키워 갔다.
> 아들 환웅의 이런 속내를 아버지 환인이 모를 리 없었다. 환인은 자식들 중에서도 가장 똑똑한 아들을 곁에서 떼어 보내는 것이 마음 아팠지만 아직 모든 것이 혼란스럽기만 한 인간 세상을 다스리는 일에 적극 찬성하고 손수 마땅한 곳을 찾아

---

24) 오류재생산법칙은 잘못된 학설이 진짜인 것처럼 확대 재생산되는 현상으로 바로 잡는 데 거의 불가능할 정도이다. 요즈음 많이 언급되는 '가짜 뉴스'와 같은 '가짜 학설'이다.

> 보았다.
> 
> 지상의 여기저기를 살펴보면 환인은 이내 한 곳을 발견하고 무릎을 쳤다. 아름답게 뻗은 산과 기름진 들이 펼쳐진 있는 땅, 바로 삼위태백산(三危太伯山, 지금의 황해도 구월산) 주위를 보는 순간 환인은 이곳이야말로 사람들에게 큰 이로움을 줄 만하다고 확신했다.[25)]

위 책에서는 삼위태백을 '삼위태백산(三危太伯山)'이라 해석하고 '지금의 황해도 구월산'이라고 소개하고 있다. 삼위태백이 삼위산과 태백산이 아니고 1개의 산 이름인 삼위태백산이라는 설명이다. 그리고 그 산 이름이 지금의 구월산이라는 해석이다. 앞에서도 지적했지만 그럼 뒤에 나오는 태백산정의 태백산은 일연스님께서 각주에 묘향산이라고 했는데 이런 모순은 어떻게 설명할 것인가? 그럼 삼위태백의 태백과 태백산정의 태백산은 서로 다르다는 말인가? 이는 논리적으로 맞지 않는 설명이다. 강단 사학의 역사해석 수준을 잘 보여주고 있는 설명들이다.

---

25) ≪청소년을 위한 삼국유사≫, 김혜경, 서해문집, 2002년, 21쪽.

### 8) ≪삼국유사≫ 역주자 고운기의 삼위(三危) 해석

고운기 역주 ≪삼국유사≫에 기록되어 있는 내용을 그대로 옮겨 보면 다음과 같다.

> 옛날 환인(桓因)의 서자 환웅(桓雄)은 하늘 아래 사람이 사는 세상을 찾아가 보고 싶었다. 아버지가 자식의 뜻을 알고, 아래로 세 봉우리가 솟은 태백산을 굽어보니, 널리 사람 사는 세상을 이롭게 할 만하였다. 이에 천부의 증표 세 개를 주고, 가서 다스리도록 하였다.[26]

위 책에서도 '세 봉우리가 솟은 태백산을 굽어보니'라고 설명하고 있다. 이런 엉터리 해석의 주류는 바로 현 강단에서 사학을 주도하고 있는 학자들이다. 필자가 여러 학자의 해석한 책을 계속 인용하는 이유는 바로 독자들이 직접 원본과 해석한 내용을 공부하면서 그 울분을 느껴 볼 수 있도록 하기 위해서다. 역사를 바로 세우지 못하는 민족은 조상에게는 용서받지 못할 죄인이 되는 것이다.

---

26) ≪삼국유사≫, 고운기 옮김, 현암사, 2002년, 15쪽.

### 9) ≪삼국유사≫ 역주자 이재호의 삼위(三危) 해석

이재호 역주 ≪삼국유사≫에 기록되어 있는 내용을 그대로 옮겨 보면 다음과 같다.

> 고기(古記)에 이런 말이 있다. 옛날에 환인(桓因, 제석帝釋을 이른다)의 서자(庶子) 환웅(桓雄)이 계셔 천하에 자주 뜻을 두고, 인간 세상을 탐내어 구했다. 아버지는 아들의 뜻을 알고, 삼위태백산(三危太伯山)을 내려다보니 인간 세계를 널리 이롭게 할 만했다. 이에 천부인(天符印) 세 개를 주어, 내려가서 세상 사람을 다스리게 했다.[27]

위 책에서는 '삼위태백산(三危太伯山)'에 각주를 두어 설명하고 있다. 각주가 장문으로 되어 있지만, 그대로 인용하고자 한다.

> 태백(太伯)은 반도 곳곳에 있는 표지가 되는 거룩한 산의 이름으로 사용되었지만, 삼위(三危)는 이것이 태백의 대치어인지 수식어인지 잘 알려져 있지 않다. 중국 문헌에는 고대의 서방명산(西方名山)에 삼위라는 산 이름이 보이고 ≪서경(書經)≫ 〈우공(禹貢)〉, ≪삼국유사≫와 거의 같은 시대에 찬술된 이승휴(李

27) ≪삼국유사≫, 이재호 옮김, 솔출판사, 1997년, 65~66쪽.

承休)의 ≪제왕운기≫의 아사달산(阿斯達山)주에 '今九月山也 一名弓忽 又名三危 祠堂猶在'란 글귀가 나타난다. 후의 ≪동국여지승람(東國輿地勝覽)≫에도 이 설이 그대로 나타나 있다. 그러나 ≪중문대사전(中文大辭典)≫에 '삼위(三危)는 우리말의 삼봉(三峯)을 일컫는다.'하니 삼위. 태백은 곧 세 봉우리의 태백산이란 말이다. ≪中文大辭典≫ 三危夷狄謂山有三峰者[28]

위 각주는 삼위(三危) 해석의 모든 가능성을 보여주고 있지만, 삼위태백은 "2개의 산인 삼위산과 태백산이 아니고 1개의 산으로 '세 봉우리의 태백산'이다."라는 결론에 도달하기 위하여 길게 설명한 것에 불과하다. 그럼 구체적으로 위 주장을 객관적이고 논리적으로 비판해 보고자 한다.

첫째, '태백(太伯)은 반도 곳곳에 있는 표지가 되는 거룩한 산의 이름으로 사용되었지만' 이 부분을 분석해 보자.

반도(半島)는 한반도(韓半島)를 의미한다. 물론 거룩한 산의 이름으로 사용되었다는 말은 옳은 말이다. 그러나 역사학자가 한반도(韓半島)로 우리 민족 역사의 연구 지역을 줄이는 것은 일인(日人)들이 지속적으로 주장하고 있는 '한민족의 역사는 반도에 있었다.'는 반도사관에 현혹된 결과이며, 중국 사학계에서 주장하는 '대륙의 고구려와 발해의 역사가 중국의 지방정부다.'라고 주장하는 학설

28) ≪삼국유사≫, 이재호 옮김, 솔출판사, 1997년, 66쪽 9번 각주.

에 동조하는 견해이다. 위 주장대로라면 태백산이 중국 대륙에 있었다는 학설은 잘못되었다고 주장할 것이다. 왜냐하면, 현 역사학계의 가이드라인(Guideline)에 위배(違背)되기 때문이다. 결론적으로 ≪실증 배달국사≫ II에서 밝혀지겠지만, 태백산은 반도에 없다. 대륙에 있다.

둘째, '삼위(三危)는 이것이 태백의 대치어인지 수식어인지 잘 알려져 있지 않다.'는 이 부분을 논하여 보자.

이 부분은 문제의 심각성을 보여주고 있다. 이재호 역주자는 결론적으로 잘 알려지지 않은 수식어 방식인 '삼위(三危) = 세 봉우리의'로 결론을 내린다. 이는 학설도 아니니다. 엉터리 해석이다. 자신도 '잘 알려져 있지 않다'고 하면서도 결론은 모순(矛盾)되게도 반도사관에 맞추어서 교묘하게 수식어 방향으로 해석한 것이다. 이 삼위라는 지명이 고대사의 핵심 키워드인데도 중요성을 인식하지 못하고 있는 해석이다. 삼위는 대치어나 수식어가 아니고 고유명사이다. 즉 삼위산(三危山)이다.

셋째, '중국 문헌에는 고대의 서방명산(西方名山)에 삼위라는 산 이름이 보이고 ≪서경(書經)≫ 〈우공(禹貢)〉'이 부분을 논하여 보자.

'삼위(三危)는 서방명산의 산(山)일 수 있다.'는 점을 설명하고 있다. '중국 고대 서방명산으로 ≪서경≫ 〈우공〉에 나오는 삼위산일 가능성이 있다.'고 소개하고 있다. 그런데 왜! ≪삼국유사≫ 삼위태백의 삼위는 서방명산인 삼위산이 될 수 없는지에 대해서는 일언반구(一言半句)도 없다. 역주자는 교묘하게 없는 말을 만들어 '삼위

(三危) = 세 봉우리의'라는 엉터리 해석을 유도하고 있다. ≪삼국유사≫에는 '삼위태백이 삼위산이다.'라는 구체적인 이야기는 없고 태백산에 대한 이야기만 있다. 그러나 역사적 진실은 ≪서경≫ 〈우공〉에 나오는 서방명산인 삼위산(三危山)이 바로 ≪삼국유사≫삼위태백(三危太伯)의 삼위산(三危山)이다. 관련 사료를 먼저 소개해 보고자 한다.

≪환단고기≫ 〈삼성기 하편〉에는 ≪삼국유사≫에서는 누락된 삼위산에 대한 이야기가 추가로 나와 있다. ≪환단고기≫에 대해서는 역사학자들은 연구조차 하지 않고 위서(僞書)로 취급하여 언급조차 하지 않는 서적이다. 그러나 역사적 사실을 억지로 부정한다고 해서 진실이 숨겨지는 것은 절대 아니다. 위서(僞書) 주장은 대부분 해명되고 있고, 역사적 진실은 반드시 밝혀지고 있기 때문이다. ≪환단고기≫에서 언급하고 있는 삼위산은 뒤에서 따로 정리하여 제시하게 될 것이다. 중요한 대목이므로 삼위산에 대한 구체적이고 타당성 있는 역사 이야기를 다시 한번 소개하고자 한다.

**원문**

時에 有盤固者하여 好奇術하고
시 유반고자 호기술

欲分道而往하여 請하니 乃許之라.
욕분도이왕 청 내허지

遂積財寶하고 率十干十二支之神將과
수적재보 솔십간십이지지신장

與共工 有巢 有苗 有燧로
여공공 유소 유묘 유수

偕至三危山拉林洞窟하여
해지삼위산납림동굴

而立爲君하니 謂之諸畎이오 是謂盤固可汗也니라
이립위군 위지제견 시위반고가한야

**[해석]**

환웅께서 태백산을 개척하실 때에 반고라는 사람이 있었는데 기이한 술법을 좋아하였던 인물이었다. 반고가 개척의 길을 나누어 가기를 원하여 청하니 환인께서 허락하시니라. 반고는 많은 재화와 보물을 싣고 십간(十干)과 십이지(十二支)의 신장을 거느리고 공공(共工), 유소(有巢), 유묘(有苗), 유수(有燧)와 함께 삼위산(三危山) 납림동굴(拉林洞窟)에 이르러 임금으로 즉위하였다. 이들을 제견(諸畎)이라 하고 반고를 반고가한(盤固可汗)이라 불렀다.

時有盤固者好奇術欲分道而往請乃許之遂積財寶率
十干十二支之神將與共工有巢有苗有燧偕至三危山
拉林洞窟而立爲君謂之諸畎是謂盤固可汗也
於是桓雄率衆三千降于太白山頂神壇樹下謂之神市
是謂桓雄天王也將風伯雨師雲師而主穀主命主刑主
病主善惡凡主人間三百六十餘事在世理化弘益人間
時有一熊一虎同隣而居嘗祈于神壇樹願化爲神戒之
氓雄聞之曰可敎也乃以呪術換骨移神先以神遺靜解
靈其艾一炷蒜二十枚戒之曰爾輩食之不見日光百日
便得人形熊虎二族皆得而食之忌三七日熊能耐飢寒

[그림 014] 광오이해사본(1979), ≪환단고기≫ <삼성기전> 하편의 삼위산(三危山).

위 내용처럼 삼위산 납림동굴로 반고가한께서 무리를 이끌고 가신 내용이 기록되어 있다. 즉 삼위산에는 구환족의 반고가한께서 터전으로 삼고, 태백산에는 구환족의 환웅천황께서 터전을 삼았던 곳이다. ≪서경≫ 〈우공(禹貢)〉에 보이는 기사는 삼묘(三苗)족의 이야기이다. 삼묘족은 반고가한과 함께 분국에 같이 참여한 유묘(有苗)의 후손이다. 그래서 ≪삼국유사≫의 삼위태백(三危太伯)은 역사의 진실인 것이다. 결코, 신화가 아니다.

넷째. "≪삼국유사≫와 거의 같은 시대에 찬술된 이승휴(李承休)의 ≪제왕운기≫의 아사달산(阿斯達山)주에 '今九月山也 一名弓忽 又名三危 祠堂猶在'란 글귀가 나타난다." 이 부분을 논하여 보자.

이 부분에 대해서는 앞쪽 ≪제왕운기≫를 인용하여 상세하게 설명해 드렸다. 다시 한번 원문과 해석을 살펴보고자 한다.

> 을미년(乙未年)에 아사달산(阿斯達山)에 들어가 신(神)이 되었다. 아사달산(阿斯達山)은 현재의 구월산(九月山)이다. 일명 궁홀(弓忽) 또 다른 이름은 삼위(三危)라 하였으며, 구월산(九月山)에 사당(祠堂)이 있다.[29]

---

29) 乙未入阿斯達山爲神 今九月山也 一名弓忽 又名三危 祠堂猶在. ≪제왕운기≫, 곽영대 소장본, 아사달산 각주 원문, 삼위(三危) 기록

이재호 역주자(譯註者)는 결론을 '삼위(三危) = 세 봉우리의'라는 수식어 방식의 오류 학설을 소개하고 있다. 그런데 위 ≪제왕운기≫ 아사달산 각주는 역주자의 결론과는 모순(矛盾)이 된다. 즉 각주는 '아사달산(阿斯達山) = 삼위산(三危山)'으로 '삼위'는 수식어가 아니라 산명이라는 것을 증명하는 것이다.

그런데도 왜 ≪제왕운기≫의 각주는 삼위산이라고 고유명사로 인식하고 있는데 이 내용을 부정하고 있는 구체적인 이유는 논술하고 있지 않다.

다섯째, '후의 ≪동국여지승람(東國輿地勝覽)≫에도 이 설이 그대로 나타나 있다.' 이 부분을 논하여 보자.

≪동국여지승람≫은 지리지이다. 조선 팔도의 지역별 지리에 대해서 정리해둔 서적이다. 이곳에 삼위 관련 자료가 있다. 앞에서 원문을 살펴보았지만, 다시 한번 해석해 보자.

> 구월산(九月山) 고을 서쪽 10리에 있으니 즉, 아사달산(阿斯達山)이다. 다른 이름은 궁홀(弓忽)이요. 또 다른 이름은 증산(甑山), 삼위(三危)이다. 세상에서 전하기를 '단군이 처음 평양에 도읍하였다가 후에 또 백악으로 옮겼다' 하는데 곧 이 산이다. 주무왕이 기자를 조선에 봉하니, 단군이 이내 당장경으로 옮겼으며, 후에 다시 이산으로 와서 숨어, 화하여 신이 되었다 한

다.[30]

윗부분은 '구월산(九月山) = 아사달산(阿斯達山) = 삼위산(三危山)'이라는 설명이다. 이렇게 쉽게 해석할 수 있는 ≪동국여지승람≫을 인용하고도 결론은 엉뚱하게도 산이 아니라 '삼위 = 세 봉우리의'라는 수식어를 결정하다니 이해가 안 되는 학설이다.

고려와 조선시대에도 삼위산(三危山)이 한민족 고대사의 핵심 키워드임을 알고 사람들은 구월산(九月山)이 혹시 삼위산(三危山)이 아닌가 하여 부르게 된 것이다. 왜 하필이면 구월산(九月山)일까? 그것은 구월산에 삼성당(三聖堂)이 있기 때문이다. 신당(神堂)에 환국(桓國)을 개국하신 환인천왕(桓因天王), 배달국(倍達國)을 개국하신 환웅천왕(桓雄天王), 단군조선(檀君朝鮮)을 개국하신 단군천왕(檀君天王) 등 세분의 성인(三聖)을 모시고 있기 때문이다. 우리 민족의 위대하신 삼성조(三聖祖)를 모시는 삼성당(三聖堂)이 있으므로 구월산을 환인천왕과 환웅천왕의 건국 이야기가 나오는 삼위태백의 삼위산이라고 불렀다는 점이다.

여섯째, "그러나 ≪중문대사전(中文大辭典)≫에 '삼위(三危)는 우리말의 삼봉(三峯)을 일컫는다.'하니 삼위. 태백은 곧 세 봉우리의 태

30) 九月山 在縣西十里即阿斯達山 一名 弓忽 一名甑山 一名三危 世傳檀君初都平壤 後又移白岳 即此山也 至周武王對箕子於 朝鮮檀君乃移御唐臟京後 還隱此山 化爲神 ≪신증동국여지승람≫ 제42권 〈황해도〉 〈문화현〉 〈산천〉 편 구월산(九月山) 삼위(三危) 기록. 1530년 중종 25년 출간된 ≪신증동국여지승람≫ 참조.

백산이란 말이다. ≪中文大辭典≫ 三危夷狄謂山有三峰者” 부분을 논하여 보자.

윗부분을 살펴보면, 결론적으로 여섯 번째 근거를 가지고 ‘세 봉우리의’라는 해석을 하게 되었다는 주장이다. 인용된 원문을 살펴봐서 위 주장이 잘못되었다는 점을 증명하면 위 학설은 폐기되어야 할 것이다.

‘≪中文大辭典≫ 三危夷狄謂山有三峰者’를 상세하게 살펴보고자 한다. ≪중문대사전≫[31]에서 삼위(三危) 자료를 찾아보았다. 방대한 분량으로 인하여 원문(原文)은 뒤쪽에서 상세하게 공개할 것이다. 여기에서는 핵심 해석만 소개하고자 한다. 역사관이 바르게 정립되어 있지 않으면 어떻게 왜곡하는지를 독자 여러분과 함께 살펴보고자 한다. 지명 관련 원문에는 9가지 사료를 인용하여 상세하게 설명하고 있다. 모두 다 ‘삼위(三危) = 삼위산(三危山)’으로 설명하고 있다. 그런데도 교묘하게 한문 해석도 다르게 해석하면서 역사의 진실을 숨기려 하고 있다. 9가지 해석은 원문을 소개하여 해석을 통하여 뒤에서 논하고 여기에서는 목차만 인용하여 소개하고자 한다.

31) ≪중문대사전≫, 중국문화대학인행(中國文化大學印行) 1권, 1991년, 212쪽 참조.

≪중문대사전≫ 삼위(三危) 원문 요약

一 초치위난지삼사(招致危難之三事)

二 지명(地名)

① 서예지산(西裔之山) 서쪽 변방의 산이다.

② 재금감숙성돈황현(在今甘肅省敦煌縣) 현재 감숙성 돈황현에 있다.

③ 재감숙성조서산지서(在甘肅省鳥鼠山之西) 감숙성 조서산(鳥鼠山)의 서쪽에 있다.

④ 재감숙성천수현(在甘肅省天水縣) 감숙성 천수현에 있다.

⑤ 재감숙성고첩주지서(在甘肅省古疊州之西) 감숙성 옛날 첩주의 서쪽에 있다.

⑥ 재운남경(在雲南境) 운남의 경계에 있다.

⑦ 재사천성(在四川省) 사천성에 있다.

⑧ 이적위산유삼봉자(夷狄謂山有三峰者) 삼위는 오랑캐 이족(夷族)와 적족(狄族)들이 이름한 산(山)이며 3개의 봉우리가 있는 산(山)이다.

⑨ 지서장(指西藏) 즉 서장자치구, 티베트를 가리킨다.

이재호 역주자의 한문 해석은 바른 해석이 아니다. '삼위(三危)는 우리말의 삼봉(三峯)을 일컫는다.' 하니 '삼위·태백은 곧 세 봉우리의 태백산이란 말이다.'라 해석하였으나 이는 잘못 해석한 것이다.

**원문**

三危

⑧ 夷狄謂山有三峰者
이 적 위 산 유 삼 봉 자

[尙書表注] 戎人凡山有三峯便指以三危
상 서 표 주　융 인 범 산 유 삼 봉 편 지 이 삼 위

**[해석]**

삼위(三危)는 (중국 사람들 입장에서) 오랑캐 이족(夷族)와 적족(狄族)들이 명명한 산(山)이다. 삼위산은 3개의 봉우리가 있다. ≪상서표주≫[32]에 이르기를 융족(戎族) 사람들이 무릇 대부분 산(山)이 3개의 봉우리가 있어 편하게 지칭하기를 삼위산(三危山)이라 하였다.

먼저 ≪중문대사전≫의 원문을 바르게 해석해 보자. '삼위(三危) ⑧번째 자료인 이적위산(夷狄謂山)'의 해석은 삼위(三危)는 (중국 사람들 입장에서) 오랑캐 이족(夷族)와 적족(狄族)들이 이름한 산(山)이다. 즉 삼위(三危)는 삼위산(三危山)이라는 말이다. 그 이름은 '이족(夷族)과 적족(狄族) 명명(命名)한 산(山) 이름이다.'라는 설명이다. 이름을 명명했다는 것은 그 지역을 터전으로 삼고 살았다는 것이다.

중국인들은 여러 족속을 오행의 방위개념을 사용하여 족속 명칭(名稱)으로 불렀다. 동쪽 지역은 이족(夷族)으로 동이(東夷)이라고 불

32) ≪상서표주(尙書表注)≫, 김이상(金履祥, 1232~1303) 참조.

렀다. 서쪽 지역은 융족(戎族)으로 서융(西戎)이라고 불렀다. 남쪽 지역은 만족(蠻族)으로 남만(南蠻)이라고 불렀다. 북쪽 지역은 적족(狄族)으로 북적(北狄)이라고 불렀다.

그런데 삼위산(三危山)의 이름을 명명한 부족이 바로 동이(東夷)와 북적(北狄)이라는 것이다. 환국(桓國)은 천산(天山)을 근거지로 하였다. 그 이후에 배달국 건국 초기에 천산에서 삼위산과 태백산으로 내려오게 된다. 태백산에 자리를 잡은 부족은 단군조선 때에 중국 동북 지역으로 이주하게 된다. 환국의 천산 지역에 남아 있던 북방 민족을 중국에서는 북적(北狄)이라 하였다. 즉 환국의 후손들이다. 그들이 오랫동안 이름하여 불러온 산이 삼위산이다. 또한 섬서성의 태백산을 거쳐서 동북쪽으로 이주한 이족(夷族)을 동이(東夷)라 불렀는데 그들도 삼위산이라 이름을 명명하여 불렀다는 것이다.

위 사실은 오히려 ≪삼국유사≫의 삼위태백(三危太伯)이 우리 동이족의 근거지였음을 증명해주는 것이다.

다음에 이어지는 '유삼봉자(有三峯者)'를 해석해 보면 어조사 자(者)는 앞의 산(山)을 의미한다. 즉 '삼위산은 3개의 봉우리가 있다.'는 뜻이다. 즉 이족과 적족이 산 이름을 명명하였으며, 그 산의 특징으로 봉우리가 3개였다는 의미이다. 결코 '삼위'가 '세 봉우리가 솟은'의 형용사가 아님을 확인할 수 있다.

≪상서표주(尙書表注)≫는 송나라 말기에서 원나라 초기에 활동했던 절강성 사람 김이상(金履祥, 1232~1303)의 저작이다. '융인범산유삼봉편지이삼위(戎人凡山有三峯便指以三危)'을 해석하여 보면 '융족(戎族)

사람들이 무릇 대부분 산(山)이 3개의 봉우리가 있어 편하게 지칭하기를 삼위산(三危山)이라 하였다.'는 의미이다. 즉 보통 산들이 3개의 봉우리가 있어서 삼위산(三危山)이라고 하였다는 의미이다.

[그림 015] 삼위산(三危山)은 '세(삼, 三)개의 위(危)태로운 봉우리가 있는 산(山)이다.'라고 하여 붙여진 이름으로 서방의 명산이다.

중국에서는 삼위산 지역은 서쪽이다. 그래서 그 지역에 사는 족속을 서융(西戎)이라고 부른다. 그들은 삼위산이라고 불러오고 있는데 3개의 봉우리가 있으니 삼위산이라고 부른다는 것을 소개한 것이다. 즉 삼위는 삼위산이며 그 산은 봉우리가 3개 있다는 원문을 의미를 교묘하게 조작하여 삼위를 형용사로 '세 봉우리가 솟은'으로 해석하는 오류를 다시는 언급되지 않기를 바란다.

결론적으로 삼위산은 화족(華族)의 근거지가 아닌 이족(夷族), 적족(狄族), 융족(戎族)의 근거지임을 밝혀주고 있는 것이며, ≪삼국유사≫의 삼위태백(三危太伯)은 우리 민족의 터전이었음을 증명해 주는 것이다.

원문을 살펴보면 도저히 '세 봉우리가 솟은'으로 해석할 수 없는데도 왜! 교묘하게 핵심을 피하여, 삼위산(三危山)을 언급하지 않으려고 하는가? 그것은 현 역사학계의 뿌리가 일인(日人)이고 그들이 주장한 것이 활동 지역이 한반도라는 반도사관(半島史觀)과 한민족은 처음 시작이 식민지였다는 식민사관이라는 가이드라인(Guideline)을 어기게 되면, 그들의 모든 연구가 폐기되어야 하기 때문에 양심도 없고, 민족도 없고, 오직 일인(日人)들이 연구한 결론에 앵무새처럼 따라서 외치고 있는 형국이다. 너무나 안타까운 현실이다.

### 10) ≪삼국유사≫ 역주자 이민수의 삼위(三危) 해석

이민수 역주자의 ≪삼국유사≫를 원문과 측주를 살펴보고자 한다. 먼저 원문을 살펴보면

> 또 ≪고기(古記)≫에는 이렇게 말했다.
> "옛날에 환인(桓因, 제석帝釋을 말함)의 서자 환웅(桓雄)이란 이가 있었는데 자주 천하를 차지할 뜻을 두어 사람이 사는 세상을 탐내고 있었다. 그 아버지가 아들의 뜻을 알고 삼위태백산(三

危太伯山)을 내려다보니 인간들을 널리 이롭게 해 줄 만했다."[33]

삼위태백을 삼위태백산(三危太伯山)이라고 해석하였으며 상세하게 각주에서 설명하기를

> 삼위태백산(三危太伯山): 삼위(三危)는 중국 글에 산명·지명으로 많이 나온다. ≪서경(書經)≫ 〈순전〉 서삼묘우삼위(鼠三苗于三危)의 소(疎)에 서삼묘우삼위(鼠三苗于三危) 시삼위(是三危) 위서예지산야(爲西裔之山也) 기산필시서예(其山必是西裔) 말지산지소재(末知山之所在)"라고 했다. 태백(太伯)은 우리나라 산. 이 삼위와 관련되는 산이라는 뜻에서 삼위태백이라 한 것이 아닌가 싶음.[34]

이민수 역주자의 좀 더 치밀한 연구가 있었다면 충분히 삼위태백의 비밀을 찾을 수 있었을 것이다. 자료를 제시하고도 해석을 적극적으로 하지 않음은 참으로 안타깝다.

먼저 원문을 해석하여 보자. 역주자가 인용한 자료는 ≪상서주소(尙書注疏)≫[35]에는 〈한공씨전(漢孔氏傳)〉, 〈공영달소(孔穎達疏)〉, 〈당육덕명음의(唐陸德明音義)〉 기록이 있다. 세 명은 한(漢)나라 공

---

33) ≪삼국유사≫, 이민수 역, 을유문화사, 2013년, 24쪽.

34) ≪삼국유사≫, 이민수 역, 을유문화사, 2013년, 25쪽 7번 각주.

35) 그 외 주요저서로는 저서로 ≪주역사설(周易師說)≫, ≪상서석음(尙書釋音)≫, ≪모시훈고전(毛詩訓詁傳)≫ 등이 있다.

안국(孔安國), 당(唐)나라 공영달(孔穎達, 574~648), 당(唐)나라 육덕명(陸德明, 550~630)이다. 역주자의 설명은 '서삼묘우삼위(鼠三苗于三危)의 소(疏)'라고 소개하고 있으나 아래 원본에서 볼 수 있듯이 '삼위기택(三危旣宅) 삼묘비서(三苗丕敍)'의 소(疏)이다. 그 소(疏)에서 서삼묘우삼위(鼠三苗于三危)를 다시 인용하여 설명하고 있다. 전(傳) 음의(音義)로 참고할 수 있도록 소개하고자 한다.

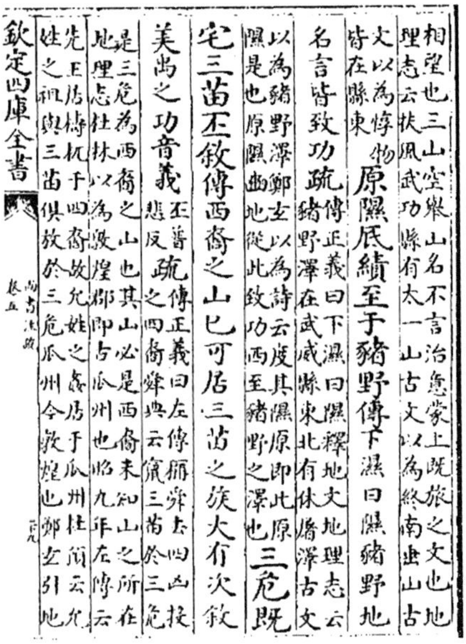

[그림 016] ≪상서주소≫ <한공씨전>, <당육덕명음의>, <공영달소> 원본의 삼위(三危)에 대한 설명.

**원문**

鼠三苗於三危 是三危 爲西裔之山也
서 삼 묘 어 삼 위 시 삼 위 위 서 예 지 산 야

其山必是西裔末知山之所在
기 산 필 시 서 예 말 지 산 지 소 재

**[해석]**

삼묘(三苗)를 삼위(三危) 지역으로 쫓아내었다. 여기에서 삼위(三危)는 서쪽 묘족의 산(山)을 이름한다. 이 산은 반드시 서쪽의 묘족 지역을 말하며, 그 끝부분이 산의 소재지로 알려져 있다.

내용의 핵심은 삼위(三危)는 묘족(苗族)의 터전으로 삼고 있는 서쪽 묘족의 산이라고 하였다. 여기에서 예(裔)를 후손(後孫), 변방, 묘족(苗族)이라고 해석할 수 있다. 이 부분은 뒤에 설명할 예정이다. 화족(華族)은 묘족(苗族)을 사흉(四凶)이라 하였으며, 오랑캐로 지칭하였다. 즉 중국민족이 아닌 사람들이 살았던 곳이다. 그래서 산 이름도 이족(夷族)과 적족(狄族)이 명명한 것이라 한 것이다. 삼위기댁삼묘비서(三危既宅三苗丕敍) 소(疎)의 일부만 인용하였지만 전(傳), 음의(音義), 소(疎) 3가지 원문[36]을 측주로 소개 정리하였다.

소(疎)에는 돈황군(敦煌郡) 옛 과주(瓜州)가 바로 삼위산(三危山) 위치라고 설명하고 있다. 물론 지금 중국 감숙성 돈황현에 삼위산 있다. 바로 그곳이 ≪삼국유사≫에서 언급하고 있는 삼위·태백의 삼위산(三危山)이다.

---

36) 三危既宅 三苗丕敍 [傳]西裔之山 已可居 三苗之族 大有次敍 美禹之功 [音義]丕普悲反 [疏]傳正義曰左傳稱舜去四凶投之四裔舜典云竄三苗於三危是三危爲西裔之山也其山必是西裔未知山之所在地理志杜林以爲敦煌郡即古瓜州也昭九年左傳云先王居檮杌于四裔故允姓之姦居于瓜州杜預云允姓之祖與三苗俱放於三危瓜州今敦煌也鄭玄引地. ≪상서주소(尚書注疏)≫.

## 11) 삼위태백(三危太白) 관련 기타 연구 자료

삼위태백 관련 자료들은 정리한 서적을 참고하고자 한다.[37] ≪천년왕국 수시아나에서 온 환웅≫의 인용자료를 살펴보면 다음과 같다.

> 삼위태백은 어느 특정한 산이 아니라 그저 막연히 '천하'라는 의미로 쓰였다고 보기도 하고,[38] 삼위를 신화 집필자가 '태백'을 권위화하기 위한 관점에서 중국의 전설 시대 사적을 기록한 문헌에 나오는 산 이름을 빌려 '태백'을 수식한 것으로 보기도 하며,[39] 삼위태백을 봉우리가 세 개인 산의 중앙에 있는 태백 봉우리하고 해석하기도 한다.[40] 혹은 삼위를 글자 그대로 '세 위태로운 산' 또는 '세 높은 산'으로 보기도 한다.[41] 이 외에도 삼위를 별 이름 '삼'과 '위'로 해석하기도 하며 심지어는 불교의 '삼업'과 연결하기도 한다.[42]

위 대부분 연구 자료도 역사적 진실을 은폐하기 위한 해석에 불

---

37) ≪천년왕국 수시아나에서 온 환웅≫, 정현진, 일빛, 2006년, 529쪽.
38) ≪단군과 고조선연구≫, 〈단군조선의 성립〉, 손영종, 단군학회 엮음, 257쪽. 위 책에 '단군조선의 성림'으로 잘못 기록되어 있어 '성립'으로 수정하였다.
39) ≪고조선에 관한 토론논문집≫, 〈단군고〉, 리상호, 과학원출판사, 1963년, 160쪽 참고.
40) 金載元, ≪武氏祠石室 畵像石에 보이는 檀君神話≫, 이기백 편, ≪단군 신화 논집≫, 새문사, 1990년, 29쪽 참고.
41) ≪한국사 이야기 1: 우리 민족은 어떻게 형성되었나?≫, 이이화, 한길사, 1999년, 142쪽 참고.
42) 강인숙, ≪단군 신화≫, 506~507쪽 참고.

과하다. 단, 이이화 저자의 삼위를 '세 위태로운 산'과 '세 높은 산' 한문을 풀이하는 방식이지만 삼위를 산(山)으로 인식하고 바르게 설명한 것이다. 별 이름과 종교용어로 연결하여 설명한 것은 새로운 거주지를 찾는 상황에는 맞지 않는 해석이라고 생각된다.

'막연한 의미', '수식어', '세 봉우리' 등은 앞에서도 비판하였지만 삼위산이 현재 중국에 실존(實存)하기 때문에 인정하게 되면, 모든 연구가 틀리기 때문에 억지로 교묘하게 진실을 피하는 거짓말 연구를 하는 것이다. 실증적인 자료를 제시하면서 역사적 진실에 다가가도록 하고자 한다. 위 저자의 삼위태백에 대한 잘못된 인식은 상고사 고찰에서 다시 논하고자 한다.

### 12) 삼위태백(三危太白) 해석의 공통점

지금까지 살펴본 ≪삼국유사≫ 역주자(譯註者)들은 몇 가지 공통점이 있다.

첫째. '삼위(三危)를 삼위산(三危山)이다.'라고 주장할 생각조차 못하고 있는 역주자들이 많다는 것이다.

≪삼국유사≫와 ≪제왕운기≫ 등 국내 사서에 나와 있는 삼위태백(三危太白)은 매우 중요하다. 특히 삼위(三危)는 해석에 따라서 한민족의 출발 지역이 중국 대륙이 될 수도 있고, 아니면 한반도가 될 수도 있기 때문이다. 또한, 이 증거는 누구도 부정할 수 없는 기록

이기 때문에 더욱 중요하다. 그런데 왜 강단사학자들은 산(山)이라 주장하지 않았을까? 그 뿌리는 바로 일제강점기 때 일인(日人)으로부터 배운 식민사학자들이 대를 이어오면서 반도사관의 학설을 앵무새처럼 따라 하고 있기 때문이다.

일본 사학자들은 일본의 역사보다 한국의 역사연대를 짧게 했기 때문에 ≪삼국사기≫ 초기 기록 불신론과 ≪환단고기≫ 위서론을 강하게 주장한다. 또한 강역(疆域)은 한반도로 하기 때문에 삼위태백을 '세 봉우리가 솟은 태백산'으로 해석한다. 우리 민족의 역사는 식민지로부터 시작, 즉 북쪽은 한사군으로부터 남쪽은 임나일본부로부터 시작했다고 기술한다. 이런 주장들을 앵무새처럼 대한민국 일부 사학자들이 반복한다. 삼위태백을 다시는 속이지 못하도록 이 책을 쓰고 있다. 삼위(三危)가 삼위산(三危山)이며 중국 감숙성 돈황현이라는 것을 명확하게 밝히고자 한다.

**[표 003] 삼위태백 해석현황**

| 삼위태백 관련 자료 | 삼위태백 해석 |
| --- | --- |
| 조선왕조실록<br>홈페이지 주(註) | 삼위산과 태백산: 삼위산은 중국 감숙성 돈황현 남쪽에 있으며, 태백산은 장백산이라고도 함 |
| 다음(Daum)<br>한국어 검색 | 삼위산과 태백산을 아울러 이르는 말: 삼위산은 중국 간쑤성 둔황현 남쪽에 있는 산이며, 태백산은 장백산이라고 한다. |
| 네이버(Naver)<br>한자사전 검색 | 삼위산과 태백산: 삼위산은 중국 감숙성 돈황현 남쪽에 있으며, 태백산은 장백산이라고도 함 |
| 청소년을 위한 삼국유사(이상인) | 세 봉우리가 솟은 태백산(지금의 묘향산) |
| 사진과 함께 읽는 삼국유사(리상호) | 황해도 구월산을 가리킨다.(동국여지승람) |

| 삼국유사(김원중) | 삼위(三危)는 ≪서경≫에 나오는 산 이름으로, 태백은 그중 하나다. |
|---|---|
| 삼국유사(이병도) | 三危는 三高山의 義요, 太伯은 그중의 하나. |
| 삼국유사(구인환) | '삼위'는 삼고산(三高山)이 뜻이고, '태백'은 그중의 하나라는 설임 |
| 청소년을 위한 삼국유사(김혜경) | 삼위태백산(三危太白山: 지금의 황해도 구월산) |
| 삼국유사(고운기) | 세 봉우리가 솟은 태백산 |
| 삼국유사(이재호) | 삼위태백은 곧 세 봉우리의 태백산이란 말이다. |
| 삼국유사(이민수) | 삼위태백산(三危太伯山)을 내려다보니 |
| 단군과 고조선연구(손영종) | 막연히 '천하'라는 의미 |
| 단군고(리상호) | '태백'을 수식한 것으로 본다. |
| 단군 신화 논집(이기백) | 봉우리가 3개인 산의 중앙에 있는 태백 봉우리 |
| 한국사 이야기 1 (이이화) | 세 위태로운 산<br>세 높은 산 |
| 단군신화(강인숙) | 별 이름<br>불교의 '삼업' |

둘째. 오죽했으면 삼위(三危)을 산(山)이라 해석조차 하지 않고 억지로 교묘하게 수식어 등으로 해석하려고 시도하였을까?

그것도 '세 봉우리의', '세 봉우리가 솟은' 등 도저히 이해하기 어려운 해석 방법으로 역사적 진실을 숨기려고 하였다는 점이다. 반도사관이라는 가이드라인(Guideline)을 준수하려고 하는 것이다. 그럼에도 불구하고 이런 잘못된 역사해석에 이의를 제기하지 않았다는 점이다. 중학교, 고등학교 교과서도 잘못된 해석이 그대로 반영되고 있다는 점은 역사의식을 병들게 하고 있으며, 한 민족의 주인의식을 병들게 하는 것이다.

셋째, '삼위(三危)의 중요성을 강조하지 않았다'는 점이다. 즉 중심 단어가 아니라 변두리 단어처럼 취급하여 주목받지 못하게 하였다. 이 단어가 고대사의 강역을 해석하는 매우 중요한 단서라고 강조했다면 연구가 좀 더 활발하였을 것이다. 결론적으로 다음과 같은 사실을 확인할 수 있다.

[삼위태백(三危太伯)의 핵심 요약]

① 삼위(三危)는 삼위산(三危山)이다. 삼위(三危)는 고대(古代)로부터 현대(現代)까지 한결같이 삼위산(三危山)으로 불리고 있다.

② 삼위산(三危山)는 이족(夷族)과 적족(狄族)이 명명(命名)한 산 이름이다.

③ 삼위산(三危山)는 중국의 서방명산(西方名山)이며, 삼위산(三危山)는 중국(中國) 감숙성 돈황현(敦煌縣)에 위치하고 있는 산(山)이다.

④ 삼위(三危)를 '세 봉우리의', '세 봉우리가 솟은'으로 설명한 것은 잘못된 해석이다. 폐기되어야 할 오역(誤譯)이다.

⑤ 삼위(三危)를 이병도는 '三危는 三高山의 義요, 太伯은 그중의 하나.'라고 하여 삼위산과 태백산을 하나의 산으로 인식하도록 잘못된 가짜 학설을 만들었다.

⑥ 구월산(九月山)을 삼위산(三危山)으로 추정하였으나, 구월산은 삼위산이 아니다. 잘못된 추정이다. 그러나 삼위산을 찾

으려는 노력의 일환으로 지명이동으로 봐야 한다.

⑦ 삼위태백(三危太伯)은 삼위산(三危山)과 태백산(太白山)이다.

⑧ 중국 신강위구르자치구에 있는 천산(天山)에서 중국 감숙성 돈황현에 있는 삼위산(三危山)으로 환인천왕께서 허락하여 반고가한(般固可汗)과 여러 부족이 함께 이주하였으며 반고가한은 구환족(九桓族)이다.

⑨ 중국 신강위구르자치구에 있는 천산(天山)에서 중국 섬서성 태백산(太白山)으로 환웅천왕(桓雄天王)께서 이주하셨으며, 그곳이 바로 신시(神市) 지역이며, 배달국(倍達國)이다.

⑩ 삼위태백(三危太伯)을 삼위태백산(三危太伯山)으로 번역하는 것은 오역(誤譯)으로 폐기되어야 한다.

⑪ 삼위(三危)는 삼위산(三危山)이며 '삼(三) 개의 위(危)태로운 봉우리가 있는 산(山)이다.'라는 의미가 있는 산 이름이다.

역사적 진실을 찾고자 노력한다면 반드시 그 진실에 가깝게 찾을 수 있을 것이다. 단지 잘못된 생각으로 찾고자 하지 않기 때문에 못 찾고 있는 것이다.

제 2 절

# 《환단고기》 삼위(三危) 고찰(考察)

≪환단고기≫는 〈안함로 원동중 삼성기(安含老 元董仲 三聖記)〉[43], 행촌 이암(1297~1364)의 〈단군세기(檀君世紀)〉, 범장의 〈북부여기(北夫餘記)〉, 이맥(1455~1528)의 〈태백일사(太白逸史)〉 등 총 5권으로 이루어져 있다. ≪환단고기≫에는 ≪삼국유사≫, ≪제왕운기≫의 기록처럼 삼위태백(三危太白) 기록이 있다.

≪환단고기≫의 삼위(三危) 관련 자료 원문과 해석을 소개하고자 한다. 일부 역사학자들이 ≪환단고기≫를 위서(僞書)라고 주장을 하지만, 상세하게 연구하여 보면, ≪삼국유사≫, ≪제왕운기≫의 내용과 일맥상통하는 삼위(三危) 관련 기록에 있어서 매우 주요한 사료가 될 수 있다. 그래서 충분히 인용할 가치가 있어 1979년 광오이해사본을 원본으로 비교 연구하고자 한다.

**[표 004] 삼위태백을 기록한 주요사서 현황**

| 상고사적 | 내용 | 출처 |
|---|---|---|
| 환단고기(桓檀古記) | 삼위태백(三危太白) | 삼성기전 하편 |
| 환단고기(桓檀古記) | 삼위산(三危山) | 삼성기전 하편 |
| 환단고기(桓檀古記) | 삼위태백(三危太白) | 태백일사<br>삼신오제본기 |
| 환단고기(桓檀古記) | 삼위태백(三危太白) | 태백일사<br>신시본기 |

43) ≪조선왕조실록≫ 세조 3년 1457년 5월 26일 무자(戊子)일의 기록에 남아 있다. ≪표훈삼성밀기≫와 ≪안함로 원동중 삼성기≫ 등 총 3분의 저자와 3권의 삼성기를 소개하고 있으나 2종류의 삼성기만 ≪환단고기≫를 통하여 전하고 있다.

## 1. ≪환단고기≫ 〈삼성기전〉 하편의 삼위(三危) 기록

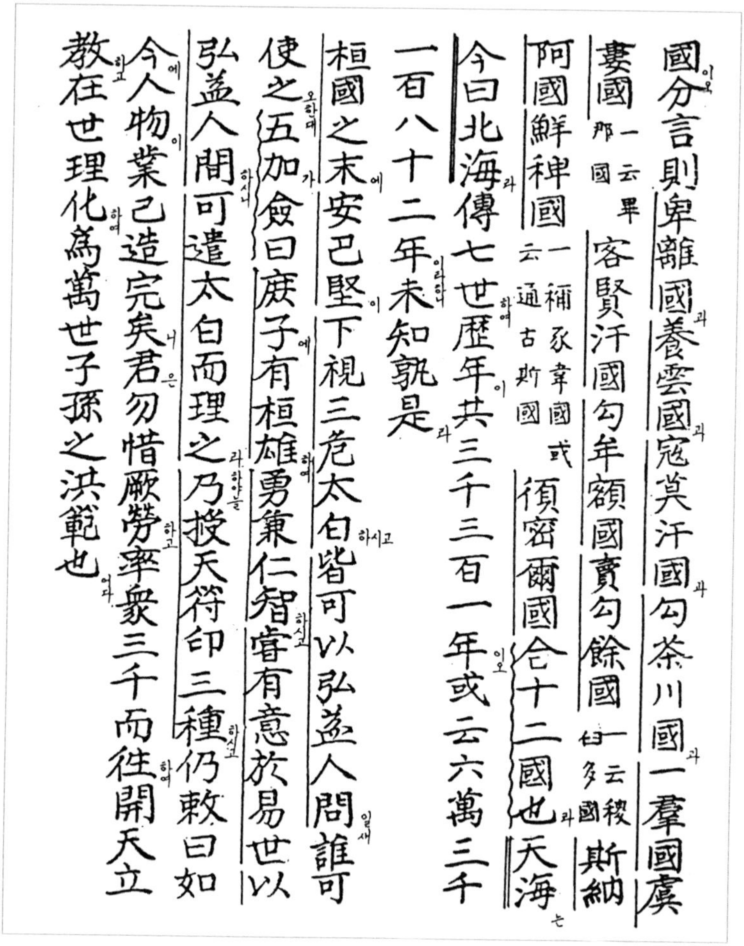

國이오分言則卑離國과養雲國과寇莫汗國과勾茶川國과一羣國虞婁國(一云畢那國)客賢汗國勾牟額國賣勾餘國(一云稷臼多國)斯納阿國鮮稗國(一云豕韋國 或云通古斯國)須密爾國合十二國也라天海는今曰北海라傳七世하여歷年이共三千三百一年이오或云六萬三千一百八十二年이라하니未知孰是라

桓國之末에安巴堅이下視三危太白하시고皆可以弘益人間일새誰可使之오하며五加가僉曰庶子에有桓雄하여勇兼仁智하시고嘗有意於易世以弘益人間하시니可遣太白而理之라하야늘乃授天符印三種하시고仍敕曰如今에人物이業已造完矣니君은勿惜厥勞하고率衆三千而往하여開天立教하고在世理化하여爲萬世子孫之洪範也어다

**[그림 017]** 광오이해사본(1979) ≪환단고기≫ <삼성기전> 하편의 삼위태백(三危太白)에 대한 기록.

원문

桓國之末에 安巴堅이 下視三危太白하시고
환국지말 안파견 하시삼위태백

皆可以弘益人間일새 誰可使之오 한대
개가이홍익인간 수가사지

五加가 僉曰 庶子에 有桓雄하여 勇兼仁智하시고
오가 첨왈 서자 유환웅 용겸인지

嘗有意於易世以弘益人間하시니
상유의어역세이홍익인간

可遣太白而理之라 하야늘 乃授天符印三種하시고
가견태백이리지 내수천부인삼종

仍敕曰如今에 人物이 業已造完矣니
잉칙왈여금 인물 업이조완의

君은 勿惜厥勞하고 率衆三千而往하여
군 물석권로 솔중삼천이왕

開天立敎하고 在世理化하여
개천입교 재세이화

爲萬世子孫之洪範也어다
위만세자손지홍범야

**[해석]**

환국(桓國)의 말기에 안파견(安巴堅)께서 삼위산(三危山)과 태백산(太白山) 내려다보시고 말씀하시기를 "두 곳이 가히 홍익인간(弘益人間) 할 수 있는 곳이다. 과연 누구를 보내는 것이 좋겠는가?" 오가(五加)들이 함께 말하기를 "서자부(庶子府)에 환웅(桓雄)이 있어 용기와 겸손과 인자함과 지혜를 겸비하여 일찍이 홍익인간으로 세상을 이롭게 하려는 뜻을 두었으므로 그를 태백으로 보내 다스리게 하십시오." 하거늘

이에 환인께서 환웅에게 천부인(天符印) 세 종류를 주시고 이에 조칙을 내려 말씀하시기를 "이제는 사람과 만물과 일이 만들어졌으니 그대는 노고를 아끼지 말고 무리 3천명(三千名)을 거느리고 가서 나라를 열고 가르침을 세우고 재세이화(在世理化) 하여 만세의 자손들에게 큰 규범으로 삼도록 하라." 하시니라.

≪환단고기≫ 〈삼성기전〉 하편과 ≪삼국유사≫, ≪제왕운기≫ 핵심 단어를 표로 정리하였다. 가장 상세하게 정리된 사료가 ≪환단고기≫이며 그다음으로는 ≪삼국유사≫, 마지막으로 ≪제왕운기≫이다. 3권의 서적에서 공통으로 확인할 수 있는 11개 핵심 단어를 비교 분석하였다. 핵심 단어는 환국(桓國), 환인(桓因), 환웅천왕(桓雄天王), 삼위태백(三危太白), 홍익인간(弘益人間), 천부인(天符印), 삼천(三千), 태백산(太白山), 신단수(神壇樹), 신시(神市), 재세이화(在世理化) 등이다. 3개 사료에 9개 핵심 단어가 모두 기록되어 있으며, 신시(神市), 재세이화(在世理化)는 ≪제왕운기≫에는 기록이 없다. 3개의 서로 다른 기록에 공통으로 나타나는 핵심 단어는 역사적 연구 가치가 있다고 인정해야 한다. 당연히 역사적 진실을 상세하게 연구하는 것이 당연한 일이다. 그러나 현 역사학계는 연구를 외면하고 있다. 그래서 진실을 밝히고자 이렇게 연구하고 있다.

[표 005] 삼국유사, 제왕운기, 환단고기 비교표

| 삼국유사 | 제왕운기 | 환단고기 |
| --- | --- | --- |
| 환국(桓国) 정덕본 | | 환국(桓國) |
| 환인(桓因) 파른본 | 상제환인(上帝桓因) | 환인(桓因)<br>안파견(安巴堅) |
| 환웅천왕(桓雄天王) | 환웅천왕(桓雄天王) | 환웅천왕(桓雄天王) |
| 삼위태백(三危太伯) | 삼위태백(三危太白) | 삼위태백(三危太白) |
| 홍익인간(弘益人間) | 홍익인간(弘益人間) | 홍익인간(弘益人間) |
| 천부인(天符印) | 천부인(天符印) | 천부인(天符印) |
| 삼천(三千) | 삼천(三千) | 삼천(三千) |
| 태백산(太伯山) | 태백산(太白山) | 태백산(太白山) |
| 신단수(神壇樹) | 신단수(神壇樹) | 신단수(神壇樹) |
| 신시(神市) | | 신시(神市) |
| 재세이화(在世理化) | | 재세이화(在世理化) |

≪삼국유사≫, ≪제왕운기≫에 비교하여 ≪환단고기≫에서 확인할 수 있는 중요한 단서가 몇 가지 있다.

첫째, 환국(桓國)이라는 나라 이름이 명확하게 기록되었다는 것이다. 그리고 그 나라의 통치자가 환인(桓因)이라는 것이다. 또한, 통치자 호칭을 안파견(安巴堅)으로도 불렀다는 것을 확인할 수 있다.

둘째, 삼위·태백으로 새로운 나라를 개척하는 시기에 대해서 명확하게 '환국지말(桓國之末)'이라고 시기를 언급하고 있다는 점이다. 환국(桓國)은 기원전 7197년~3897년까지 3,301년 동안 존속되었는데, 분국의 때를 기원전 3897년으로 추정할 수 있다. 이 개척을 계기로 북방문명(환국), 환웅(배달국), 반고가한(삼묘국)으로 분국 하게 된다. 각각 천산, 태백산, 삼위산을 터전으로 삼았다. 환국(桓國)은 기원전 갑자(甲子) 7197년 건국, 배달국(倍達國)은 기원전 갑자(甲子) 3897년에 건국, 단군조선(檀君朝鮮)은 기원전 무진(戊辰) 2333년에 건국하였다.

셋째, 오가(五加)라는 조직이 있었다는 기록이 보인다. 오가라는 조직에 대한 상세한 기록은 ≪환단고기≫ 〈태백일사〉 〈신시본기〉에 소개되어 있다.

> 가(加)는 가(家)라는 뜻이다. 오가(五加)는 곧 곡식을 주관(主穀)하는 우가(牛加), 어명을 주관(主命)하는 마가(馬加), 형벌을 주관(主刑)하는 구가(狗加), 질병을 주관(主病)하는 저가(猪加), 선악을 주관(主善惡)하는 계가(鷄加)를 말한다.[44]

국가를 통치할 수 있는 조직이 있었다는 기록으로 봐야 한다. 환국, 배달국, 단군조선에 이르기까지 오가(五加) 조직은 ≪환단고기≫에 지속해서 언급되고 있다.

---

44) 加는 卽家也니 五加曰 牛加主穀하며 馬加主命하며 狗加主刑하며 猪加主病하며 鷄加主善惡也니.

## 2. ≪환단고기≫ 〈삼성기전〉 하편의 삼위산(三危山) 기록

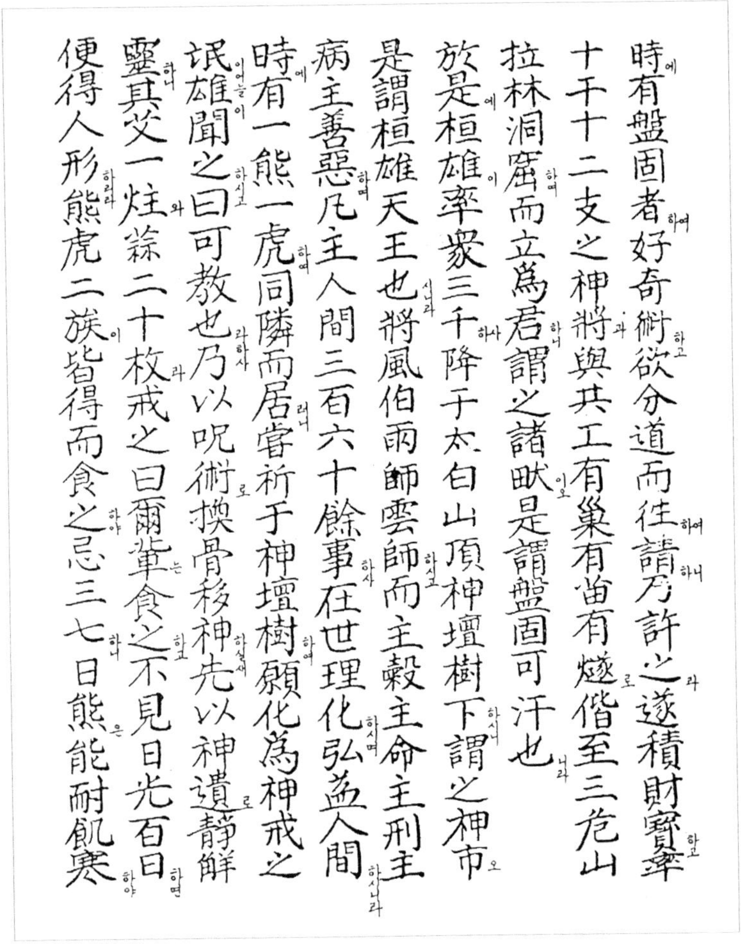

時(에)有盤固者(하여)好奇術(하고)欲分道而往(하여)請(하니)許之(라)遂積財寶率(하고)
十干十二支之神將(과)與共工有巢有苗有燧(로)偕至三危山
拉林洞窟而立爲君(하니)謂之諸畎(이오)是謂盤固可汗也(니라)
於是(에)桓雄(이)率衆三千(하사)降于太白山頂神壇樹下(하시니)謂之神市(오)
是謂桓雄天王也(시니라)將風伯雨師雲師(하시고)而主穀主命主刑主
病主善惡(하며)凡主人間三百六十餘事(하사)在世理化(하시며)弘益人間(하시니라)
時(에)有一熊一虎(하여)同隣而居(러니)嘗祈于神壇樹(하여)願化爲神戒之
氓(이어늘)雄(이)聞之(하시고)曰可敎也(라하사)乃以呪術(로)換骨移神(하실새)先以神遺(로)靜解
靈(하니)其艾一炷(와)蒜二十枚(라)戒之曰爾輩(는)食之(하고)不見日光百日(하면)
便得人形(하리라)熊虎二族(이)皆得而食之(하야)忌三七日(하니)熊(은)能耐飢寒(하야)

[그림 018] 광오이해사본(1979) ≪환단고기≫ 〈삼성기전〉 하편의 삼위산(三危山) 기록.

**원문**

時에 有盤固者하여 好奇術하고
시 유반고자 호기술

欲分道而往하여 請하니 乃許之라.
욕분도이왕 청 내허지

遂積財寶하고 率十干十二支之神將과
수적재보 솔십간십이지지신장

與共工 有巢 有苗 有燧로
여공공 유소 유묘 유수

偕至三危山拉林洞窟하여
해지삼위산납림동굴

而立爲君하니 謂之諸畎이오 是謂盤固可汗也니
이립위군 위지제견 시위반고가한야

**[해석]**

환웅께서 태백산을 개척하실 때에 반고라는 사람이 있었는데 기이한 술법을 좋아하였던 인물이었다. 반고가 개척의 길을 나누어 가기를 원하여 청하니 환인께서 허락하시니라. 반고는 많은 재화와 보물을 싣고 십간(十干)과 십이지(十二支)의 신장을 거느리고 공공(共工), 유소(有巢), 유묘(有苗), 유수(有燧)와 함께 삼위산(三危山) 납림동굴(拉林洞窟)에 이르러 임금으로 즉위하였다. 이들을 제견(諸畎)이라 하고 반고를 반고가한(盤固可汗)이라 불렀다.

《환단고기》 〈삼성기전〉 하편에서 앞서 다룬 삼위태백(三危太白) 기록에 바로 이어서 나오는 기록이다. 위 기록에는 너무나 중요한 몇 가지 사실이 나온다.

첫째, 반고를 반고가한으로 부른 것은 통치자를 의미한다. 환국(桓國)의 구환족의 족속이었으며 삼위에서 정착하게 되면서 견족(畎族)으로 호칭(呼稱)되게 되었다.

> "천지가 혼돈하여 달걀과 같았는데, 반고씨(盤古氏)가 그 속에서 태어나 1만 8천 년을 살았다. 천지개벽이 되어, 양(陽)은 맑아 하늘이 되고 음(陰)은 탁하여 땅이 되었다."라고 하였다. 반고(盤古)가 그 가운데 있었다.[45]

≪자치통감외기(資治通鑑外紀)≫[46]에는 반고씨(盤古氏)라는 인물을 천지개벽과 함께 탄생한 인물로 소개하고 있다. 즉 상고(上古)의 최초의 인물로 소개하고 있다. 이는 그 이전의 역사를 모르기 때문에 최초의 인물로 설명하고 있다. 이때는 배달국의 환웅천왕(桓雄天王)과 동시대의 인물이다. 기원전 갑자(甲子) 3897년이며, 2017년 기준으로 5,914년 전 일이다.

반고(盤古)는 삼위산에 나라를 세웠으며, 후세에 삼묘국(三苗國)이라고 불렀다. 환웅천왕은 태백산에 배달국을 건국하게 된다. 반고가 나라를 세웠으므로 가한(可汗) 이라고 칭호를 붙이게 된다. 반고가한(盤古可汗)의 한(汗)은 환(桓), 한(韓), 칸(Khan), 간(干)과 같은 말이

---

45) 天地渾沌如鷄子 盤古氏生其中 萬八千歲 天地開闢 陽淸爲天 陰濁爲地 盤古在其中 ≪자치통감외기(資治通鑑外紀)≫ 1권, 29쪽.

46) 송나라 때 유서(劉恕)가 쓴 책이다.

다. 구환족(九桓族)에서 통치자의 호칭으로 사용하였다.

둘째, 제견(諸畎)과 공공(共工), 유소(有巢), 유묘(有苗), 유수(有燧)라는 족속(族屬)에 관하여 논하여 보자.

제견(諸畎)은 모든 무리의 견족(畎族)을 말한다. 견(畎)은 견이(畎夷)를 말한다. 우리 민족은 스스로를 환(桓)이라 불러왔다. 즉 환족(桓族)이다. 오늘날의 한민족(韓民族)이라 부르는 것도 환(桓)에서 유래된 것이다. 그런데 부족이 아홉 부족이라 하여 구환족(九桓族)이라 스스로를 불렀다. 그러나 국경 경계를 접하고 살았던 화족(華族)들은 우리 민족을 구이족(九夷族)이라 불렀다. ≪후한서≫ 〈동이열전〉[47]에는 구이(九夷)를 '견이(畎夷), 우이(于夷), 방이(方夷), 황이(黃夷), 백이(白夷), 적이(赤夷). 현이(玄夷), 풍이(風夷), 양이(陽夷)'라고 소개하고 있다. 즉 우리 민족이다. 그 중에서 견이(畎夷)가 바로 제견(諸畎)이다.

공공(共工), 유소(有巢), 유묘(有苗), 유수(有燧) 4개 부족의 모든 무리를 이끌고 삼위산으로 이주하였는데 이들무리들을 제견(諸畎)이라 하였다는 기록을 보면 공공(共工), 유소(有巢), 유묘(有苗), 유수(有燧) 부족들이 구환족의 백성들임을 알 수 있다. 즉 우리와 뿌리가 같은 형제국이다.

공공(共工)은 ≪서경≫ 〈순전〉의 기록처럼 삼위산 지역에서 1,500여 년을 터전을 삼고 살다가, 이때 요임금의 뒤를 이은 순임금

47) ≪후한서(後漢書)≫ 〈동이열전(東夷列傳)〉, ≪흠정사고전서(欽定四庫全書)≫ 〈후한서〉 115권 자료 참고.

과의 갈등으로 유주(幽州) 지역으로 이동한 기록이 나온다.[48)]

속인주의(屬人主義) 중심으로 역사를 연구하고 있는 정현진은 그의 책 ≪천년왕국 수시아나에서 온 환웅≫에서 공공족에 대한 이동 경로를 추적하여 설명하고 있다. 이는 ≪환단고기≫에서 삼위산(三危山)으로 분가한 내용과 일치한 내용이다.

> 공공족(共工族)이 부주산을 천주산(天柱山)으로 하던 집단이라면, 그들은 이산 아래 어딘가에 살던 사람들일 것이다. 이들은 부주산으로 여겨지는 천산(天山)에서 기련산을 지나 하서회랑을 타고 중원으로 이동했을 것이다. 부주산이 감숙성 난주시 윤중현에도 있다고 한다. 만약 그곳에도 부주산이 있었다면 이는 천산(天山)에서 동남으로 돈황의 삼위산(三危山)을 지나 하서회랑을 타고 중원으로 이동하는 과정의 중간 기착지일 것이다.[49)]

유소(有巢)는 유소씨(有巢氏) 또는 유소족(有巢族)에 관한 역사기록에서 찾아볼 수 있다. 사마정(司馬貞)의 ≪사기색은(史記索隱)≫ <삼

---

48) 流共工于幽州하시며 放驩兜于崇山하시며 竄三苗于三危하시며 殛鯀于羽山하사 四罪而天下咸服者하니라. ≪합본사서오경≫, 류정기, 태평양출판공사, 1983년, 610쪽 참조.

49) ≪천년왕국 수시아나에서 온 환웅≫, 정현진, 일빛, 2006년, 267쪽.

황본기이(三皇本紀二)〉에 유소씨(有巢氏)[50] 기록이 있다.

欽定四庫全書 卷五十

已後有五龍氏五龍氏兄弟五人並乘龍上下故曰五龍氏也燧人氏按其君鑽燧出火教人熟食在伏犧氏前論用以為三皇之首也大庭氏柏皇氏中央氏卷須氏栗陸氏驪連氏赫胥氏尊盧氏渾沌氏昊英氏有巢氏朱襄氏葛天氏陰康氏無懷氏斯蓋三皇已來有天地者之號按皇甫謐以為大庭已下一十五君皆襲庖犧之號事不經見難可依從然按古封太山者首有無懷氏乃在太昊之前豈得如謐所說但載籍不紀莫知姓王年代所都之處而韓詩以為自古封太山禪梁甫者萬有餘家仲尼觀之不能盡識管子亦曰古封太山七十二家夷

[그림 019] 사마정이 쓴 ≪사기색은≫ <삼황본기이>의 유소씨(有巢氏) 관련 기록.

역사적으로 환국에서 배달국으로 분국하는 시기에 삼위산 지역으로 이동했던 그 유소족(有巢族)의 기록이 역사서에 지속해서 언급되고 있는 것은 삼위산 지역으로 이주하여 정착하고 그 이후 역사에서도 많은 역할을 하였다는 것을 의미한다.

---

50) 인황씨 이후에 오룡씨, 수인씨, 대정씨, 백황씨, 중앙씨, 권수씨, 율육씨, 여련씨, 혁서씨, 존로씨, 혼돈씨, 호영씨, 유소씨, 주양씨, 갈천씨, 음강씨, 무회씨 등이 있었다. (自人皇已後, 有五龍氏, 燧人氏, 大庭氏, 柏皇氏, 中央氏, 卷須氏, 栗陸氏, 驪連氏, 赫胥氏, 尊盧氏, 渾沌氏, 昊英氏, 有巢氏, 朱襄氏, 葛天氏, 陰康氏, 無懷氏) 사마정의 ≪사기색은≫ 〈삼황본기이〉 참조.

유묘(有苗)는 묘족(苗族)이다. 또는 삼묘(三苗)라고도 한다. 묘족은 서기 2006년 중국 내 소수민족 중에서 5번째 많은 인구인 894만 명 정도이다. 귀주성, 호남성, 운남성, 광서성, 중경성, 호북성, 사천성에 분포하고 있다. 그들은 바로 반고가한과 더불어 천산에서 삼위산으로 남하한 환인의 나라 환국(桓國)의 백성들이며, 구환족(九桓族)의 후손들이다. 삼위산 분국의 시기로 보면 약 6,000년의 역사 동안 부족의 명맥이 이어져 오고 있다.

앞에서도 언급하였지만, ≪조선왕조실록≫ 기록을 분석해 보면 대부분 '삼묘족(三苗族)'으로 기록하고 있으나, 〈성종실록〉 199권 성종 18년 1월 3일 기록은 다르게 기록하였다. 즉 ≪환단고기≫의 기록처럼 '유묘(有苗)'라고 기록하였다.

> 유묘부고부복이찬우삼위(有苗負固不服而竄于三危) 유묘(有苗)가 지세(地勢)의 견고함을 믿고 복종하지 아니하므로 삼위로 귀양 보냈다.

뒤에 상세하게 언급하겠지만, ≪회남자(淮南子)≫ 〈숙진훈(俶真訓)〉에 유묘(有苗) 기록이 있다.

> 유묘여삼위통위일가(有苗與三危通爲一家) 유묘족(有苗族)은 삼위(三危)을 통(通)하여 일가(一家)를 이루었다.

묘족은 환인(桓因)의 나라인 환국(桓國)으로부터 반고가한과 더불어 분국할 때 유묘족(有苗族)이란 부족 이름으로 불리우다가 서경에 나와 있는 것처럼 요임금과 분쟁으로 인하여 세 방향으로 흩어지게 되어 삼묘족(三苗族)이라 부르게 되었다. 위 기록은 중국 문헌에 유묘족(有苗族)의 기록이 있다는 것은 ≪환단고기≫ 기록의 사실관계를 실증해 주고 있다는 것을 확인할 수 있다.

유수(有燧)는 수인씨족(燧人氏族)을 말한다. 부싯돌 수(燧)는 불을 얻는 도구로 수인씨가 나무를 마찰하여 불을 얻어 음식물을 요리하는 방법을 가르쳐 주었다고 한다.

앞에서 원본을 제시한 사마정의 ≪사기색은≫ 〈삼황본기이〉에 수인씨(燧人氏) 기록이 있다.

셋째, 삼위산(三危山) 납림동굴(拉林洞窟)을 터전으로 삼았다고 기록하고 있다. 현재 돈황 남쪽 명사산 산기슭에 돈황(敦煌) 막고굴(莫高窟)이 있다. 천불동(千佛洞)이라고도 부른다. 천불동과 삼위산은 마주 대하고 있다. 그러나 천불동이 납림동굴이라고 단정하기에는 추가 연구가 필요하다.

[그림 020] 돈황(敦煌)의 명사산 산기슭의 막고굴(莫高窟). 맞은편은 삼위산(三危山)이다. 명사산과 삼위산의 계곡에 막고굴, 즉 천불동이 있다.

사막 지역에서의 동굴은 더위를 피하기 쉬우며, 절벽에 있는 동굴은 맹수의 공격과 적으로부터의 직접적인 공격을 피하기 쉬운 거주형태이다. 이러한 장점으로 인하여 초기 문명시대에는 동굴에 유적과 유물들이 많이 발견되는 것도 이런 장점이 있기 때문이다.

삼위산(三危山) 납림동굴(拉林洞窟)도 그런 장점 때문에 주거 지역으로 형성된 것으로 사료된다.

# 3. ≪환단고기≫ 〈태백일사〉 〈삼신오제본기(三神五帝本紀)〉의 삼위(三危) 기록

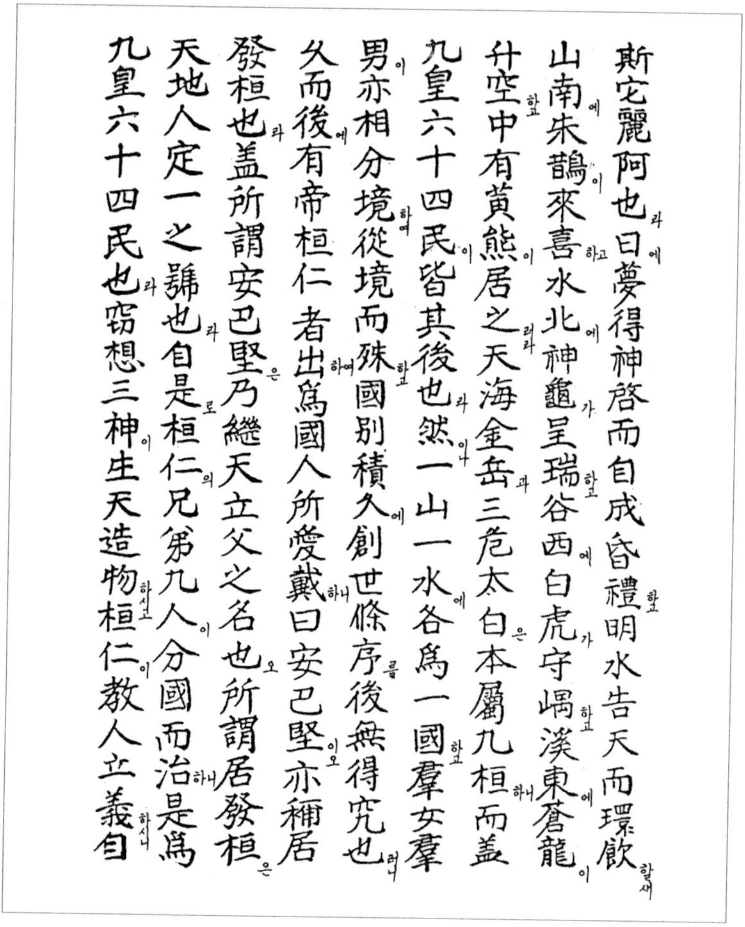

斯它麗阿也라曰에夢得神啓而自成昏禮하고明水告天而環飮할새
山南에朱鵲이來喜하고水北에神龜가呈瑞하고谷西에白虎가守嵎하고溪東에蒼龍이
升空하고中有黃熊이居之러라天海金岳과三危太白은本屬九桓하니而盖
九皇六十四民이皆其後也라然이나一山一水에各爲一國하고羣女羣
男이亦相分境하여從境而殊하고國別積久에創世條序를後無得究也러니
久而後에有帝桓仁 者出하여爲國人所愛戴하니曰安巴堅이오亦稱居
發桓也라盖所謂安巴堅은乃繼天立父之名也오所謂居發桓은
天地人定一之號也라自是로桓仁의兄弟九人이分國而治하니是爲
九皇六十四民也라竊想三神이生天造物하시고桓仁이教人立義하시니自

[그림 021] 광오이해사본(1979) ≪환단고기≫ <태백일사> <삼신오제본기>의 삼위태백(三危太白) 관련 기록.

**원문**

天海金岳과 三危太白은 本屬九桓하니
천 해 금 악 삼 위 태 백 본 속 구 환

而蓋九皇六十四民이 皆其後也라
이 개 구 황 육 십 사 민 개 기 후 야

然이나 一山一水에 各爲一國하고
연 일 산 일 수 각 위 일 국

羣女羣男이 亦相分境하여
군 여 군 남 역 상 분 경

**[해석]**

천해(天海)와 금악(金岳) 그리고 삼위(三危)와 태백(太白)은 본래 구환족(九桓族)의 지역에 속한다. 대개 구황(九皇) 육십사민(六十四民)은 모두 나반과 아만의 후손이다. 그러나 산과 강을 끼고 제각기 나라를 형성하고 남녀 무리가 땅의 경계를 이루고

《환단고기》 〈태백일사〉 〈삼신오제본기〉에 있는 위 기록은 환인의 나라 환국(桓國)의 위치를 알려주는 중요한 정보가 있다. 이미 《삼국유사》에서 언급된 삼위태백(三危太白)과 더불어 북쪽으로 경계를 나타내는 천해(天海)와 금악(金岳), 2개의 지명이 소개되고 있다. 이 지명들을 잘 살펴보면 환국 시대의 구환족의 주요 활동 무대를 추정할 수 있다.

첫째, 천해(天海)에 대해서는 환국의 터전이었던 천산(天山)의 빙하수가 모여서 흐르는 이리하(伊梨河, Ili River)는 서북쪽으로 흘러가

기에 흑수(黑水)라 불리웠다. 이 빙하수가 모여 서북쪽으로 흘러가서 바다처럼 넓은 호수가 형성되었는데, 호수는 소금물로 이루어진 염호(鹽湖)이며, 출구가 없는 호수이다. 크기는 한반도 절반 정도로 충분히 바다라고 인식할 규모이다. 그래서 천해(天海) 또는 북해(北海)라고 한 것이다. 지금의 발하슈호(巴勒哈什, Balkhash Lake)이다.[51]

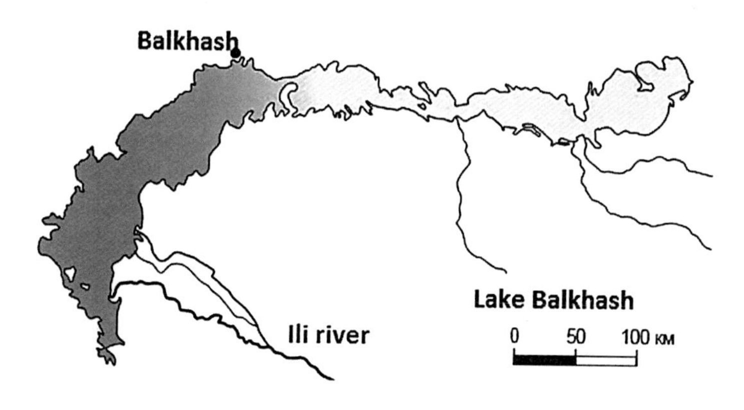


[그림 022] 흑수(黑水) 이리하(伊犁河, Ili River)와 천해(天海), 천하(天河), 북해(北海)로도 불렸던 현재의 중앙아시아 카자흐스탄의 동부 지역의 발하슈호 지도.

둘째, 금악(金岳)은 어디인가? 금악(金岳)은 금악산이다. 또는 금산(金山)이라고도 기록하고 있다. 현재의 알타이산(Altai Mountain)이다. '금(金)으로 이루어진'이란 뜻을 가진 알탄(Altan)에서 유래하였다. '금(金)으로 이루어진 산'이라는 금산(金山)도 같은 의미이다. 현재 중국

51) ≪실증 환국사≫ Ⅱ, 전문규, 북랩, 2014년, 127쪽 참조.

(中國)과 몽고(蒙古), 카자흐스탄(Kazakhstan), 러시아(Russia)와 접해 있는 대산맥이다. 남동에서 북서방향으로 1,600㎞ 크기의 대산맥이다. 즉 천산(天山), 금산(金山) 사이가 바로 환국의 터전이었으며, 아래로는 천산과 삼위, 삼위와 태백산이 환국의 터전이었다는 설명이다. 아래 중국 고지도(古地圖)를 살펴보자.

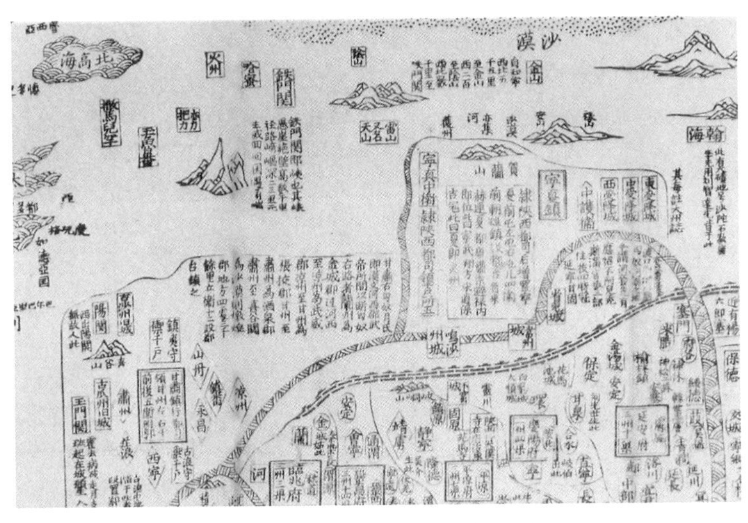


[그림 023] 1663년(강희 2년) 청나라에서 제작된 ≪대명구변만국인적노정전도(大明九邊萬國人跡路程全圖)≫. 천산(天山)과 마주하고 있는 금산(金山)을 살펴볼 수 있다.

현 중국 신장위구르자치구에 있는 천산(天山, 백산)에서 좀 더 북쪽에 있는 금산(金山, 알타이산)에 대한 설명이 지도에 나타나 있다. 중국 고지도 ≪대명구변만국인적노정전도(大明九邊萬國人跡路程全圖)≫와 실제 인공위성 지도로 비교해 보면 실제 위치를 정확하게 파악할 수 있을 것이다.

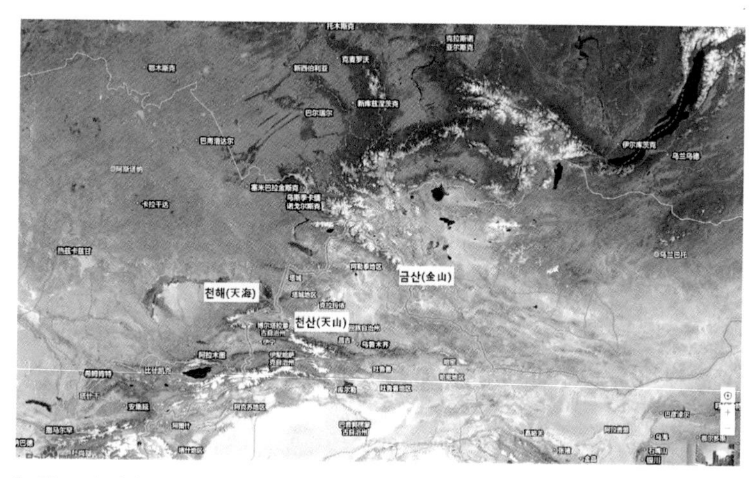


[그림 024] 카자흐스탄 지역의 천해(天海, 발하슈호)와 중국 신장위구르자치구의 천산(天山, 백산) 그리고 금산(金山, 알타이산)을 인공위성 지도로 살펴보았다. 산 정상이 흰색으로 보이는 것은 눈이 쌓여 있기 때문이다.

≪알타이 신화≫라는 책이 있다. 이 책은 알타이 어족(Altai 語族) 즉 금산어족(金山語族)의 신화를 연구한 책이다. 일부를 인용하여 보면

> 알타이 어족이라는 이름은 알타이(金) 산맥에서 이름을 따서 19세기부터 서양의 언어학자들이 쓰기 시작한 말이다. 알타이 지방에서 동남으로 일본까지, 동북으로 야쿠우트족, 퉁구스족 등이 오호츠크 해안까지, 서남으로 중앙아시아 전역과 터키까지의 원주민이 언어적으로 같은 계통이므로 그들을 통칭한 말이다. 알타이 지방에서 우랄산맥을 넘어서 헝가리와 핀란드까지의 원주민은 우랄 어족이라고 부른다. 그리고 그들도 원래 알타이 지방에서 간 것이므로 한국인이나 터키인 등

> 과 같은 알타이 어족이다.
>
> 알타이 어족은 모두 황인종, 즉 몽고 인종(Mongoloid)이다.
>
> 언어학에서는 알타이 어족이라 하고 인류학에서는 몽고 인종이라고 하는데, 알타이 산맥이 몽고에 있으니 어느 것을 용어로 써도 무방하므로 이렇게 부르게 된 것이다.
>
> 몽고 인종 중에는 알타이어와 다른 언어를 쓰는 사람들도 많다. 그중에 가장 큰 집단은 중국 어족이다. 그들은 몽고 인종, 바꾸어 말하면 알타이 어족이지만 알타이어를 쓰지 않고 중국어를 쓰게 된 것일 뿐이다.[52]

위 책의 설명처럼 금산(金山)을 중심으로 동남방은 일본까지, 동북방은 오호츠크 해안까지, 서남방은 중앙아시아와 터키까지 같은 어군(語群)이다. 그러나 화족(華族)은 중국 어족이다. 알타이어족과는 다른 언어이다. 알타이어족에 속하는 사람들이 중국에 동화되어 중국어를 사용하게 되면서 중국어 족속의 인구는 많아진 것이다.

≪환단고기≫에서 전하는 금산(金山)은 '본래 구환족(九桓族)의 지역에 속한다.'는 기사는 언어학적으로 실제 증명되는 것이다.

우랄 알타이어족에 속하는 민족은 만주·퉁구스어족(만주족, 시버족, 허저족, 어원커족, 오로첸족), 몽골어족(몽골족, 뚱샹족, 투족, 다우르족, 보안족), 투르크어족(위구르족, 카자흐족, 싸라족, 우즈베크족, 타타르족, 키르키즈족, 위구족), 한

---

52) ≪알타이 신화≫, 박시인, 청노루, 1994년, 29쪽.

국족, 일본족, 티베트족, 야쿠우투족, 터키족, 타탈족, 헝가리족, 핀족 등이다.

셋째, 이어서 나오는 곳이 삼위태백이다. 삼위는 삼위산이며, 태백은 태백산이다. 태백산에 대한 추정을 백두산으로 모든 학자가 주장하지만 태백산은 백두산이 아니다. 지금의 섬서성 미현 태백산이다.

일본 에도시대(江戸時代, 1603~1867)에 제작된 ≪대청광여도(大淸廣輿圖)≫를 살펴보면 삼위산과 태백산이 그려져 있다. 삼위(三危)라고 표시되어 있고 산이 그려져 있다. 그 위에 합밀(哈密)이라는 지명이 보인다. 합밀(哈密)은 현재 중국 신장위구르자치구의 북동쪽에 있는 오아시스 도시이다. 천산산맥(天山山脈) 동쪽 끝 남쪽 기슭에 있다. 하미(Hami) 또는 하밀(Hamil)이라 부르며 터키어로는 모래(砂)라는 뜻이다. 천산남로와 천산북로가 합쳐지는 교통의 요지다.

또한 청해(靑海)도 잘 그려져 있다. 청해는 중국(中國) 청해성(靑海省) 동부(東部)에 있는 중국(中國) 최대(最大)의 함수호(鹹水湖)로 배수강이 없는 무구호(無口湖)이다. 호중(湖中)에는 섬이 2개 있으며, 옛 이름은 선해(仙海), 몽고(蒙古) 이름은 코코노르(庫庫諾爾), 호면 표고 3천 50m, 물 깊이 25m, 면적(面積) 4천 220㎢이다.

[그림 025] 일본 에도시대(江戶時代, 1603~1867)에 제작된 ≪대청광여도≫. 일본 명치대 부속 도서관 소장본이며 삼위산(三危山)이 잘 그려져 있다.

[그림 026] ≪대청광여도≫(1603~1867년 제작, 일본 명치대 부속 도서관 소장본)을 살펴보면 장안(長安)에서 서쪽에 태백산(太白山)이 있다.

≪대청광여도≫를 추가로 살펴보면 태백산(太白山)을 찾을 수 있다.

≪환단고기≫ 〈태백일사〉 〈삼신오제본기〉에서 언급하고 있는 천해(天海), 금악(金岳), 삼위(三危), 태백(太白)을 위성지도로 표시하여 보면 당시 환인의 나라 환국(桓國)의 경계를 살펴볼 수 있을 것이다.

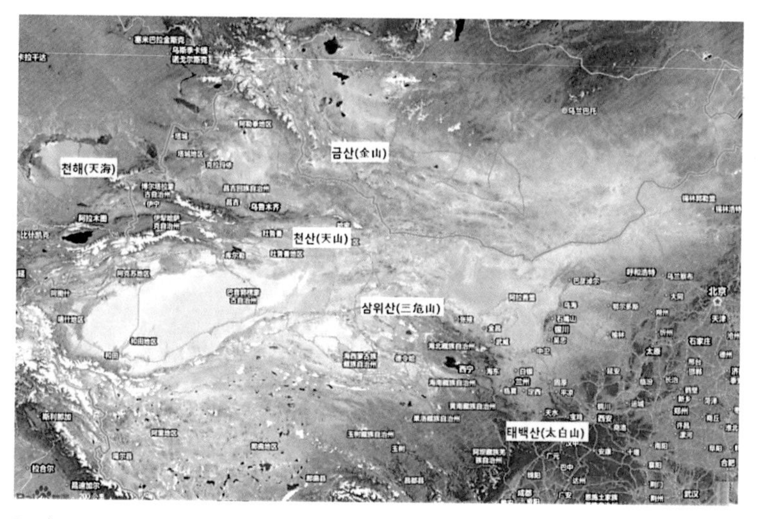


[그림 027] 카자흐스탄의 천해(天海, 발하슈호), 중국 신장위구르자치구의 천산(天山, 백산) 그리고 금산(금산, 알타이산)과 돈황현의 삼위산, 서안(西安)의 태백산(太白山) 경계가 바로 환국의 활동 영역이었다.

그중에서 핵심 지역은 바로 천산(天山)이다. 천산을 근거지로 하여 점차 동진(東進)하여 삼위산(三危山)으로 영역을 넓혔으며, 그곳에서 하서회랑을 따라 남쪽으로 남진(南進)하여 환웅천왕께서 태백산(太白山)을 터전으로 삼게 된다. 또한, 천산에서 서진(西進)하여 중앙아시아에 천해(天海) 지역에 터전으로 삼게 된다. 또한, 북쪽으로 북진(北進)하여 금산(金山) 지역을 근거지로 삼았다. 특히 삼위산과 태백산으로 동진과 남진하게 되면서 그 지역에 이미 터전을 잡았던 부족들과 주도권 경쟁이 치열하게 전개된다. 특히 태백산으로 터전으로 삼았던 환웅천왕은 더욱 치열한 주도권 다툼이 일어나게 된다.

최남선은 몽고, 시베리아, 연해주, 만주, 한반도 일대를 불함문화권(不咸文化圈)[53]이라 정의하고 중국 대륙을 지나문화권(支那文化圈)으로 정의하여 아시아 역사는 두 세력 간 주도권 확보를 위한 투쟁의 역사로 보았다.

즉, 큰 틀로 보면 주도권 확보를 위한 대립의 역사였다. 그러나 두 문화권이 경계를 두고 경쟁했다는 것은 상고사 역사의 진실은 아니다. 잘못된 학설이다. 환웅의 배달국 역사는 바로 중국 중원인 태백산 일대에서 주도권을 확보하였으며, 화족(華族)과 치열한 주도권 타툼이 바로 중국 대륙내에서 이루어졌다. 이를 필자는 태백문명론(太白文明論)으로 명명하였다.[54] 구체적이고 명확한 내용은 ≪실증 배달국사≫ II에서 강론할 예정이다.

---

53) ≪불암문화론(不咸文化論)≫, 최남선, 1925년.
54) ≪실증 환국사≫ II, 전문규, 북랩, 2015년, 207쪽 참조.

# 4. ≪환단고기≫ 〈태백일사〉 〈신시본기〉 삼위(三危) 기록

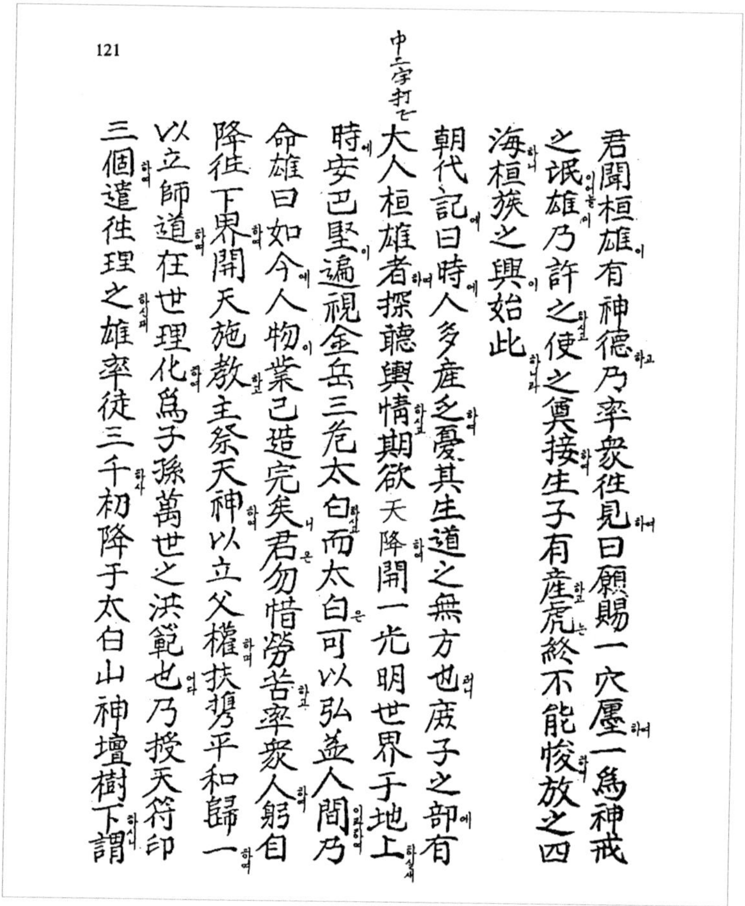
121

君聞桓雄이有神德하고乃率衆往見하여曰願賜一穴廛하여一爲神戒之氓이어늘雄이乃許之하시고使之奠接하여生子有産하고虎는終不能悛하여放之四海하니桓族之興이始此하니라

朝代記에曰時에人多産乏하여憂其生道之無方也러니庶子之部에有

中二字打亡

大人桓雄者하며探聽輿情하시고期欲天降하여開一光明世界于地上하실새時에安巴堅이遍視金岳三危太白하시고而太白은可以弘益人間이라하여乃命雄曰如今에人物이業已造完矣니君은勿惜勞苦하고率衆人하여躬自降往下界하여開天施敎하고主祭天神하여以立父權하며扶携平和歸一하여以立師道하며在世理化하여爲子孫萬世之洪範也어다乃授天符印三個하여遣往理之하시며雄率徒三千하사初降于太白山神壇樹下하시니謂

[그림 028] 광오이해사본(1979) ≪환단고기≫ <태백일사)> <신시본기(神市本紀)>의 삼위태백(三危太伯)에 대한 기록.

**원문**

朝代記에 曰時에 人多産乏하여
조 대 기　 왈 시　 인 다 산 핍

憂其生道之無方也러니
우 기 생 도 지 무 방 야

庶子之部에 有大人桓雄者하여 探聽輿情하시고
서 자 지 부　 유 대 인 환 웅 자　 탐 청 여 정

期欲天降하여 開一光明世界于地上하실새
기 욕 천 강　 개 일 광 명 세 계 우 지 상

時에 安巴堅이 遍視 金岳 三危 太白하시고
시　 안 파 견　 편 시 금 악 삼 위 태 백

而太白은 可以弘益人間이라 하여
이 태 백　 가 이 홍 익 인 간

**[해석]**

≪조대기(朝代記)≫[55]에 이르기를 그 때(환국말기)에 이르러 인구는 많아지고 산물은 궁핍하여 살아갈 방법이 없음을 걱정하였더니 서자지부에 환웅 대인이 계셨는데 민심을 탐문하여 다정하게 들으시고 천계(천산 경계)에서 내려오시어 광명세계를 지상에 열고자 하시니라.

그 때에 안파견 환인께서 금악산과 삼위산과 태백산을 두루 살펴보시고 태백산은 가히 홍익인간 할 수 있는 곳이다 하시니라.

---

55) ≪조대기(朝代記)≫는 ≪조선왕조실록≫ 1457년 세조 때 1차 수서령에서 3번째 수서 목록에 있는 역사책이다. 그러나 지금은 전하지 못하고 있다.

≪삼국유사≫에는 왜 환인께서 삼위·태백을 둘러보시고 태백산으로 환웅천왕을 내려보내 그 지역을 개척하게 하셨는가에 대한 사연이 없다. 왜 정들었던 터전을 떠나서 새로운 지역으로 백성들을 보내야만 했는지에 대한 설명이 없었다. 그러나 ≪환단고기≫ 〈태백일사(太白逸史)〉 〈신시본기(神市本紀)〉에는 그 사연이 있다.

첫째, 인구가 증가하였다는 점이다. 인구가 증가하는 것은 국력이 증가하는 것이다. 그러나 인구증가에 따른 생존의 문제가 발생한다. 즉, 의식주의 문제이다. 그중에서도 먹고사는 문제가 발생한다.

둘째, 인구 증가로 산물이 궁핍하였다는 점이다. 산물이 궁핍하면 살아갈 방법이 없게 된다. 이 문제로 인하여 환인께서 많은 걱정을 하시고 새로운 개척지를 개척하기로 하여 금악산, 삼위산, 태백산을 둘러보시고 환웅으로 하여금 태백산으로 이주하게 하신 것이다. 여기에서 태백산은 지금의 서안 지역이다. 섬서성(陝西省) 미현이다.

삼위산으로는 반고가한께서 이주하셨다. 이때 공공(共工), 유소(有巢), 유묘(有苗), 유수(有燧) 등 4개 부족이 같이 이주하였다. 태백산으로 이주한 환웅천왕은 그곳에 살고 있는 원주민 2개 부족을 만나게 되는데, 바로 웅족(熊族)과 호족(虎族)이었다. 웅족은 구환족(九桓族)이 아니다. 후에 웅족은 구환족에 복속하였으나 호족은 갈등관계가 지속되었다. 부족 관련은 후에 상세하게 논하도록 하겠다.

## 5. ≪환단고기≫의 삼위(三危) 해석

이유립 선생의 ≪환단고기≫는 1979년 오형기(吳炯基) 필사본을 광오이해사(光吾理解社)에서 조병윤(趙炳允)에 의하여 100부가 출판되면서 세상에 공개되었다. 1979년 조병윤에 의하여 영인본 형태로 발행되었지만, 필사자인 오형기의 발문은 1949년 봄으로 되어 있다. 세상에 공개된 시점이 중요하기에 1979년이 ≪환단고기≫가 출판된 년도이다.

≪환단고기≫가 세상에 공개되자, 1982년 일본의 가지마 노보루에 의하여 일본에서 출판되었다. 그 이후에 국내에서도 많은 학자에 의하여 번역본이 출판되기 시작하였다. 그 역주본들에서 삼위태백(三危太白)에 대해서 어떻게 해석하였는지 살펴보고자 한다.

### 1) ≪주해 환단고기≫ 역주자 김은수의 삼위 해석

1985년 출판된 김은수 역주자의 ≪주해 환단고기≫를 살펴보고자 한다. 삼위태백 측주를 통하여 아래와 같이 설명하고 있다.

삼위산: 감숙성 돈황현(敦煌縣)에 있는 산, 환웅천왕이 태백산

으로 내려올 때 반고는 삼위산으로 갔음.

태백산: 섬서성(陝西省)에 있는 산. 백두산(白頭山)[56]

김은수 역주자는 ≪주해 환단고기≫와 ≪부도지≫를 해석하였다. 여러 역주본 중에서 필자의 판단으로는 역사적 진실에 근접하게 해석하려고 노력하였다. 삼위태백은 삼위산과 태백산으로 서로 다른 산으로 인식하였다. 삼위산을 중국 서부 감숙성 돈황현에 위치하고 있는 삼위산으로 해석하였으며, 태백산은 섬서성의 태백산으로 설명하였다. 또한, 백두산으로도 설명하였다.

필자는 졸저 ≪실증 환국사≫ Ⅰ, Ⅱ와 집필 중인 ≪실증 배달국사≫ Ⅱ에서 구체적으로 증거를 제시하면서 설명해 드리고자 한다. ≪삼국유사≫의 삼위태백은 삼위산과 태백산이며, 삼위산은 중국 감숙성 돈황현에 있는 삼위산이다. 태백산은 섬서성(陝西省) 미현(眉縣)에 있는 중국 섬서성태백산국가삼림공완(陝西省太白山國家森林公园)이 바로 삼위태백의 태백산이며, 태백산정의 태백산이다.

### 2) ≪한단고기≫ 역주자 임승국의 삼위 해석

임승국 역주자의 ≪한단고기≫는 1986년에 출판되어 상고사에

---

56) ≪주해 환단고기≫, 김은수, 가나출판사, 1985년, 40쪽.

많은 관심을 갖게 된 계기가 되었다. 필자도 1987년 3월 20일 발행된 중판본을 구입하여 30년 동안 보고 있다. 임승국 역주자의 ≪한단고기≫가 대중화에 크게 이바지하였다. 필자도 역사에 관심을 두고 연구를 하게 된 계기를 마련해 준 임승국 역주자의 ≪한단고기≫를 소중하게 여기고 있다. 위 책에서 삼위태백에 대해서 다음과 같이 상세하게 설명하고 있다.

> 삼위와 태백: 중국 감숙성 돈황현에 있는 삼위산과 백두산을 가리킨다. 중국 지도에서 삼위산과 태백산 사이야말로 옥야만리의 기름진 땅이다. 이를 삼신산(三神山)인 태백산이라고 얼토당토않은 주장을 하는 학설도 있으나 잘못이다. 특정 종교의 교리를 위하여 역사를 왜곡함은 잘못이다. 삼위는 현재의 중국 지도에도 나타난 지명이다.[57]

위 각주에서 '삼위태백(三危太白)을 삼신산인 태백산이라고 얼토당토않은 주장'이라는 비판은 옳은 비판이다. 필자도 ≪삼국유사≫의 삼위태백(三危太伯)을 연구하면서 삼위태백을 1개의 산으로 인식하려는 학자들을 비판하였다. 즉 삼위태백을 '세 봉우리가 솟은 태백산', '세 봉우리의 태백산', '삼위태백산', '삼신산인 태백산' 등으로 설명하였다. 이는 삼위산을 우리 역사에서 지우려는 역사말살(歷史抹

57) ≪한단고기≫, 임승국 역주, 정신세계사, 1986년, 30쪽.

殺) 행위이다. 즉 삼위태백은 삼위산과 태백산이란 2개의 산을 의미한다는 사실과 삼위산과 태백산을 바르게 찾아내는 것이 옳은 연구이다.

이런 옳은 비판에도 불구하고 국내 일부 사학자들은 30년이 지난 지금도 여전히 ≪삼국유사≫의 삼위태백을 '세 봉우리가 솟은 태백산', '세 봉우리의 태백산', '삼위태백산', '삼신산인 태백산'이라고 해석하고 삼위산을 애써서 역사에서 지우려고 하고 있다. 더불어 중학교 교과서에서도 '삼위(三危)'란 산명조차 언급하고 있지 않다. 교과서 부분은 별도로 설명해 드리고자 한다.

이런 왜곡은 일본 사학자들의 가이드라인인 반도사관에 맞추려는 해석으로밖에 이해가 안 된다. 대한민국의 역사연구가 살아 있다면 과연 이런 회피와 무관심이 용납될 수 있을까? 나라의 기틀은 역사의 기틀을 바로 세우는 것부터 시작되는 것이다. 나라의 기틀이 바로 세워지기를 간절히 바라는 마음에서 조금이라도 진실에 가까운 책을 쓰고자 노력하고 있다.

'태백산은 백두산이다.'라는 해석은 잘못된 해석이다. 졸저 ≪실증 환국사≫ Ⅰ, Ⅱ에서 설명드렸지만[58], 태백산은 백두산이 아니다. 이 부분에 대해서는 ≪실증 배달국사≫ Ⅱ에서 설명해 드리고자 한다.

'중국 지도에서 삼위산과 태백산(백두산) 사이야말로 옥야 만리의

58) ≪실증 환국사≫ Ⅱ, 전문규, 북랩, 2015년, 207쪽, 태백과 테페(tepe) 참조.

기름진 땅이다.'라는 표현은 잘못된 표현이다. 삼위산에서 백두산으로 펼쳐진 땅은 현재 내몽고 자치주 지역으로 거친 땅이다. 이는 태백산에 대한 추정을 잘못하는 것이다. 이 잘못된 추정으로 이후에 역주 된 ≪환단고기≫는 ≪우리 상고사 기행≫을 제외하고 이 추정 그대로 태백산을 백두산으로 잘못 추정하고 있다. 백두산설은 가짜 학설이다.

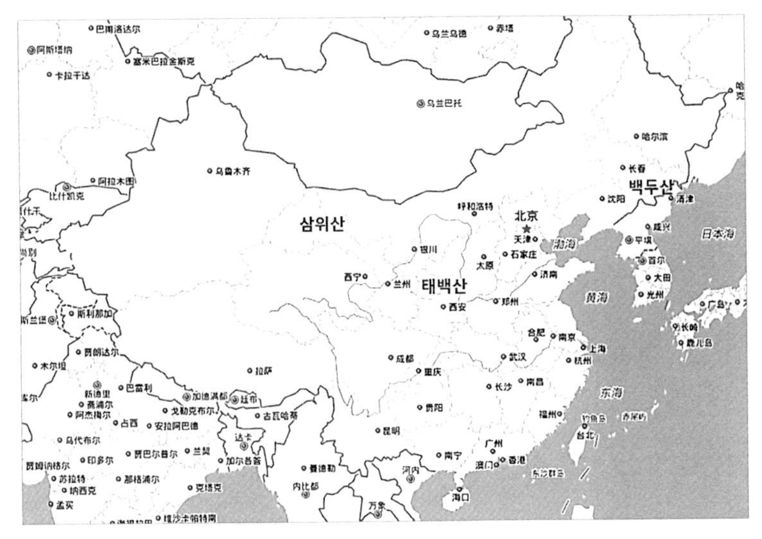


[그림 029] 중국 감숙성 돈황현 삼위산과 중국 섬서성 미현 태백산 그리고 우리나라 백두산의 위치를 지도에서 살펴보면 과연 우리나라 백두산과 삼위산이 근접되어 있다고 판단할 수 있는지, 삼위·태백으로 불릴 수 있는지를 가늠할 수 있을 것이다. 돈황현 삼위산과 미현 태백산은 인접하고 있으며, 길목에 위치하고 있다.

조선 후기 문신이었던 임연(臨淵) 이양연(李亮淵, 1771~1853) 선생의 문집 임연백선시(臨淵百選詩)에 야설(野雪)이라는 시(詩)가 실려 있다.

역사연구는 중요하다. 그것도 먼저 연구한다는 것은 더욱 막중하다. 누군가가 먼저 잘못된 것을 진실인 양 가짜 학설로 연구해 두면 후학들은 그것이 옳은 길인 줄 알고 거짓을 진실인 양 따르고 진실을 거짓으로 비판하게 되는 것이다. 특히 역사연구는 더욱 그렇다. 야설(野雪)이란 시를 여러 번 읽어 보고 생각해 보면서 혹시나 잘못된 사실을 진실인 양 글로 쓰고 있지는 않은지 스스로를 되돌아본다.

**野雪(야설)**

李亮淵(이양연)

穿雪野中去(천설야중거)

不須胡亂行(불수호란행)

今朝我行跡(금조아행적)

遂作後人程(수작후인정)

눈길을 뚫고 들판을 걸어가노니

모름지기 함부로 어지럽게 걷지 말아라

오늘 아침 내가 걷는 이 발자취가

마침내 뒤에 오는 사람의 길을 만들 것이니

'桓檀古記'를 어떻게 읽어야 할까? 대부분 '환단고기'로 읽지만, 임승국 역주자처럼 '한단고기'로도 읽는다. 임승국 역주자는 '고어에 하늘을 桓이라 한다(天曰桓)고 했고…' 등의 이유를 들어 하늘이란 뜻이 담긴 한이라 읽어야 한다고 주장했다. 그 이후에도 이일봉 저자의 ≪실증 한단고기≫, 한재규 저자의 ≪만화 한단고기≫ 등도 그의 주장에 따라서 한단고기로 제목을 쓰고 있다.

그러나 위 주장을 생각하고 또 해 보았으나 수긍할 수 없었다. 물론 하늘에서 하늘님, 한울님이 파생되었다. 그러나 이때의 하늘은 천(天)을 의미한다. 그래서 한울님을 천주(天主)님이라 한다.

그럼 환(桓)은 무엇을 의미하는가? 하늘(天)의 광명(光明)을 나타내는 '환(桓)하다', '태양이 환(桓)하게 비추다' 등 '하늘(天)의 환(桓)함'을 표현하는 단어이다. 우리 민족이 광명을 상징하는 환(桓)이란 의미로 환인(桓因)과 환국(桓國) 그리고 환웅(桓雄) 등의 칭호를 사용하였다.

또한 ≪환단고기≫ 〈신시본기〉에 '故로 自天光明을 謂之桓也오 自地光明을 謂之檀也니' 고로 하늘에서 내려온 광명을 환이라 하고, 땅의 광명을 단이라 한다.'는 의미해석에 맞추어서 '桓檀古記'를 '환단고기'로 읽어야 한다.

한번 잘못 난 길을 바르게 다시 잡는 것은 너무나 어렵다. 이미 세상에 퍼져나간 잘못된 학설을 바로잡는다는 것은 너무나 힘겹고 어렵다. 그러나 진실은 언젠가는 바르게 드러날 것이다. 그래서 치밀하게 생각하고 연구해야 할 것이다.

### 3) ≪환단고기≫ 역주자 이민수의 삼위 해석

1986년에 발행된 이민수 역주자의 ≪환단고기≫를 살펴보면 삼위태백에 대해서 간단하게 설명하고 있다.

삼위태백(三危太白): 삼위산(三危山)과 태백산(太白山)[59]

삼위태백을 삼위산과 태백산으로 2개의 산으로 명확하게 설명하였으며, 구체적인 장소에 대한 부연 설명은 없다. 그러나 이렇게 명확하게 2개의 산으로 설명하는 것이 매우 중요하다. 왜냐하면 삼위(三危)를 형용사나 수식어로 해석하려는 무리가 많은 것이 강단 사학의 현실이기 때문이다.

### 4) ≪환단고기≫ 역주자 전형배의 삼위 해석

1998년 출판된 전형배 역주자의 ≪환단고기≫는 각주에서 삼위태백을 상세하게 설명하고 있다.

---

59) ≪환단고기≫, 이민수, 한뿌리, 1986년, 18쪽.

삼위(三危): 감숙성 돈황현(敦煌縣)의 이름[60)]

삼위산(三危山): 감숙성 돈황현(敦煌縣)에 있음

태백(太白): 지금의 백두산

태백산(太白山) 꼭대기: 백두산 천왕봉[61)]

삼위산은 그 이름이 수천 년 동안 그대로 지금까지 불리고 있지만, 태백산은 우리 민족의 이동 경로에 따라서 지명이동이 되어 여러 곳으로 추정되고 있다. 그래서 민족의 이동 경로를 알게 된다면 최초의 태백산을 찾을 수 있을 것이다.

### 5) ≪실증 한단고기≫ 저자 이일봉의 삼위 해석

1998년 이일봉의 ≪실증 한단고기≫가 출판되었다. 책 내용 중 ≪삼국유사≫의 삼위태백을 설명한 측주를 살펴보고자 한다. '단순히 '옛 기록(古記)'이라는 뜻이 아니라, 환단시대의 역사를 전하고 있는 사서의 제목이다.

≪삼국유사≫에 실린 내용도 결국 이 문헌에 근거한 것임을 알 수 있다'고 설명하면서 삼위태백을 아래와 같이 설명하였다. 즉 ≪삼국

60) 책 원본에는 '돈황현(敦煌縣)의 어름'으로 적혀 있어 오타가 아닌가 하여 '돈황현(敦煌縣)의 이름'으로 수정하여 인용하였다.

61) ≪환단고기≫, 전형배, 코리언북스, 1998년, 23, 116쪽.

유사≫와 ≪환단고기≫의 삼위태백 기록이 동일하다고 본 것이다.

> 삼위산(三危山)은 현재 중국 중북부의 감숙성에 있으며, 태백산(太伯山)은 백두산이라는 설과 감숙성 동쪽의 섬서성에 있는 태백산이라는 설 등이 있다. 본서에서는 백두산으로 비정한다.[62]

위 각주에서는 태백산에 대한 2가지 설을 소개하고 있다. 즉 섬서성의 태백산설은 김은수 역주자의 해석이고, 백두산설은 임승국 역주자의 해석이다. 상고사의 지명을 바르게 연구하기 위해서는 1권 정도 분량의 연구 노력이 필요하다. 그러나 제일 중요한 연구이기에 어느 누구도 부정하지 못할 관련 자료를 발굴하여 증명해 보이는 것이 실증 역사연구가로서 해야 할 업(業)이라 생각하고 있다. 이 책을 집필하는 목적이기도 하다.

### 6) ≪만화 한단고기≫ 저자 한재규의 삼위 해석

2003년에는 한재규의 ≪만화 한단고기≫ 1, 2, 3권이 출판되었다. 본문에 삼위태백에 관하여 다음과 같이 소개하고 있다.

---

62) ≪실증 한단고기≫, 이일봉, 정신세계사, 1998년, 20쪽.

삼위는 중국 감숙성 돈황현의 삼위산, 태백은 백두산[63]

삼위는 삼위산이며 중국 감숙성 돈황현에 있다고 해석하였으며, 태백은 백두산설을 주장하고 있다.

### 7) ≪환단고기≫ 역주자 고동영의 삼위 해석

2005년에는 고동영 역주자의 ≪환단고기≫가 출판되었다. 각주를 통하여 삼위태백을 아래와 같이 설명하고 있다.

> 삼위산(三危山): 중국 감숙성 돈황현에 있는 산
> 태백산(太白山): 백두산의 또 다른 이름, 백두산을 장백산이라고도 한다.[64]

위 해석에서도 태백산에 대한 해석이 백두산으로 설명하고 있다. 상고사 연구를 지리학적이고 실증적인 연구가 필요한 이유이다. 수천 년 전의 지명은 다양한 검증이 필요하며, 단순하게 직감적으로 추정할 수 없는 중요성 때문이다. 실증적인 검증을 하면 할수록 태

---

63) ≪만화 한단고기≫ 1, 2, 3, 한재규, 북캠프, 2003년, 175쪽. 책 원본에는 '감수성'으로 적혀 있어 오타가 아닌가 하여 '감숙성'으로 수정하여 인용하였다.

64) ≪환단고기≫, 고동영, 한뿌리, 2005년, 27쪽.

백산은 백두산이 아니다.

### 8) ≪바로보인 환단고기≫ 저자 문재현의 삼위 해석

2005년에 출판된 문재현 역주자의 ≪바로보인 환단고기≫에서 삼위태백에 대해서 아래와 같이 설명하고 있다. 역주자는 안호상 씨의 ≪겨레 역사 6천 년≫이라는 저서를 인용하여 설명하고 있다.

> 삼위산은 감숙성 돈황현, 감숙성 조서산의 서쪽, 감숙성 천수현, 감숙성 고첩주의 서쪽, 운남성, 사천성에 있다고 되어 있다. 태백산(太白山)은 현 중국의 하남성, 절강성, 섬서성, 감숙성 등에 있으며[65]

윗부분은 안호상 씨의 ≪겨레 역사 6천 년≫이라는 저서를 인용하였기에 상고사의 연구 서적 편에서 상세하게 설명해 드리고자 한다.

---

65) ≪바로보인 환단고기≫ 2, 문재현, 바로보인, 2005년, 232쪽. 고척주는 고첩주(古疊州)의 오타로 보여 수정 후 인용하였다.

### 9) ≪영토사로 다시 찾은 환단고기≫ 역주자 양태진의 삼위 해석

2009년에 출판된 양태진 역주자의 ≪영토사로 다시 찾은 환단고기≫에서 삼위태백에 대해서 아래와 같이 설명하고 있다.

> 삼위산은 중국 감숙성 돈황현(敦煌縣) 남쪽에 있는 산이고 태백산(太白山)은 삼국유사에 나오는 백두산(白頭山)을 지칭하는데 이 양대(兩大) 명산(名山) 사이의 땅을 다스리도록 하였다 함은 그 지경(地境)이 매우 광활하였음을 의미한다.[66]

역주자는 삼위와 태백의 지경(地境)에 대해서 논하였지만 역사의 진실은 삼위에서 동쪽의 백두산이 아니라, 남쪽 서안 지역의 섬서성 미현 태백산으로 인식해야 한다. 이 부분은 순차적으로 실증적인 자료를 제시하고자 한다.

### 10) ≪환단고기≫의 삼위(三危) 해석 논고(論考)

≪환단고기≫는 방대한 분량의 역사서적이다. 1979년 광오이해사본 ≪환단고기≫가 출판된 후 한 세대를 지나 40여 년의 세월이

---

66) ≪영토사로 다시 찾은 환단고기≫, 양태진, 예나루, 2009년, 53쪽.

흐르고 있다. 역주본을 출판한다는 것은 오랜 세월 동안 각고의 노력이 필요한 작업이다.

**[표 006] 삼위태백(三危太伯)의 해석현황**

| 서적 | 삼위(三危) | 태백(太伯) |
|---|---|---|
| 주해 환단고기<br>김은수, 1985년 | 감숙성 돈황현<br>삼위산(三危山) | 섬서성 태백산<br>백두산 |
| 한단고기<br>임승국, 1986년 | 감숙성 돈황현<br>삼위산(三危山) | 백두산 |
| 환단고기<br>이민수, 1986년 | 삼위산(三危山) | 태백산 |
| 환단고기<br>전형배, 1998년 | 감숙성 돈황현<br>삼위산(三危山) | 백두산 |
| 실증 한단고기<br>이일봉, 1998년 | 감숙성 돈황현<br>삼위산(三危山) | 백두산 |
| 만화 한단고기<br>한재규, 2003년 | 감숙성 돈황현<br>삼위산(三危山) | 백두산 |
| 환단고기<br>고동영, 2005년 | 감숙성 돈황현<br>삼위산(三危山) | 백두산<br>(장백산) |
| 환단고기<br>문재현, 2005년 | 감숙성 돈황현<br>삼위산 등 6곳 | 하남성<br>태백산 등 4곳 |
| 환단고기<br>양태진, 2009년 | 감숙성 돈황현<br>삼위산(三危山) | 백두산 |

그 어려운 연구를 통하여 역사를 바로 세우려고 애쓰신 역주자 분들께 연구의 토대를 세워주심에 깊은 감사를 드린다. 지금까지 출판된 주요 역주자들의 ≪환단고기≫의 삼위태백을 표로 비교 정리하여 살펴보았다.

첫째, 모든 역주자들이 삼위태백(三危太伯)을 2개의 산 이름으로 역주하였다. 즉 삼위산과 태백산으로 해석하였다. 앞에서 살펴본 ≪삼국유사≫의 삼위태백에서는 삼위(三危)를 말살하려고 대치어나 수식어 정도로 역주한 것과는 대조된다. 역사의 진실을 숨기려 한다고 해서 절대로 숨겨지지 않는다.

둘째, 모든 역주자들이 삼위태백은 삼위산과 태백산이며, 삼위산은 중국 감숙성 돈황현 삼위산이라고 추정하고 있다. 중국의 서쪽 지역의 중심인 돈황 지역이 환국에서 분거한 우리 민족의 터전이었다는 것이 삼위태백에서 보여주고 있는 역사적 진실이다. 비록 환웅천왕으로 이어지는 직계는 아닐지라도 삼위 지역은 화족(華族)으로부터 이족(夷族)의 터전임을 기록한 많은 사서가 현존하고 있다.

셋째, 태백은 뒤에서 별도로 논하겠지만, 섬서성의 태백산설과 백두산설로 추정되고 있다는 사실이다. 어느 설이 진실인지는 뒤에서 상세하게 논하려 한다.

## 제 3 절

# 상고사 연구 서적의 삼위 고찰

1979년 광오이해사본 ≪환단고기≫가 세상에 공개된 이후에 많은 역주본 서적 출판과 더불어 상고사 연구서 출판이 활발하게 이루어졌다. 상고사 연구는 ≪환단고기≫, ≪삼국유사≫, ≪제왕운기≫ 등 다양한 상고사 사서들을 비교 분석하여 ≪환단고기≫의 역사적 진실을 증명하려고 노력하였다.

상고사 연구에 매우 중요한 단서인 삼위태백(三危太白)에 대해서 대부분 책에서 언급하고 있다. 그만큼 매우 중요한 사실(Fact)이기 때문이다. ≪환단고기≫, ≪삼국유사≫, ≪제왕운기≫ 등에서 공통으로 삼위태백을 기록하고 있으므로 기록을 무시할 수 없기 때문이다. 그래서 더욱 삼위태백의 연구가 중요하다.

삼위가 삼위산으로 중국 서부 감숙성 돈황현에 있는데, 그렇다면 우리 민족의 활동무대는 당연히 중국으로 확대되어야 한다. 그만큼 중요한 핵심 단어이다. 환인의 나라 환국(桓國)에서 환웅의 나라 배달국(倍達國)으로 분국(分國)하던 때의 기록이기 때문에 더욱 중요하다. 개인의 문제가 아니라 바로 국가의 존재 여부의 문제이기 때문이다.

## 1. ≪겨레 역사 6천 년≫ 저자 안호상의 삼위 해석

안호상의 ≪겨레 역사 6천 년≫은 상고사 연구 서적으로 보이지만 실제로는 ≪환단고기≫ 역주본이다. 부록으로 ≪환단고기≫ 원본을 제시하였으며, 역주하였기 때문이다. 또한, 여러 주제별로 정리하여 많은 설명을 하여 다양한 의견을 제시하였다. 그중에서 삼위태백에 대해서 살펴보고자 한다.

> 우리 배달 동이 겨레(檀·東夷·朝鮮東夷)가 아득한 한 옛적부터 중원(中原) 대륙으로 옮아가 살면서도, 자기의 조상의 본고장 나라인 배달 나라에 있는 거룩한 3신산인 한밝산을 잊지 못하여, 이곳저곳의 산에다 이 산의 이름을 따다 붙였는데, 태백산은 중국의 하남성, 절강성, 섬서성, 감숙성 등에, 백산(白山)은 강소성과 절강성에, 삼위산은 감숙성 돈황현, 감숙성 조서산의 서쪽, 감숙성 천수현, 감숙성 고첩주의 서쪽, 운남성, 사천성 등에 있다.[67)]

위 기록에 대한 측주에서 출처를 ≪삼국유사≫와 ≪중국고금지

67) ≪겨레 역사 6천 년≫, 안호상, 기린원, 1992년, 128쪽.

명대사전(中國古今地名大辭典)≫[68]를 인용하였다. 위 설명에서 몇 가지 문제점을 지적하고자 한다.

첫째, '우리 배달·동이 겨레(檀·東夷·朝鮮東夷)가 아득한 한 옛적부터 중원(中原) 대륙으로 옮아가 살면서도'라는 글은 백두산 지역에서 중원 지역으로 이동하였다는 주장이다. 이는 지금 우리나라 상고사 연구자들의 대부분이 주장하는 이동 경로다. 그러나 위 주장은 잘못된 주장이다.

우리 민족의 주류는 중국 신강위구르자치구 천산산맥 일대에서 환국(桓國)을 건국하였으며, 중원 지역인 섬서성 미현 태백산으로 이동하여 배달국을 건국하고, 일부 부족은 감숙성 돈황현 삼위산으로 이동하여 삼묘국을 건국하였으며, 단군조선조에 이르러 점차 동진하여 백두산 지역과 한반도 지역으로 이동하게 된다. 즉 서쪽에서 동쪽으로 민족의 이동 경로가 역사적인 사실이다. 또한, 한반도에서 동쪽으로 바다 건너 일본까지 진출하여 정착하게 된다.

둘째, '삼위산은 감숙성 돈황현, 감숙성 조서산의 서쪽, 감숙성 천수현, 감숙성 고첩주의 서쪽, 운남성, 사천성 등에 있다.' 이 부분은 ≪중국고금지명대사전≫을 인용하여 추가 연구 없이 그냥 소개한 것에 불과하다. 추가 해석이 없으므로 독자들은 삼위산(三危山)이 6곳에 있는 줄로 착각하게 된다.

삼위산은 감숙성 돈황현에 있다. 감숙성 조서산의 서쪽은 바로

68) ≪中國古今地名大辭典≫, 台北市, 商務 印書館

감숙성 돈황현이다. 즉 잘 알려진 조서산을 중심 삼아 삼위산의 위치를 설명한 것이다. 즉 '청양 칠갑산은 공주 계룡산 서쪽에 있다.'라는 설명과 같다.

조서산에는 삼위산이 없다. 또한, 감숙성 고첩주의 서쪽도 같은 의미 있다. 옛 첩주는 지금 감숙성 질부현(迭部縣)으로 감숙성의 남부 지역이다. 그 북서쪽은 감숙성 돈황현이 있다. 즉 첩주를 거점으로 하여 삼위산을 설명한 것이다. 첩주에는 삼위산이 없다. 천수현(天水縣)에 있다는 것은 잘못된 기록이다. 또한 사천성(四川省)도 잘못된 기록이다. 운남성(雲南省)은 삼숭산(三崇山)의 다른 산 이름으로 삼위산으로도 불린 적이 있다. 그래서 실제로 삼위산은 오직 감숙성 돈황현에만 있다.

태백산에 관해서는 ≪실증 배달국사≫ II에서 상세하게 연구하고자 한다.

## 2. ≪상고사의 새 발견≫ 저자 이중재의 삼위 해석

1993년 출판된 이중재의 ≪상고사의 새 발견≫에는 상고사 연구에서 참고할 가치가 있는 많은 연구자료가 있다. 그러나 많이 연구한 역사연구가라고 해서 항상 옳은 주장만 하는 것은 아니다. 저자들은 자신을 스스로 객관적이라고 하지만 주관적인 생각을 가지고 연구를 하는 경우도 종종 있기 때문이다. 위 책 390쪽에서는 흑수삼위태백(黑水三危太白)이라는 제목으로 삼위태백을 정리하고 있다.

> 바로 이곳이 삼위산(三危山)이 태백산(太白山)임을 알 수 있다. 그래서 삼위태백(三危太白)이라고도 한다. 이곳은 흑수(黑水)의 발원(發源)지라고 적고 있다. 그렇다면 태백산 묘향산이라고 별명이 지어진 곳은 감숙성에 있는 삼위산 흑수 삼위태백산임이 확신해진다.
> 한인(환인, 桓因)씨는 흑수(黑水) 삼위태백(三危太白)산 아래에 신시(神市)를 세웠던 것이다.[69]

한평생 상고사 연구로 일생을 바치신 이중재 선생(1931~2011)의 업

69) 개정증보판 ≪상고사의 새 발견≫, 이중재, 동신출판사, 1993년, 390쪽.

적을 높이 평가하고 있다. 그러나 역사는 진실해야 하므로, 또한 잘못된 연구는 또 다른 잘못을 낳는 오류재생산법칙(誤謬再生産法則)에 걸리게 되기 때문에 윗부분을 바로 잡고자 한다. 필자의 연구 서적도 오류가 있다면 후학들이 바로 잡아야 할 것이다. 비판이 객관적으로 타당하다면 겸허하게 수용할 것이다.

첫째, 삼위·태백은 삼위산과 태백산이다. 그런데 이를 삼위태백산으로 오역하고 있다는 점이다. 즉 1개의 산으로 인식하고 있다는 점이다. 이 해석은 ≪삼국유사≫를 해석한 역주자들과 같은 해석오류이다. 그러나 그 해석과 다른 점은 역주자들은 그 위치를 국내로 잡았지만, 이중재 저자는 감숙성 돈황현으로 추정하고 있다. 잘못된 추적은 또 따른 오류를 낳고 있다. 삼위산에는 반고가한께서 터전을 삼고, 한 민족의 주류인 환웅천왕(桓雄天王)께서는 태백산을 터전으로 삼은 것이 역사 기록의 진실인 것이다. 그런데 삼위산과 태백산을 같은 장소로 보면 태백산의 역사가 사라지게 된다. 한 민족의 이동 경로 추적이 심각한 오류가 발생하게 된다.

둘째, 태백산을 묘향산이라고 추정하게 된 것은 ≪삼국유사≫ 저자인 일연스님이 삼위태백의 각주에서 '태백금묘향산(太伯今妙香山)'이라고 했기 때문이다. 물론 이것은 ≪삼국유사≫가 완성된 시대에 고려에 있는 산 중에서 묘향산을 태백산이라고 추정한 것이었다. 삼위산 지역을 묘향산이라고 한다면 이는 오역이다. 일연스님은 고려 묘향산이 태백산이 아닐까 하고 주장한 것이다. 물론 이는 잘못된 것이다. 태백산은 중국 섬서현 미현에 있는 태백산이다. 지금의 서안(西安) 지역이다. 역사의 기록에는 있고 이동한 지역에는 태백산이 없게 되면, 유사한 산이라도 태백산이 아닐까 하여 부르게 된다. 이 현상은 이름하여 지명이동(地名移動)이다.

## 3. ≪천년왕국 수시아나에서 온 환웅≫ 저자 정현진의 삼위 해석

≪천년왕국 수시아나에서 온 환웅≫의 저자 정현진은 삼위태백에 대해서 '4. 공공족과 삼위태백'에서 상세하게 연구결과를 주장하고 있다.

> 이제 환웅이 하강했다는 삼위태백에 대해서 살펴보자. 이 삼위태백에 대해서도 논란이 많다. 삼위산은 환웅이 천하에 뜻을 두고 인간 세상을 다스리고자 했을 때 처음 내려온 산이다. 이 산은 환인이 아들의 뜻을 알고 땅을 관찰한 후 선택한 길지다. 과연 그 삼위산은 어디에 있었을까? …(중략)…
> 이렇게 보면 삼위태백의 삼위산이 돈황에 있는 삼위산을 이른다고 볼 수 있다. 그렇다면 왜 단군 신화에는 태백산이 삼위태백이라고 기록되어 있을까? 삼위산에 관해서는 8장에서 충분히 설명했다. "삼위(三危)는 이적(夷狄)이 삼봉을 일컫는 말이었다."(측주: ≪中文大辭典≫, 三危夷狄謂山有三峰者) …(중략)…
> 혹자는 삼위와 태백을 다른 산으로 보면서 삼위는 중국의 서쪽에 있으며 태백은 조선의 경내에 있는 산으로 보기도 한다. 이렇게 보면 삼위태백은 중국의 서쪽에서 태백산까지의 넓은 경계가 된다(측주: 강인숙, ≪단군신화≫, 505쪽). 만약 이러한 관점

이 성립되면 단군조선의 경계는 실로 어마어마하게 된다. 이는 역사적 사실에 부합되지 않는다. 물론 이 두 산이 여러 환웅이 이동하면서 활동한 경계를 나타내는 것으로 받아들이면 상황은 달라진다. 그러나 이러한 해석도 무리가 있다. 환인이 하계를 내려다보고 점지했다는 산이 삼위태백이라고 했기 때문이다.

따라서 삼위태백은 앞에서 지적한 대로 돈황의 삼위산을 이르는 것으로 보아야 한다. 삼위태백은 '봉우리가 세 개이고 크게 밝은 산'이라는 의미를 가졌다. 그러한 의미로 보면 ≪삼국유사≫ 고조선조의 삼위태백은 그 산의 모양을 설명하기 위한 표현이었다는 것을 알 수 있다. 그리고 환웅이 그 꼭대기로 하강했다는 태백산은 삼위태백을 줄여서 부른 것으로 이해하면 된다.

이제 태백산에 대해서 살펴보자. 필자가 설명한 삼위태백과 조금 다르기는 하지만 김재원도 삼위태백의 삼위는 그 산이 봉우리가 세 개인 것을 가리키며 태백은 그 중 가운데 봉우리를 가리킨다고 했다. 또한, 그 태백 봉우리는 불교에서 말하는 수미산과 같이 우주의 중심으로, 그 산정에서 천상천하가 서로 연락되는 곳이라고 했다(측주: 金載元, ≪武氏祠石室 畵像石에 보이는 檀君神話≫, 29쪽).[70]

70) ≪천년왕국 수시아나에서 온 환웅≫, 정현진, 일빛, 2006년, 529~533쪽.

상고사의 연구 핵심은 한민족의 이동 경로를 찾는 것이다. 환국과 배달국 그리고 단군조선이 건국하였던 곳과 한반도로 이주하게 된 경로를 알게 되면 역사의 큰 틀을 이해할 수 있다. 그런데 이동 경로를 잘못 설정하게 되면 아무리 많은 연구를 해도 오류에 오류가 더해질 수밖에 없다. 몇 가지 문제점을 지적하고자 한다.

첫째, 삼위태백은 2개의 산으로 삼위산과 태백산이다.

위 저자는 대부분의 학자가 삼위태백을 잘못 추정하여 삼위는 중국 서부 감숙성 돈황현 삼위산이며, 태백은 한반도의 백두산으로 추정한 것은 역사와 맞지 않는다고 주장하였다. 이 주장은 옳은 주장이다. 삼위산은 맞지만, 결코 백두산이 태백산은 아니다. 그런 이유로 인하여 대안을 제시한 것이 위치 추정이 맞은 삼위산이 바로 삼위태백산이라고 주장하였다. 즉 '삼위산이 태백산이다.'라는 것이다. 그러나 삼위산이 태백산이라는 주장은 틀린 주장이다. 태백산에 대한 추정이 삼위산으로 잘못된 것이다. 만약에 섬서성 미현의 태백산으로 추정하였다면 그의 연구와 노력이 더욱 역사적 진실에 부합할 것이다.

둘째, 삼위를 수식어로 인식하여, '삼위태백은 그 산의 모양을 설명하기 위한 표현이었다는 것'으로 설명하였다.

이는 오류가 오류를 낳은 것이다. 지금 현 시대에도 삼위산이라고 부르고 있는데 어떻게 학자들이 삼위(三危)를 태백산을 설명하기 위한 표현, 즉 수식어나 형용사로 이해할 수 있는지, 이는 잘못된 선배 역사학자들의 잘못이다. 새로운 터전을 찾기 위한 노력으로 삼위산과 태백산을 둘러 보았다는 내용 중 삼위를 '산의 모양을 설명하기 위한 표현'이라는 설명은 잘못된 오류이다.

셋째, 오류가 재생산되고 있다.

더욱 오류가 확대되어 삼위산에 신시(神市)가 있고 그곳에 '환웅께서 터전으로 삼았다.'고 잘못 발표하고 있다. 또한, 반고가한의 공공족을 환웅과 연결하는 것도 오류이다. 역사의 진실은 '삼위산은 반고가한이 태백산은 환웅천왕께서 터전으로 삼아 동시대에 나라를 열었다.'는 점이다.

한민족의 혈맥(血脈)을 찾는 개념으로 설명한다면 환인(桓因)의 나라 환국(桓國)의 구황육십사민(九皇六十四民)을 찾아 나서야 한다. 즉 구환족(九桓族)을 찾아야 하며, 삼위산으로 분국하였던 반고가한의 제견(諸畎) 즉 공공(共工), 유소(有巢), 유묘(有苗), 유수(有燧)를 찾아야 한다. 공공족은 환웅의 일파가 아니며 반고가한의 일파라고 봐야 한다. 배달국의 환웅(桓雄)은 태백산을 터전으로 삼고 그 지역에 토착민인 웅족(熊族)과 호족(虎族)을 만나게 된다. 환웅의 이동 경로를 찾기 위해서는 환웅의 주류세력과 웅족의 이동 경로를 찾게 되면 될 것이다.

## 4. ≪샤먼제국≫ 저자 박용숙의 삼위 해석

2010년에는 박용숙의 ≪샤먼제국≫이 출판되었다. 이 책에 삼위태백을 언급하고 있는 부분이 있어 논하고자 한다. 먼저 원문 중에 삼위태백에 관한 내용의 핵심을 정리한 서문을 살펴보고자 한다.

> 우리가 알고 있듯이 환인은 백산을 가리키는 삼위태백에 있었는데 이곳은 천문대 기능을 했던 피라미드와 다르지 않습니다.
>
> …(중략)…
>
> 중국 고전 ≪서경≫은 고대 세계를 구주로 나누고 그중 하나를 옹주라고 했습니다. 흥미롭게도 그 옹주의 자리에 대해서 "흑수를 따라 삼위에 이르면 그 삼위에서 남해로 들어간다'고 적었습니다. 흑수가 흑해이고 삼위가 삼위태백임을 의미한다고 할 때, 여기서 말하는 남해는 어디일까요?
>
> 삼위태백이 있는 코카서스에서 남쪽이란 결국 자르로스 산맥이나 티그리스 강을 타고 들어가는 페르시아 만이 됩니다. ≪서경≫이 중국 땅에서 일어난 역사를 대변하는 것이 아니고 소아시아의 일을 기록하고 있다는 사실은 놀라운 일입니

다. 오늘의 중국땅에서 흑해를 찾는 일은 불가능합니다.[71]

윗글의 핵심은 '백산을 가리키는 삼위태백'과 '삼위가 삼위태백임을 의미한다고 할 때', '삼위태백이 있는 코카서스에서'이다. 위 세 가지 주장에 대해서 상세하게 비판을 가하고자 한다.

첫째, '백산을 가리키는 삼위태백'이라는 주장은 역사서적을 바로 살펴보지 못한 잘못된 주장이다. 저자가 인용한 ≪환단고기≫를 상세히 살펴만 봐도 충분히 알 수 있을 것이다. 흑수백산(黑水白山)의 백산(白山)은 후에 천산(天山)으로 불리게 된다. 그 천산은 중국 신강위구르자치구에 있는 천산산맥(天山山脈)이다. 순수한 우리나라 말로는 파내류산이다.

백산(白山)에서 3,301년의 환국(桓國) 시대가 끝나갈 무렵, 삼위산과 태백산으로 개척의 길을 떠나게 된다. 삼위산은 반고가한이 무리를 이끌고 떠났다는 기록이 ≪환단고기≫에 있으며, 태백산으로는 환웅천왕께서 삼천 명의 무리와 함께 이주하였다는 기록이 명확하게 나와 있다. 이는 ≪삼국유사≫와 ≪제왕운기≫ 기록에 있는 역사적 사실이다. 그런데도 백산과 삼위산 그리고 태백산을 구별 못 하는 것은 치밀하지 못한 연구이다. 결코, 백산은 삼위태백이 아니다. 이는 잘못된 연구결과이다.

둘째, '삼위가 삼위태백임을 의미한다고 할 때'라는 주장은 잘못

---

71) ≪샤먼제국≫, 박용숙, 소동, 2010년, 서문.

된 주장이다. 이는 국내 식민사학자들의 주장이다. 즉 '삼위는 삼위태백산이다.'라는 주장을 통하여 역사에서 삼위(三危)을 수식어로 조작하려는 주장이다. 삼위태백은 분명하게 삼위산과 태백산임을 다시 한번 강조하고자 한다. 삼위산에 관한 연구 서적이 바로 ≪실증 배달국사≫ Ⅰ이다. 즉 삼위가 삼위태백이고, 삼위태백이 백산이니, 코가서스가 삼위태백이라는 주장은 역사적 사실과는 거리가 먼 잘못된 주장이다.

셋째, '삼위태백이 있는 코카서스에서'라는 주장은 잘못된 주장이다. 삼위태백은 삼위산과 태백산으로 삼위산은 현 중국 감숙성 돈황현에 있는 삼위산으로 5,000년이 넘는 역사 이전부터 삼위산으로 불리고 있는 유서 깊은 산이다. 또한 태백산은 중국 섬서성 미현에 있는 산이다. 역사적 사실을 증명하기 위해서는 추정(推定)만으로는 불가하다. 사실에 부합하는 실증이 이루어져야만 한다. 그전까지는 학설에 불과하다. 결코, 역사적 사실이라고 할 수가 없다는 점은 역사연구의 근간이라고 생각한다.

## 5. ≪우리민족의 대이동≫ 저자 손성태의 삼위 해석

손성태의 ≪우리민족의 대이동≫이란 책은 인류학(Anthropology, 人類學)적인 개념인 언어, 의식주, 사회구조, 관습, 종교, 예술 등 생활과 밀접한 분야에서의 비교연구를 통하여 우리 민족의 이동을 증명해 내고 있다. 그 내용 중에 삼위산(三危山)에 관한 언급이 있어 논하고자 한다.

> 필자는 멕시코 원주민들이 '산'을 '태백(tepec)'이라고 불렀다는 멕시코 고대 문헌 기록을 근거로 여러 연구에서 태백(太白)은 '산'을 뜻하는 고대 우리말이라고 밝혔다(측주: '태백산'에 대하여 우리나라 사학계도 여러 가지 주장이 있다. 태백산을 백두산이라고 하는 주장, 태산이라고 하는 주장, 북한 사학자들처럼 묘향산이라고 하는 주장, 그리고 특정 산이 아니라 보통명사라는 주장 등이 있다. 한국고대사학회장이었던 조인성님은 보통명사라는 견해를 가지고 있다. 멕시코에 남겨진 우리말 자료를 보면, 태백산은 보통명사가 분명하다). 지금도 멕시코의 모든 산들은 태백(tepec)이라고 한다. 따라서 '삼위태백'은 '삼위산'이다.[72]

72) ≪우리민족의 대이동≫, 손성태, 코리, 2014년, 344~345쪽.

손성태 저자의 주장은 '삼위태백(三危太白)은 삼위산(三危山)이다.'라는 것이다. 태백(太白)이 우리 민족의 이동 경로를 따라서 보통명사로 확산된 것은 옳은 주장이다. 특히 북미 지역으로 이주한 맥족(貊族)[73]과 고리족이 애초 태백(太白)이 전래되어 '산'이라는 보통명사로 고착화되었다. 그렇다고 해서 보편적으로 적용하는 것은 잘못된 주장이다.

첫째, ≪삼국유사≫에 나오는 삼위태백(三危太白)은 삼위산(三危山)과 태백산(太白山)이다. 왜냐하면, 바로 아래 기사에 태백산정(太白山頂)이라는 기록이 있기 때문이다. 즉 태백(太白)과 산(山)을 같이 사용하고 있다. 이처럼 단순하게 증명되는 사실을 잘못 주장하는 것은 저자들의 학문에 신뢰를 저해하는 요인이 된다. 학설은 주관적이어서는 안된다. 반드시 객관적인 자료 검증이 있어야 한다. 이런 오류는 깊은 검토 없이 다른 사람들의 주장을 인용하거나 주관적인 생각을 적용하기 때문에 발생하는 것이다.

또한, 우리나라는 산(山)이라는 명사가 있는데 중복되게 산을 의미하는 명사를 만들어질 필요가 없다. 그러나 다른 지역으로 태백(tepec)이라는 단어만 전달된 상태에서는 산(山)과 언덕을 의미하는 단어로 전달될 수 있을 것이다. 그러나 한자를 사용하는 동양 언어권에서는 태백(太白)은 산(山)을 의미하는 것이 아니라 '큰 백산'이라

73) 중국 고전의 기록에 의하면 맥족(貊族)은 ≪시경(詩經)≫, ≪논어(論語)≫, ≪중용(中庸)≫, ≪맹자(孟子)≫에 맥(貊)으로 기록되어 있다.

는 의미의 산명이다. 여기에서 백산(白山)은 천산(天山)의 본래 이름이다. 우리 구환족(九桓族)은 백산에서 이주하였기 때문이다.

둘째, '태백산'에 대하여 우리나라 사학계도 여러 가지 주장이 있다고 소개하고 있다.

① 백두산(白頭山)이다.
② 태산(泰山)이다.
③ 북한 사학자들의 주장처럼 묘향산(妙香山)이다.
④ 특정 산이 아니라 보통명사다.
⑤ 중국 섬서성(陝西省) 미현(眉縣)에 있는 태백산(太白山)이다.

이렇게 5가지 학설 중에서 나머지 4가지는 틀릴 수밖에 없다. 손성태 저자는 ④번을 정답으로 주장하지만 틀린 답이다. 만약에 ④번이 정답이라면 ≪삼국유사≫의 태백산정(太伯山頂)을 설명해야 한다. 즉 태백산의 정상이라는 뜻이다. 삼위태백을 삼위산이라고 주장하였는데, 이어서 나오는 태백산정은 모순에 빠지게 된다. 그래서 멕시코 등 태백산 문명이 전파된 지역에서는 태백이 산이라는 의미로 사용되었을지 몰라도 본국에서는 그렇게 사용되지 않았다. 즉 일부 지역의 현상을 보편적으로 적용하는 것은 문제가 있다.

## 6. ≪단군의 나라, 카자흐스탄≫ 저자 김정민의 삼위 해석

2015년에는 김정민의 ≪단군의 나라, 카자흐스탄≫이 출판되었다. 위 책에 삼위태백을 언급하고 있는 부분이 있어 논하고자 한다.

> 즉, 이들이 최초에 국가를 건설한 지역은 만주가 아니라 바로 카자흐스탄과 한국의 중간 지점인 위구루자치구와 중국의 감숙성 부근인 것이다.
>
> ≪환단고기≫에서 말하는 삼위와 태백은 현재 중국 감숙성 돈황현에 있는 삼위산과 백두산을 말한다. 이 지역이 환웅이 최초로 신시를 건설한 지역인 것이다. 또한 상기 기록을 근거로 알 수 있는 것은 고대 환국의 위치가 파미르 고원에 있었음을 알 수 있게 해 줄 뿐만 아니라, 카자흐스탄의 홍수설화에 나오는 누흐전설(카자흐스탄 소재 투르키스탄), 투르크계 민족의 조상 신화인 아쉬나 전설(중국 투르판)의 위치와도 비슷하므로 내용의 일관성이 있는 것으로 보아 환웅은 돈황일대에 국가를 건설했을 것이다.
>
> 그리고 실크로드를 따라 동서로 제국을 확대하여 나갔을 것이다. 왜냐하면 이 지역은 남북이 산으로 막혀 있기 때문에

동서로밖에 진출할 수 없기 때문이다.[74)]

위 책에서 주장하는 몇 가지 사항에 대해서 상세하게 말씀드리고자 한다.

첫째, 최초의 국가가 위구르자치구와 중국 감숙성 부근으로 말하고 있다. 윗부분에 대해서 역사적 사실을 구체적으로 설명하면, 즉 최초의 국가인 환인의 나라 환국(桓國)은 ≪환단고기≫에서 밝힌 것처럼 현재 신장위구르자치구의 천산(天山)에 터전을 삼았다. 즉 백산(白山)이며, 파내류산(波奈留山)이다. 즉 지금의 신장위구르자치구는 맞다. 그러나 중국 감숙성 부군은 두 번째 나라인 환웅의 나라 배달국으로 분국할 때 반고가한이 개척한 곳이다. 분명하게 구별해야 할 필요가 있다.

둘째, 삼위산과 태백산에 대해서는 임승국 역주자의 ≪한단고기≫를 인용하여 그의 주장을 그대로 따르고 있다. 즉 삼위산은 중국 감숙성 돈황현의 삼위산이고 태백산은 백두산이라고 설명했다. 그러나 백두산은 태백산이 아니다. 그러므로 환웅은 돈황 일대에 국가를 건설했다는 것도 틀린 내용이다. 돈황일대는 반고가한이 개척했다. 후대에 삼묘국이라 부른다. 추정이 틀리면 연관된 역사적 사실도 틀리게 인식하는 것이다. 그래서 역사 연구에서 가장 중요한 핵심연구가 지리연구(地理硏究)이다. 즉 터전으로 삼은 곳을 명확

74) ≪단군의 나라, 카자흐스탄≫, 김정민, 글로벌콘텐츠, 2015년, 233~234쪽.

하게 연구해야만 관련된 연구들도 명확해지는 것이다.

중앙아시아 지역은 최초의 국가인 환인의 나라 환국(桓國)의 터전이다. 그 터전의 흔적을 카자흐스탄 역사를 연구하여 그 뿌리를 찾으려는 시도는 대단히 획기적인 연구이다. 앞으로도 사실에 근거한 많은 연구를 기대한다.

## 7. 상고사 서적 삼위(三危) 연구 논고(論考)

≪삼국유사≫와 ≪제왕운기≫ 등 많은 국내 역사서적과 ≪환단고기≫에서 언급하고 있는 삼위태백(三危太白)에 대해서 역주(譯註)나 측주(側註) 수준보다 더 연구한 상고사 서적 여섯 권을 살펴보았다. 그러나 깊이 있는 연구를 한 경우는 드물고, 결과 또한 역사의 진실을 드러내기에는 부족함이 많다.

안호상 저자의 ≪겨레 역사 6천 년≫에서는 ≪중국고금지명대사전≫을 인용만 하였다. 즉 인용한 부분에 대해서 진실을 판단해야 하는데, 아쉽게도 인용하여 소개만 하였다. 윗부분에 대해서는 상세하게 뒤에서 진실판단을 해 보도록 하겠다.

이중재 저자의 ≪상고사의 새발견≫에서는 삼위산이 태백산이며 그래서 삼위태백이라고 했다는 잘못된 주장을 하고 있다.

정현진 저자의 ≪천년왕국 수시아나에서 온 환웅≫에서의 주장도 삼위태백을 삼위산으로 이해하고 있다. 그래서 삼위태백을 '봉우리가 3개이고 크게 밝은 산' 정도로 설명하고 있다. 이는 잘못된 학설이다.

박용숙 저자의 ≪샤먼제국≫은 삼위태백을 백산으로 생각하는 오류와 '코카서스'가 삼위태백이라는 오류, 그리고 삼위태백은 1개의 산이라는 3가지 오류를 주장하고 있다.

손성태 저자의 ≪우리민족의 대이동≫에서의 주장도 '태백'을 보통명사인 '산(山)'으로 해석하고 있다. 그래서 삼위태백을 삼위산으로 해석하는 오류를 범하고 있다.

김정민 저자의 ≪단국의 나라, 카자흐스탄≫에서는 임승국 역주자의 ≪한단고기≫를 인용하고 있다.

**[표 007] 삼위태백(三危太伯)의 해석현황**

| 서적 | 삼위(三危) | 태백(太伯) |
|---|---|---|
| 겨레 역사 6천 년<br>안호상, 1992년 | 고금지명<br>사전인용 | 고금지명<br>사전인용 |
| 상고사의 새발견<br>이중재, 1993년 | 삼위산 | 삼위산 |
| 천년왕국 수시아나에서 온 환웅<br>정현진, 2006년 | 봉우리가 3 개 | 크게<br>밝은산 |
| 샤먼제국<br>박용숙, 2010년 | 코카서스 | 코카서스 |
| 우리민족의 대이동<br>손성태, 2014년 | 삼위산 | 산(山)<br>보통명사 |
| 단군의 나라, 카자흐스탄<br>김정민, 2015년 | 감숙성<br>돈황현 | 백두산 |

이처럼 삼위태백에 대해서 역주(譯註)나 측주(側註) 수준으로 깊이 있는 연구에 이르지를 못했다. 이는 환국과 배달국의 연결고리를 잘 설명해 주는 역사의 키워드이나 철저하게 외면당하고 있다. 필자는 이 점에 주목하여 배달국 건국과 관련된 지리적 기록을 연구대상으로 삼았다. 이와 관련된 할 수 있는 모든 연구를 다하여 역사적 실체를 반드시 밝히고자 한다.

## 제 4 절

# 중국 사서 및 문헌 삼위 고찰

≪삼국유사≫, ≪제왕운기≫ 등 국내 사서의 삼위태백 기록과 해석을 먼저 살펴보았다. 제2절에서는 ≪환단고기≫에서 전하는 삼위태백에 대해서 살펴보았다. 제3절에서는 상고사 서적의 연구를 살펴보았다. 이번에는 현재 감숙성 돈황에 실존하고 있는 삼위산에 대해서 중국 사서 및 문헌 등에서는 어떻게 언급하고 있는지 살펴보고자 한다. 상고사 시절에는 구환족의 땅이었으나 지금은 중국의 땅이 된 삼위태백에 대해서 알아보고자 한다.

중국의 고전인 ≪서경≫, 중국에서 가장 오래된 백과사전류인 ≪산해경(山海經)≫, 사마천의 ≪사기(史記)≫, 서역을 상세하게 서술한 ≪흠정서역동문지(欽定西域同文志)≫, 한나라 시대의 ≪회남자≫, ≪여씨춘추(呂氏春秋)≫, ≪중문대사전≫, ≪중국고금지명대사전(中國古今地名大辭典)≫ 등에서 삼위(三危)에 대한 역사기록을 충실하게 하고 있다. 인용된 서적만 잘 살펴봐도 삼위는 삼위산이며, 중국 감숙성 돈황현에 있다는 것은 명확해진다. 그럼 ≪삼국유사≫의 삼위·태백의 진실이 무엇인지 누구나 알 수 있을 것이다.

## 1. ≪서경≫의 삼위(三危) 기록

≪서경≫은 상서(尙書)로도 불린다. 우서(虞書), 하서(夏書), 상서(商書), 주서(周書) 등 요임금, 순임금과 하, 상, 주나라 삼국에 관한 역사 기록이다.

**[표 008] ≪서경≫의 삼위(三危)기록 현황**

| 서적 | 삼위(三危) |
|---|---|
| ≪서경≫ <순전(舜典)> | 찬삼묘우삼위 (竄三苗于三危) |
| ≪서경≫ <우공(禹貢)> | 삼위기택삼묘비서 (三危旣宅三苗丕敍), |
| ≪서경≫ <우공(禹貢)> | 도흑수지우삼위입우남해 (導黑水至于三危入于南海) |

≪서경≫에 삼위 기록을 상세하게 살펴보고자 한다. 먼저 순임금에 관한 기록인 ≪서경≫ 〈순전(舜典)〉편에 '찬삼묘우삼위(竄三苗于三危), 삼묘를 삼위산 지역으로 쫓아내었다.'라는 기록이 있다. 또한 ≪서경≫ 〈우공(禹貢)〉편에 '삼위기택삼묘비서(三危旣宅三苗丕敍), 삼위산 지역은 사람들이 거주할 수 있게 되니 삼묘족들이 크게 융성하였다.'라는 기록이다.

≪서경≫ 〈우공(禹貢)〉편에 '도흑수지우삼위입우남해(導黑水至于三

危入于南海), 흑수를 인도하여 삼위에 이르러 남쪽 바다 쪽으로 흘러 간다.'라는 기록이 있다. 중국의 요순시대와 하, 상, 주나라 시대 이전에도 이미 '삼위산' 지역에 묘족이 터전으로 삼았다. 묘족은 환국으로부터 환웅께서 배달국으로 분국 할 때 반고가한과 함께 삼위산 지역으로 분국한 부족으로 구환족이다.

### 1) ≪서경≫ <순전(舜典)> 삼위(三危) 기록

**원문**

流共工于幽州 放驩兜于崇山 竄三苗于三危
류 공 공 우 유 주 방 환 두 우 숭 산 찬 삼 묘 우 삼 위

殛鯀于羽山 四罪而天下咸服
극 곤 우 우 산 사 죄 이 천 하 함 복

**[해석]**

공공(共工)을 유주(幽州)로 귀양 보내고, 환두(驩兜)를 숭산(崇山)에 가두고, 삼묘(三苗)를 삼위(三危)로 쫓아냈으며, 곤(鯀)을 우산(羽山)에 죽을 때까지 있게 하였다. 이 네 가지 형벌에 천하가 모두 복종케 되었다.

≪서경≫의 제1편 우서(虞書)에 요전(堯典)과 순전(舜典) 기록을 살펴보자. 먼저 요임금의 역사기록인 요전(堯典)을 보면, 요임금은 이름

이 방훈(放勳)이다. 나라 이름은 도당(陶唐)이다. 후에 이연(李淵)이 당나라를 건국하게 되는데 당(唐)나라 명칭의 뿌리는 도당(陶唐)이다.

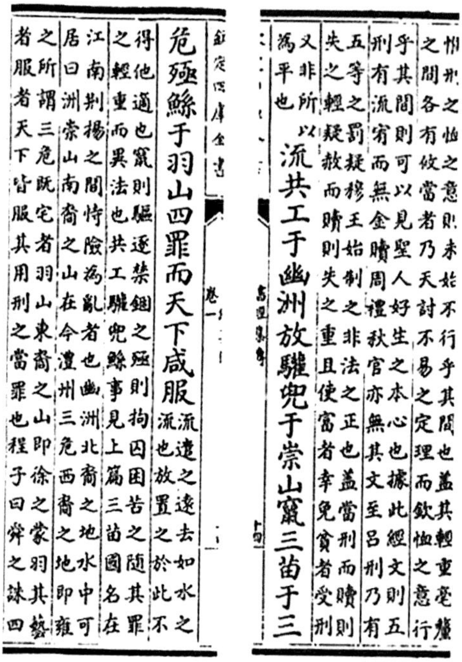
恤刑之恤之意則未始不行乎其間也蓋其輕重毫釐
之間各有攸當者乃天討不易之定理而欽恤之意行
乎其間則可以見聖人好生之本心也據此經文則五
刑有流宥而無金贖周禮秋官亦無其文至呂刑乃有
五等之罰疑穆王始制之非法之正也蓋當刑而贖則
失之輕疑赦而贖則失之重且使富者幸免貧者受刑
又非所以
為平也
流共工于幽州放驩兜于崇山竄三苗于三
書經集傳

欽定四庫全書 卷一
危殛鯀于羽山四罪而天下咸服
流遣之遠去如水之
流也放置之於此不
得他適也竄則驅逐禁錮之殛則拘囚困苦之隨其罪
之輕重而異法也共工驩兜鯀事見上篇三苗國名在
江南荆揚之間恃險為亂者也幽洲北裔之地水中可
居曰洲崇山南裔之山在今澧州三危西裔之地即雍
之所謂三危既宅者羽山東裔之山即徐之蒙羽其藝
者服者天下皆服其用刑之當罪也程子曰舜之誅四

[그림 030] 송나라 때 채침(蔡沈)은 ≪서경≫을 해석하여 ≪서경집전(書經集傳)≫을 썼다. ≪흠정사고전서(欽定四庫全書)≫ ≪서경≫ 제1편 <우서(虞書)> <순전(舜典)>편 중간에 삼위(三危) 관련 기록이 있다.

요임금이 건국할 시기는 배달국 제18대 거불단 환웅(BC 2381~BC 2333) 재위 25년 때이다. 요임금 말년에 나라를 물려줄 때 신하들에게 의견을 구하였는데 신하 방제가 맏아들 단주(丹朱)가 계명(啓明)하다고 추천하였으나 맏아들 단주 대신 우순에게 두 딸을 시집보내고 우순에게 나라를 맡기게 된다는 기록이다.

순임금에 대한 기록이 순전(舜典)이다. 나라 이름은 우(虞)이다. 그래서 우순(虞舜)이라고 부른다. 우순의 재위는 BC 2255~BC 2208년이다. BC 2255년은 단군조선의 단군왕검 재위 79년 때이다. 우순의 재위 기간에 일어난 역사적인 사건에 삼위(三危) 기록이 있는 것이다.

**[표 009] ≪서경≫의 삼위(三危) 관련 연대표**

| 연대표 | 배달국 | 단군조선 | 도당 | 우(虞) |
|---|---|---|---|---|
| BC 2381(庚辰) | 18대 환웅 재위 | | | |
| BC 2357(甲辰) | | | 당요 재위 | |
| BC 2333(戊辰) | | 단군 왕검 재위 | | |
| BC 2258(癸未) | | | | |
| BC 2255(丙戌) | | | | 우순 재위 |
| BC 2241(庚子) | | | | |
| BC 2208(癸酉) | | | | |

공공(共工), 환두(驩兜), 삼묘(三苗), 곤(鯀)에 대해서는 앞에서 알아보았다. 이번에는 그들이 유배되었던 지역을 살펴보기로 하겠다.

유주(幽州), 숭산(崇山), 삼위(三危), 우산(羽山) 지역에 대해서 지도를 통하여 살펴보고자 한다.

≪우공소재수산준천지도(禹貢所載隨山浚川之圖)≫은 남송가정(南宋嘉定) 2년인 1209년에 제작된 지도이다. 지도를 찾아보면 서쪽으로 삼위(三危)와 흑수(黑水)가 그려져 있다. 지도 남쪽에는 숭산(嵩山),

지도 동쪽에는 우산(羽山)을 찾아볼 수 있다.

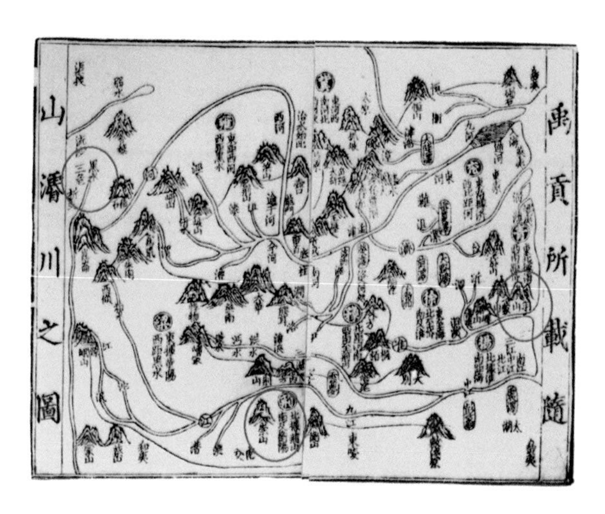


[그림 031] 1209년(남송가정 2년)에 제작된 ≪우공소재수산준천지도(禹貢所載隨山浚川之圖)≫에서 숭산(嵩山), 삼위(三危), 우산(羽山)을 찾아볼 수 있다.

중요한 것은 삼위태백(三危太白)은 삼위산(三危山)과 태백산(太白山)이며 그 삼위산이 수천 년 동안 중국 감숙성 돈황현에 웅장한 자태로 그대로 있으며, 남송시대의 지도에도 그려져 있다는 점이다. 그리고 ≪서경≫의 기록처럼 그곳에 묘족(苗族)인 삼묘족(三苗族)이 살았다는 점을 기록으로 증명해 주는 것이다.

환국말에 환웅께서 배달국을 태백산에 건국하실 때 반고가한께서 삼위산에 건국하게 된다. 이때 묘족도 삼위산으로 이주하게 된다. 그리고 그로부터 1,600여 년 후에 순임금과의 분쟁이 생기게 된 것이다. 그 기록이 ≪서경≫ 〈순전〉편에 나와 있다.

≪서경≫에 대한 주석서(註釋書)는 대단히 많다. 〈순전(舜典)〉의 기록인 '찬삼묘우삼위(竄三苗于三危)'에 대한 주석(註釋)들을 살펴보고자 한다.

≪서경집전(書經集傳)≫은 송(宋)나라 시대 채침(蔡沈, 1167~1230)이 ≪서경≫을 해석한 책이다. 위에 원본이 제시되어 있다. 주석 중에 '삼위서예지지(三危西裔之地), 삼위기택(三危既宅)[75]'으로 '삼위는 서쪽 묘족의 땅이다. 삼위에 이미 거주하고 있다.'는 내용으로 설명하고 있다.

≪상서공전참정(尙書孔傳參正)≫은 청나라 왕선겸(王先謙, 1842~1917)이 ≪서경≫를 다시 정리한 책이다. 주석 중에 '삼위서예(三危西裔), 삼위는 서쪽 묘족이다.'[76]라고 기록하고 있다.

≪대대예기(大戴禮記)≫[77] 〈오제덕(五帝德)〉에서는 '流共工於幽州 以變北狄 放驩兜于崇山 以變南蠻 殺三苗于三危 以變西

---

75) 流遣之遠去如水之流也放置之於此不得他適也竄則驅逐禁錮之殛則拘囚困苦之隨其罪之輕重而異法也共工驩兜鯀事見上篇三苗國名在江南荊揚之閒恃險為亂者也幽洲北裔之地水中可居曰洲崇山南裔之山在今澧州三危西裔之地即雍之所謂三危既宅者羽山東裔之山即徐之蒙羽其藝者服者天下皆服其用刑之當罪也程子曰舜之誅四凶怒在四凶舜何與焉蓋因是人有可怒之事而怒之聖人之心本無怒也聖人以天下之怒為怒故天下咸服之春秋傳所記四凶之名與此不同說者以窮奇為共工渾敦為驩兜饕餮為三苗檮杌為鯀不知其果然否也. ≪서경≫ 〈순전(舜典)〉 '찬삼묘우삼위(竄三苗于三危)'에 대한 ≪서경집전(書經集傳)≫의 주석(註釋) 자료.

76) '[傳]三苗國名 縉雲氏之後 爲諸侯 號饕餮 三危西裔', '삼묘는 나라 이름이다. 진운씨의 후손이 제후가 되어 호를 도철이라 하였다. 삼위는 서쪽 묘족이다.'≪상서공전참정(尙書孔傳參正)≫ 참고.

77) ≪예기(禮記)≫는 본래 ≪소대례기(小戴禮記)≫를 말한다. 한나라 시대에 대성(戴聖)이란 분이 예의 기록 131편과 그 밖의 문헌에서 49편을 발췌한 것이다. 대성(戴聖)의 백부(伯父)인 대덕(戴德)이 역시 똑같은 자료에서 85편을 발췌한 예기를 ≪대대례기(大戴禮記)≫라 한다. 그중 39편만 전한다.

戎 殛鯀于羽山 以變東夷(류공공어유주 이변북적 방환두우숭산 이변남만 살삼묘우삼위 이변서융 극곤우우산 이변동이)[78]라 하여 ≪서경≫의 자료를 인용하고 있다.

≪맹자(孟子)≫ <만장상(萬章上)>에서는 '萬章曰 舜流共工于幽州 放驩兜于崇山 殺三苗于三危 殛鯀于羽山 四罪而天下咸服 誅不仁也(만장왈 순류공공우유주 방환두우숭산 살삼묘우삼위 극곤우우산 사죄이천하함복 주부인야)[79]'라 하여 ≪서경≫ 자료를 인용하여 질문하고 있는 구절이 나온다.

조선 시대에는 유교(儒敎)를 국교로 삼아 나라를 다스렸다. 그래서 중국을 대중화로 삼고 우리를 소중화로 삼아 사대하였다. 그 결과 상고사 역사서적을 3번에 걸쳐 수서령(收書令)을 시행하여 상고사 역사서적을 말살하였다. 그 결과 순임금과 우임금의 왜곡된 중국입장의 역사를 사실로 인식하게 되었다. 순임금이 피박한 부족은 우리 구환족이라는 역사적 사실을 알지 못하고 오히려 오랑캐라고 우리가 우리 조상들을 비판하였다. 몇 가지만 살펴보자!

첫째, 요임금이 무리를 모아서 묘족(苗族)을 공격하여 묘족의 터전에서 쫓아냈다. 결국 묘족은 동, 서, 북의 세 방향으로 흩어지게 되

---

78) '북적을 변화시킴으로써 공공을 유주에 유배하고, 남만을 변화시킴으로써 환두를 숭산으로 쫓아내고, 서융을 변화시킴으로써 삼묘를 삼위로 몰아내고, 동이를 변화시킴으로써 곤을 우산에서 축출하였다.' ≪대대예기(大戴禮記)≫ <오제덕(五帝德)> 해석.

79) 만장이 말하기를 '순은 공공을 유주에 유배하고, 환두를 숭산으로 쫓아내고, 삼묘를 삼위에 몰아내고, 곤을 우산에 축출하였습니다. 이 넷을 처벌하여서 온 천하가 다 복종하게 되었습니다. 인자하지 않은 자를 죽이기를 요량하면'. ≪합본 사서오경≫, 태평양출판공사, 285쪽 참조.

어 삼묘(三苗)라 하였다. 그런데 묘족은 구환족인 반고가한이 환국으로부터 분국할 때 동행한 부족이다. 즉 그들은 구환족, 즉 환국의 백성들이었다. 그런데 화족의 무리인 요임금이 환국의 부족을 공격하여 터전에서 몰아낸 것이다.

우리 민족 입장에서 생각한다면 요임금이 쳐들어와서 살아가던 터전을 잃고 쫓겨나게 된 사건이다. 그들은 원 고향보다 더 남하하여 중원에서 거주하였으나 요, 순 때 쫓겨나 원 고향인 삼위산(三危山) 지역으로 물러난 것이다. 그래서 ≪삼국유사≫의 삼위태백 기록은 역사적 사실을 기록한 것이다. 후손들이 불민(不敏)하고 아둔하여 동족을 못 알아보고 오히려 소중화가 되어 조상들을 오랑캐로 삼았다.

둘째, 공공족도 구환족의 부족이다. 요임금은 무리를 모아서 공공족도 유주로 몰아낸 것이다. 이때에는 배달국의 말기에서 단군조선의 건국 초기였다. 중원에서 화족(華族)과 동이족(東夷族) 간의 패권쟁탈 시기였다. 우리 민족이 백두산 지역에 터전이 아니라, 중원을 터전으로 삼고 있었으며, 패권쟁탈의 과정에서 우리 민족은 점차 동북방으로 이주하게 된 것이다.

셋째, 묘족(苗族)이 구환족(九桓族)이라는 ≪환단고기≫의 기록을 살펴보고자 한다.

**원문**

熊虎交爭之世에
웅 호 교 쟁 지 세

桓雄天王이 尙未君臨하시니
환 웅 천 왕 상 미 군 림

苗桓이 乃九皇之一也라
묘 환 내 구 황 지 일 야

在昔에 已爲我桓族의 遊牧農耕之所오
재 석 이 위 아 환 족 유 목 농 경 지 소

而及神市開天하야 以土爲治하니
이 급 신 시 개 천 이 토 위 치

**[해석]**

웅족(熊族)과 호족(虎族)이 서로 다투던 시대는 환웅천왕(桓雄天王)께서 배달국을 세워 다스리시기 이전이다. 묘환(苗桓)은 환국(桓國) 시절에 구황족(九皇族)의 한 족속이다. 옛적에 우리 환족(桓族)이 유목과 농경을 하던 땅이다. 배달 신시가 개천되자 그 땅을 다스렸다.

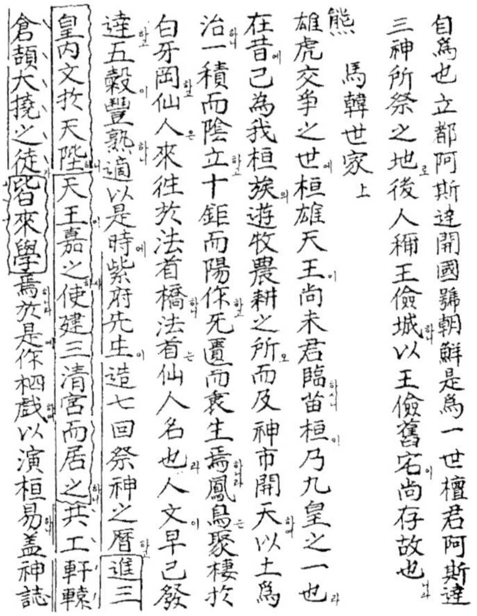
自爲也立都阿斯達開國號朝鮮是爲一世檀君阿斯達
三神所祭之地後人稱王儉城以王儉舊宅尚存故也
馬韓世家上
熊
雄虎交爭之世桓雄天王尚未君臨苗桓乃九皇之一也
在昔已爲我桓族遊牧農耕之所而及神市開天以土爲
治一積而陰立十鉅而陽作无匱而衷生焉鳳鳥聚棲於
白牙岡仙人來往於法首橋法首仙人名也人文早已發
達五穀豐熟適以是時紫府先生造七回祭神之曆進三
皇内文於天陛天王嘉之使建三淸宮而居之共工軒轅
倉頡大撓之徒皆來學焉於是作柶戲以演桓易蓋神誌

[그림 032] 광오이해사본(1979) ≪환단고기≫ <태백일사> <삼한관경본기(三韓管境本紀)>의 묘환(苗桓)에 대한 기록.

묘족(苗族)은 그 역사가 오래되었다. 그래서 ≪서경≫에 삼묘(三苗)로 소개되고 있다. 그러나 요임금 때 삼위산 지역에 거주하는 것을 확인할 수 있다. 요임금 때는 단군조선의 건국 초기(BC 2333)이다.

그런데 이보다 앞선 배달국 건국 초기(BC 3897)에 환국(桓國)으로부터 환웅천왕과 반고가한께서 배달국과 삼묘국으로 분국할 때 삼묘국으로 묘족이 이주하게 되었다는 기록은 ≪환단고기≫에 있다. 또한, 그 묘족이 환국의 9개 부족 중에 하나인 묘환(苗桓)이라는 기록이 있다. 이는 우리와 동족임을 증명하고 있다.

## 2) ≪서경≫ <우공(禹貢)> 삼위(三危) 첫 번째 기록

**원문**

三危既宅 三苗丕敍
삼 위 기 택　삼 묘 비 서

**[해석]**

삼위산(三危山) 지방에도 사람들이 거주할 수 있게 되니 삼묘족들이 크게 융성하였다.

≪서경≫ 제2편 하서(夏書)에 우공(禹貢) 내용 중 삼위(三危)가 소개되고 있다. 단락 전체 내용은 아래 역주를 인용하였다. 당요와 우순 이전부터 삼묘족은 삼위산을 터전으로 삼고 살아왔으며, 아래 기록으로도 확인할 수 있다.

曰原下濕曰隰詩曰度其隰原即指此也鄭氏曰其地
在幽今邠州也豬野地志云武威縣東北有休屠澤古
今以爲豬野今涼州姑臧縣也治水成功
自高而下故先言山次原隰次陂澤也
三危既宅三
苗丕敘三危即舜竄三苗之地或以爲燉煌未詳其地
三苗之竄在洪水未平之前及是三危已既可
居三苗於是大有功敘今按舜竄三苗以其惡之尤甚
者遷之而立其次者於舊都今既竄者已丕敘而居於
舊都者尚桀驁不服蓋三苗舊都山川險阻氣習使然
今湖南猺洞時猶竊發俘而詢之多爲猫姓豈其遺種
歟厥土惟黃壤黃者土之正色林氏曰物得其常性者
最貴雍州之土黃壤故其田非他州所
及厥田惟上上厥賦中下田第一等而賦第六等
者地狹而人功少也厥貢
惟球琳琅玕球琳美玉也琅玕石之似珠者爾雅曰西
北之美者有昆侖虛之球琳琅玕今南海

[그림 033] ≪서경집전(書經集傳)≫ 송나라 때 채침이 ≪서경≫을 해석한 책이다. ≪흠정사고전서(欽定四庫全書)≫ ≪서경≫ 제2편 <하서(夏書)> <우공(禹貢)> 중간에 삼위(三危)에 대한 상세한 기록과 설명이 나온다.

옹주(雍州)는 흑수(黑水)와 서하(西河) 사이에 있다. 약수(弱水)를 서방으로 끌어내고 경수(涇水)를 위수(渭水) 북방 물굽이로 끌어들였고, 칠수(漆水)와 저수(沮水)를 다스리고 풍수(灃水)도 같이 위수(渭水)로 끌어들였다. 형산(荆山)과 기산(岐山)을 다스리고 종남산(終南山)과 돈물산(惇物山)거쳐 조서산(鳥鼠山)까지 이르렀으며 들과 갯벌에서도 일을 열심히 하여 저야호(豬野湖)까지 미치었다. 삼위산(三危山) 지방에도 인간들이 거주할 수 있게 되니, 삼묘족들이 크게 다스려졌다.[80]

80) ≪합본 사서오경≫, 류정기. 태평양출판공사, 1983년, 625쪽. 갯펄을 갯벌로 수정하여 인용하였다.

≪서경≫에 대한 주석서(註釋書)에서 <우공(禹貢)>의 기록인 '삼위기택 삼묘비서(三危旣宅 三苗丕敍)'에 대한 주석(註釋)들을 살펴보고자 한다.

송나라 채침의 ≪서경집전(書經集傳)≫에서는[81] '삼위 즉순찬삼묘지지 혹 이위돈황 미상기지(三危 即舜竄三苗之地 或 以為燉煌 未詳其地), 삼위는 순임금 때 삼묘가 달아난 땅이다. 혹은 돈황(敦煌)이라고 하는데 자세한 위치는 모른다.'

≪상서공전참정(尙書孔傳參正)≫은 청나라 왕선겸(王先謙, 1842~1917)이 ≪서경≫을 해석한 책이다. '서예지산 이가거 삼묘지족(西裔之山 已可居 三苗之族), 서쪽 묘족의 산이다. 이미 삼묘의 족속이 기거하고 있었다.'라고 소개하고 있다.

≪상서주소(尙書注疏)≫은 ≪서경≫을 해석한 책이다. '삼위(三危)는 서예지산(西裔之山)이며 돈황군(敦煌郡) 즉 과주(瓜州)'[82]라고 소개하고 있다.

주석서(註釋書)에서 해석하고 있는 삼위산(三危山)의 위치는 매우

---

81) 三危即舜竄三苗之地或以為燉煌未詳其地三苗之竄在洪水未平之前及是三危已既可居三苗於是大有功敘今按舜竄三苗以其惡之尤甚者遷之而立其次者於舊都今既竄者已丕敘而居於舊都者尚桀驁不服盖三苗舊都山川險阻氣習使然今湖南猺洞時猶竊　俘而詢之多為猫姓豈其遺種歟 ≪서경≫ <우공> '삼위기택 삼묘비서(三危旣宅 三苗丕敍)'에 대한 ≪서경집전(書經集傳)≫의 주석자료.

82) 三危既宅三苗丕敘 [傳]西裔之山已可居三苗之族大有次敘美禹之功 [音義]丕普悲反 [疏]傳正義曰左傳稱舜去四凶投之四裔舜典云竄三苗於三危是三危爲西裔之山也其山必是西裔未知山之所在地理志杜林以爲敦煌郡即古瓜州也昭九年左傳云先王居檮杌于四裔故允姓之姦居于瓜州杜預云允姓之祖與三苗俱放於三危瓜州今敦煌也鄭玄引地 ≪상서주소(尙書注疏)≫

중요한 단서이다. '삼위(三危)는 서예지산(西裔之山)이다.'라는 설명은 삼위를 수식어로 설명하는 강단사학자들의 주장이 틀렸음을 실증해 주고 있다. 삼위산은 5,000년이 넘는 이전부터 불렀던 산 이름이며, 그 이름이 지금까지 그대로 불리고 있다.

또한 '돈황군(敦煌郡) 즉 과주(瓜州)'라는 설명은 정확한 위치를 설명하고 있다. 즉 감숙성 돈황군에 삼위산이 있다는 점이며, 그 이름을 삼위라 하였다는 것이다. 또한 과주(瓜州)에 속한다는 설명도 역사적 사실에 부합한 설명이다.

### 3) ≪서경≫ <우공(禹貢)> 삼위(三危) 두 번째 기록

欽定四庫全書 卷二

境之山也 導弱水至于合黎餘波入于流沙 此下滁川也弱水見雍州合黎
山名隋地志在張掖縣西北亦名羌谷流沙杜佑云在沙州西八十里其沙隨風流行故曰流沙水之疏導者
已附于逐州之下於此又派別而詳記之而水之經緯皆可見矣滁川之功自隨山始故導水次於導山也又
按山水皆原於西北故禹敘山敘水皆自西北而東南導山則先岍岐導水則先弱水也 導黑水至
于三危入于南海 黑水地志出犍爲郡南廣縣汾關山水經出張掖雞山南至燉煌過三危
山南流入于南海唐樊綽云西夷之水南流入于南海者凡四曰區江曰西珥河曰麗水曰瀰渃江皆入于南
海其曰麗水者即古之黑水也三危山臨峙其上按梁雍二州西邊皆以黑水爲界是黑水自雍之西北而直
出梁之西南也中國山勢岡脊大抵皆自西北而來積石西傾岷山岡脊以東之水既入于河漢岷江其岡脊

[그림 034] ≪흠정사고전서(欽定四庫全書)≫≪서경≫ <제2편 하서(夏書)> <우공(禹貢)> 2번째 삼위(三危) 기록.

**원문**

導黑水至于三危入于南海
도 흑 수 지 우 삼 위 입 우 남 해

**[해석]**

흑수를 인도하여 삼위산에 이르러 남쪽 바다에 들여보낸다.

≪서경≫에는 삼위(三危) 기록이 3번 나온다. 3번째로 소개하는 삼위(三危)에 대한 기록에 대한 ≪서경집전(書經集傳)≫에서는 삼위(三危)에 대한 설명에서 구체적으로 돈황의 남쪽 삼위산(三危山)이라고 설명하고 있다.[83)]

≪삼국유사≫의 삼위(三危)·태백(太白)이 명확하게 밝혀진다면, 우리 역사는 다시 써야 한다. 그 만큼 중요한 핵심단어인 것이다. 또한, 중국 서역에서 어떤 경로로 이동하게 되었는가도 명확하게 밝혀야만 한다.

---

83) 黑水地志出犍為郡南廣縣汾關山水經出張掖雞山南至燉煌過三危山南流入于南海唐樊綽云西夷之水南流入于南海者凡四曰區江曰西珥河曰麗水曰瀰渃江皆入于南海其曰麗水者即古之黑水也三危山臨峙其上按梁雍二州西邊皆以黑水為界是黑水自雍之西北而直出梁之西南也中國山勢岡脊大抵皆自西北而来積石西傾岷山岡脊以東之水既入于河漢岷江其岡脊以西之水即為黑水而入于南海地志水經樊氏之說雖未詳的實要是其地也程氏曰樊綽以麗水為黑水者恐其狹小不足為界其所稱西珥河者卻與漢志葉楡澤相貫廣處可二十里既足以界別二州其流又正趨南海又漢滇池即葉楡之地武帝初開滇巂時其地古有黑水舊祠夷人不知載籍必不能附會而綽及道元皆謂此澤以楡葉所積得名則其水之黑似楡葉積漬所成且其地乃在蜀之正西又東北距宕昌不遠宕昌即三苗種裔與三苗之敘于三危者又為相應其證驗莫此之明也. ≪서경집전≫ '導黑水至于三危入于南海'에 대한 ≪서경집전≫기록 참고.

## 2. ≪산해경≫ 〈서산경(西山經)〉의 삼위산 기록

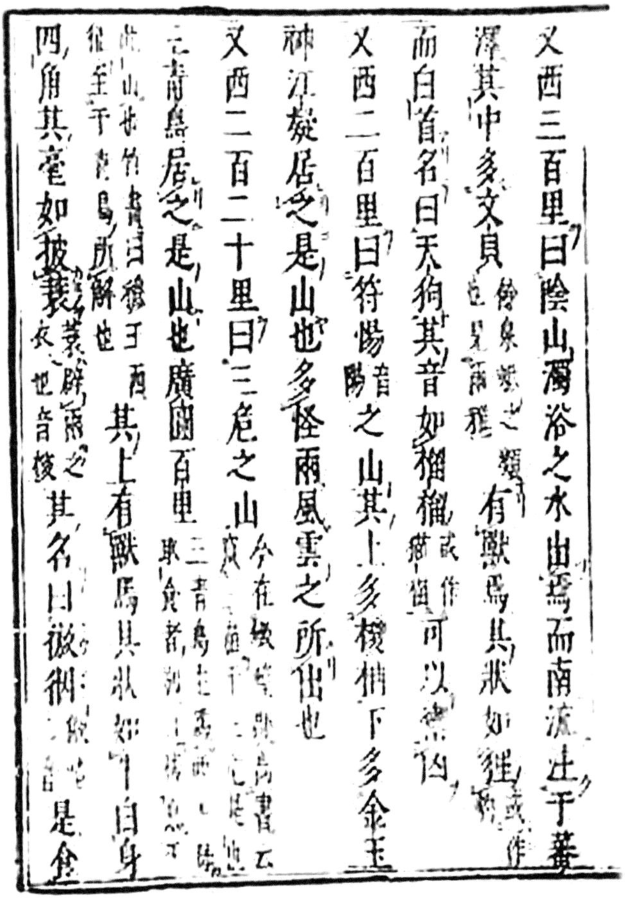

又西三百里曰陰山濁浴之水出焉而南流注于蕃澤其中多文貝(餘泉蚳之類亦見爾雅)有獸焉其狀如狸(或作貓)而白首名曰天狗其音如榴榴(或作[illegible])可以禦凶又西二百里曰符惕(音陽)之山其上多椶枏下多金玉神江疑居之是山也多怪雨風雲之所出也又西二百二十里曰三危之山(今在燉煌郡尚書云竄三苗于三危是也)三青鳥居之(三青鳥主為西王母取食者別自棲息於此山也)是山也廣員百里其上有獸焉其狀如牛白身四角其毫如披蓑(辟雨之衣也音梭)其名曰㯝猲(傲噎二音)是食

[그림 035] ≪산해경≫ <서산경>에 기록된 삼위산(三危山) 관련 기록. 미약서사(尾陽書肆) 문광당장(文光堂藏)에서 출판한 사료로 일본 와세다대학(조도전대학, 早稲田大學) 도서관 자료 복사본.

**원문**

又西二百二十里 曰三危之山 三青鳥居之
우 서 이 백 이 십 리 왈 삼 위 지 산 삼 청 조 거 지

是山也 廣員百里 其上有獸焉 其狀如牛
시 산 야 광 원 백 리 기 상 유 수 언 기 상 여 우

白身四角 其豪如披蓑
백 신 사 각 기 호 여 피 사

**[해석]**

다시 서쪽으로 220리(약 86㎞)를 가면 삼위산(三危山)이 있다. 세 마리의 파랑새가 살고 있는 곳이다. 이 산의 넓이는 100리(약 40㎞)이다. 그 산 위에 짐승이 살고 있는데 그 생김새가 소와 같고 흰 몸에 4개의 뿔이 있으며, 갈기털은 마치 도롱이를 씌워 놓은 것 같다.

위 삼위산(三危山)의 기록은 중국에서 가장 오래된 백과사전류인 ≪산해경≫이다. ≪산해경≫은 BC 4세기 전국시대 후의 저작으로, 한대(漢代, BC 202~AD 220) 초에는 이미 이 책이 있었던 듯하다. 원래는 23권이 있었으나 전한(前漢) 말기에 유흠(劉歆)이 교정(校定)한 18편만 오늘에 전하고 있다.

그 가운데 〈남산경(南山經)〉 이하의 〈오장산경(五藏山經)〉 5편이 가장 오래된 것이며, 한나라 초인 BC 2세기 이전에 되어 있었다고 생각된다. 그 다음으로 〈해외사경(海外四經)〉 네 편, 〈해내사경(海內四經)〉 네 편이 이어졌고, 한대(漢代)의 지명을 포함하였으며, 〈대

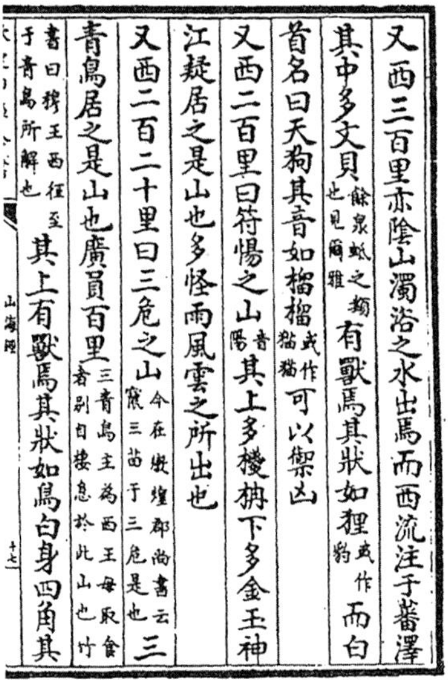

又西三百里赤陰山濁浴之水出焉而西流注于蕃澤
其中多文貝(餘泉蚳之類也見爾雅)有獸焉其狀如狸(或作豹)而白
首名曰天狗其音如榴榴(或作貓貓)可以禦凶
又西二百里曰符惕之山(音陽)其上多椶柟下多金玉神
江疑居之是山也多怪雨風雲之所出也
又西二百二十里曰三危之山(今在燉煌郡尚書云竄三苗于三危是也)三
青鳥居之是山也廣員百里(三青鳥主為西王母取食者別自棲息於此山也竹
書曰穆王西征至于青鳥所解也)其上有獸焉其狀如鳥白身四角其

山海經 十七

[그림 036] 진(晋)나라 곽박(郭璞)이 주(註)를 한 산해경의 삼위산의 각주(脚註).

황사경(大荒四經)〉 네 편, 〈해내경〉 한 편은 가장 새롭다. 삼위산(三危山)에 대한 곽박(郭璞)의 ≪산해경≫ 각주를 살펴보자.

'금재돈황군(今在敦煌郡) 상서운찬삼묘우삼위시야(尙書云竄三苗于三危是也)'로 되어 있다. 즉 곽박(276~324)이 살았던 진(晋)나라 시대에는 돈황군(敦煌郡)이라 불렀으며, 그곳에 삼위산(三危山)이 위치하고 있음을 설명하고 있다.

## 3. ≪사기≫의 삼위산(三危山) 기록

사마천(司馬遷, BC 145~91) ≪사기≫에는 본인이 살았던 한나라 무제(武帝) 시대로부터 2,000년 전인 황제 시대부터 기록하였다. 주나라가 무너지고 50개의 제후국 가운데 최후까지 살아남은 전국칠웅인 진(秦), 한(韓), 위(魏), 제(齊), 초(楚), 연(燕), 조(趙) 등의 흥망성쇠를 주도한 인물 중심의 역사서이다. 가장 치열한 생존경쟁이 서려 있으며, 명멸해 간 수많은 제왕과 제후 그리고 핵심 인물들에 대한 기록이 생생하게 담겨 있다.

**[표 010] ≪사기≫의 삼위(三危) 기록 현황**

| 사기(史記) | 삼위(三危) |
|---|---|
| 오제본기(五帝本紀) | 천삼묘어삼위(遷三苗於三危) |
| 하본기(夏本紀) | 삼위기도(三危旣度) |
| 하본기(夏本紀) | 지우삼위(至于三危) |
| 사마상여열전<br>(司馬相如列傳) | 직경치호삼위(直徑馳乎三危) |

## 1) ≪사기(史記)≫ <오제본기(五帝本紀)> 삼위(三危) 기록

帝。請流共工于幽陵。[集解]馬融曰幽陵北裔也[正義]尙
書及大戴禮皆作幽州括地志云
故龔城在檀州燕樂縣界故老傳云舜流共工幽州居
此城神異經云西北荒有人焉人面朱髮蛇身人手足
而食五穀禽獸
頑愚名曰共工
以變北狄。[集解]徐廣曰變一作變[索隱]
變謂變其形及衣服同於夷
狄也徐廣云作變變和也[正義]言四凶流四
裔各於四夷放共工等爲中國之風俗也
放驩兜於
崇山。[集解]馬融曰崇山南裔也[正義]神異經云南方荒
中有人焉人面鳥喙而有翼兩手足扶翼而行食
海中魚爲人俍惡不畏風雨
獸犯死乃休名曰讙兜也
以變南蠻。遷三苗於三危。
[集解]馬融曰三危西裔也[正義]括地志云三危山有峰
故曰三危俗亦名卑羽山在沙州敦煌縣東南三十里
神異經云西荒中有人焉面目手足皆人形而胳下有
翼不能飛爲人饕餮淫逸無理名曰苗民又山海經云
大荒北經黑水之北有
人有翼名曰苗民也
以變西戎。殛鯀於羽山。[集解]馬
融曰殛
誅也羽山東裔也[正義]殛音紀力反孔安國云殛竄放
流皆誅也括地志云羽山在沂州臨沂縣界神異經云

[그림 037] 사마천 ≪사기≫ <오제본기(五帝本紀)> <제요(帝堯)>의 삼위(三危) 기록. 북경사범대학 소장본으로 청나라 판본이다.

**원문**

遷三苗於三危 [集解]馬融曰三危西裔也. [正義]
천삼묘어삼위 집해 마융왈삼위서예야 정의

括地志云 三危山有峰 故曰三危, 俗亦名卑羽山,
괄지지운 삼위산유봉 고왈삼위 속역명비우산

在沙州 敦煌縣東南三十里 神異經云
재사주 돈황현동남삼십리 신이경운

西荒中有人焉, 面目手足皆人形
서 황 중 유 인 언 　면 목 수 족 개 인 형

而胳下有翼不能飛 爲人饕餮 淫逸無理
이 각 하 유 익 부 능 비 　위 인 도 철 　음 일 무 리

名曰苗民 又山海經云大荒北經
명 왈 묘 민 　우 산 해 경 운 대 황 북 경

黑水之北 有人有翼 名曰苗民也
흑 수 지 북 　유 인 유 익 　명 왈 묘 민 야

**[해석]**

삼묘(三苗)가 삼위산 지역으로 이주하게 되었다. ≪사기집해(史記集解)≫에서 마융(馬融)[84]이 말씀하시기를 삼묘(三苗)는 삼위산의 서방 묘족이다.[85] 당나라 때에 장수절(張守節)이 ≪사기≫의 주석서로 지은 ≪사기정의(史記正義)≫에서는 ≪괄지지(括地志)≫[86]에서 이르기를 삼위산(三危山)은 봉우리가 있는 산이다. 옛적에는 삼위(三危)라고 하였다. 세속에서는 다른 이름으로 비우산(卑羽山)이라 불렀다. 사주(沙州)[87], 즉 돈황현(敦煌縣)에서 동남쪽으로 30리에 삼위산이 있다.

≪신이경(神異經)≫에 이르기를 서황 지역에 사람이 살고 있는데 얼굴과 눈 그리고 손과 발이 모두 다 있는 사람의 형상이다. 그리고 겨드랑이에 날개가 있

---

84) 마융(馬融)은 중국 한나라 학자로 많은 고전에 주석(註釋)을 가(加)하여 훈고학(訓詁學)을 시작한 사람으로 알려진 인물이다. 그의 문하에는 정현(鄭玄), 노식(盧植) 등의 유명한 학자들이 있다.

85) 예(裔)는 '후손 예'로 읽는다. 후손을 의미하지만, 묘예(苗裔)를 의미하기로 한다. 즉 묘예족(苗裔族)을 말한다. 여기에서는 서쪽 지방의 묘족으로 해석할 수 있다.

86) ≪괄지지(括地志)≫ 550권은 당나라 시대 이태(李泰)가 지은 방대한 지리서(地理書)이다. ≪한서지리지(漢書地理志)≫와 ≪여지지(輿地志)≫의 특장점을 계승하면서 새로운 지리지의 체계를 완성하였다는 평을 받고 있다. 그러나 원전은 북송시대에 망실되었다. 다행인 것은 후대 문헌에 많이 인용되었다는 점이다. 특히 당나라 시대의 장수절은 ≪사기정의≫에서 많이 인용하였다. ≪사기정의≫도 망실된 사료로 집일된 사기 주석서에서 인용된 자료의 형태로 남아 있다.

87) 돈황(敦煌)은 과주(瓜州) 또는 당대(唐代)에는 사주(沙州)로도 불렸다.

는데 능히 날지는 못한다. 이름하여 도철이라 불렀다. 어지럽게 숨어버려 다스릴 수 없는 무리들이다. 이름하여 묘족(苗族)의 백성들이다. 또한 ≪산해경≫에 이르기를 대황북경의 흑수는 북쪽에 있으며 날개가 있는 사람이라고 하였다. 이름하여 묘족의 백성들이다.

위 기록에서 '삼위산유봉 고왈삼위(三危山有峰 故曰三危)'는 중요한 의미가 있다. '삼위산은 봉우리가 있는 산이다. 옛날에는 삼위라고 불렀다.'는 내용이다. ≪삼국유사≫의 '삼위태백'에서 태백은 바로 이어서 나오는 태백산이 나오기 때문에 다르게 해석하지 못하고 있다. 그러나 삼위는 형용사나 수식어 등으로 해석하여 상고사의 역사를 교묘하게 역사적 진실을 왜곡하고 있다. 그런데 위 기록을 보면 '옛적에는 삼위라고 불렀는데 이는 삼위산으로 봉우리가 있는 산이다.'라고 부연 설명까지 하고 있는 것이다. 즉 '삼위(三危)는 삼위산(三危山)이다.'라는 설명이다.

## 2) ≪사기≫ <하본기(夏本紀)>의 삼위(三危) 첫 번째 기록

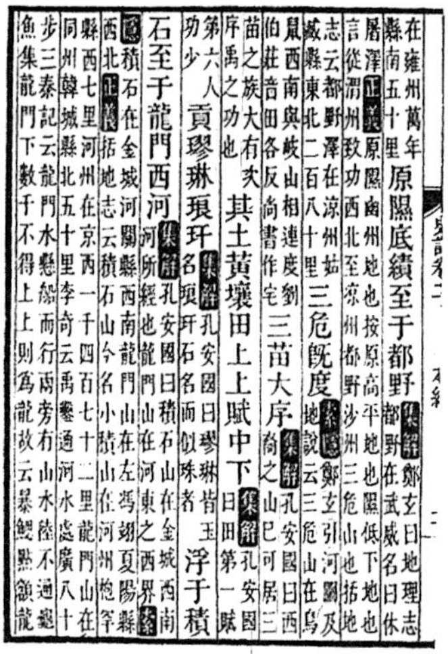

[그림 038] 사마천의 ≪사기≫를 해석한 사마정의 ≪사기색은≫ <권일(卷一)>에 삼위기도(三危旣度)에 대한 상세한 설명이 있다. 북경사범대학 소장본으로 청나라 판본이다.

**원문**

原隰厎績 至于都野 三危旣度 三苗大序
원 습 지 적 지 우 도 야 삼 위 기 도 삼 묘 대 서

[三危旣度 索隱] 三危山在鳥鼠西南
삼 위 기 도 색 은 삼 위 산 재 조 서 서 남

**[해석]**

고원지대와 습지대가 정리되자 도야(都野)까지 이르게 되었다. 삼위산(三危山) 지역이 정돈되니 삼묘족(三苗族)도 질서가 크게 잡혔다. [삼위기도(三危旣度) 색은(索

隱)] 삼위산(三危山)은 조서산(鳥鼠山)[88]의 서남쪽에 있다.

사마천의 후손 사마정이 지은 ≪사기색은≫ 〈권일〉에 삼위산(三危山) 위치에 대한 설명이 있다. 정현(鄭玄)의 지설(地說)를 인용하여 조서산(鳥鼠山)의 서남쪽에 있는 삼위산을 설명하고 있다. 그러나 실제로 위성지도로 살펴보면 조서산의 서남쪽이 아니라 서북쪽에 삼위산이 있다. 중국 문헌의 공통점들은 삼위(三危)를 삼위산(三危山)으로 정확하게 인식하고 있다는 점이다.

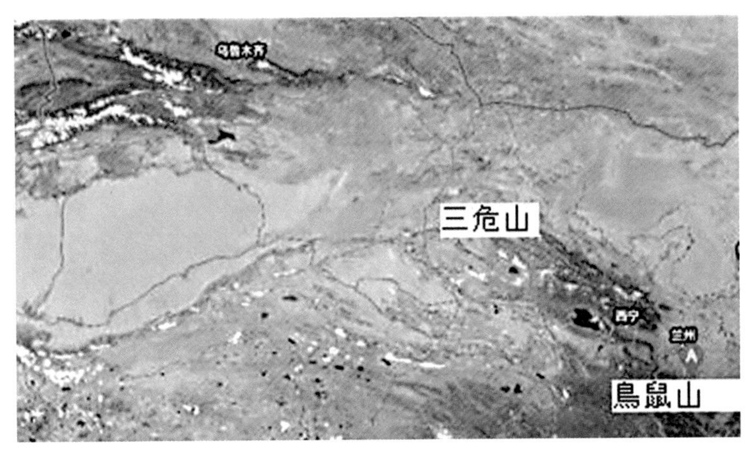


[그림 039] ≪사기색은(史記索隱)≫ <권일(卷一)>에 삼위산(三危山) 위치와 조서산(鳥鼠山)의 위치를 위성지도로 표시하였다. 서남쪽에 삼위산(三危山)이 있다고 기록하고 있으나 서북쪽 방향에 삼위산이 위치하고 있음을 확인 할수 있다. 지도 위에 작은 글씨로 되어 있는 지명은 우루무치(烏魯木齊)이다. 청해성 서녕시(西寧市)와 난주시(蘭州市)도 작은 글씨로 보인다.

88) 조서산(鳥鼠山)은 감숙성 위현(渭縣)에 있으며, 이 산에서 위하(渭河)가 발원하여 남동으로 흘러 섬서성(陝西省)에 들어와 봉상, 서안(西安), 조읍을 거쳐 동쪽으로 동관을 돌아 황하에 이른다.

### 3) ≪사기≫ <하본기>의 삼위(三危) 두 번째 기록

≪사기≫ <하본기>에도 '도흑수지우삼위(道黑水至于三危)' 기사가 있다. 즉 삼위산(三危山)을 설명하고 있는 내용이다. 이는 ≪서경≫ <우공>의 기록을 ≪사기≫에서 다시 인용한 것이다.

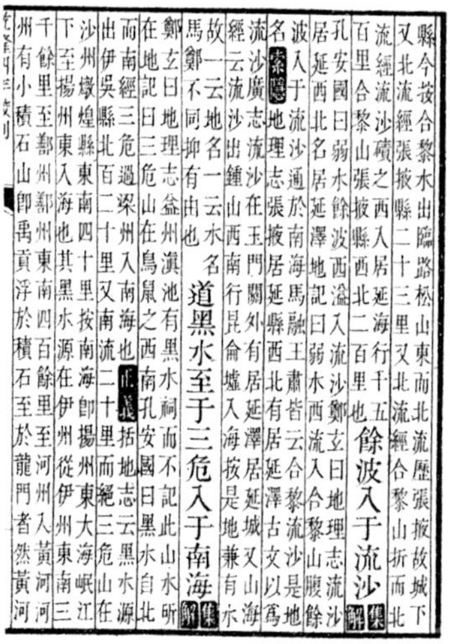
縣今按合黎水出臨路松山東而北流歷張掖故城下
又北流經張掖縣二十三里又北流經合黎山折而北
流經流沙磧之西入居延海行千五
百里合黎山張掖縣西北二百里也
餘波入于流沙 集解
孔安國曰弱水餘波西溢入流沙鄭玄曰地理志流沙
居延西北名居延澤地記曰弱水西流入合黎山腹餘
波入于流沙通於南海馬融王肅皆云合黎流沙是地
名 索隱 地理志張掖居延縣西北有居延澤古文以爲
流沙廣志流沙在玉門關外有居延澤居延城又山海
經云流沙出鍾山西南行昆侖墟入海按是地兼有水
故一云地名一云水名
馬鄭不同抑有由也
道黑水至于三危入于南海 集解
鄭玄曰地理志益州滇池有黑水祠而不記此山水所
在地記曰三危山在鳥鼠之西南孔安國曰黑水自北
而南經三危過梁州入南海也 正義 括地志云黑水源
出伊吳縣北百二十里又南流二十里而絕三危山在
沙州燉煌縣東南四十里按南海即揚州東大海岷江
下至揚州東入海也其黑水源在伊州從伊州東南三
千餘里至鄯州鄯州東南四百餘里至河州入黃河河
州有小積石山即禹貢浮於積石至於龍門者然黃河

[그림 040] 사마천이 쓴 ≪사기≫ <하본기>의 삼위(三危) 기록. 북경사범대학 소장본으로 청나라 판본이다.

**원문**

弱水至於合黎 餘波入于流沙
약 수 지 어 합 려 여 파 입 우 류 사

道黑水至于三危入于南海
도 흑 수 지 우 삼 위 입 우 남 해

[표 011] 수경주(水經注)와 방여(方輿)에 소개된 흑수

| 지명 | 府名 | 原典 | 省 | 위치 |
|---|---|---|---|---|
| 黑水 | 河水系 | 水經注 | | 出奢延縣黑澗 |
| 黑水 | 河水系 | 水經注 | | 出定陽縣西山二源 |
| 黑水 | 河水系 | 水經注 | | 西出丹山東 |
| 黑水 | 汾水系 | 水經注 | | 出黑山 |
| 黑水 | 澮水系 | 水經注 | | 導源東北黑水谷 |
| 黑水 | 洞過水系 | 水經注 | | |
| 黑水 | 渭水系 | 水經注 | | |
| 黑水 | 渭水系 | 水經注 | | 出 黑城 北西 |
| 黑水 | 渭水系 | 水經注 | | 上承三泉 |
| 黑水 | 淄水系 | 水經注 | | 時水一名 |
| 黑水 | 沔水系 | 水經注 | | |
| 黑水 | 若水系 | 水經注 | | |
| 黑水 | 江以南系 | 水經注 | | |
| 黑水 | 眞定府 | 方輿 | 河北 | 縣北十里 |
| 黑水 | 西安府 | 方輿 | 陝西 | 在縣西南 |
| 黑水 | 漢中府 | 方輿 | 陝西 | 縣西北百里 |
| 黑水 | 慶陽府 | 方輿 | 陝西 | 縣南百里 |
| 黑水 | •洮府 | 方輿 | 陝西 | 縣西 |
| 黑水 | •洮府 | 方輿 | 陝西 | 鎭西 |
| 黑水 | • 洮府 | 方輿 | 陝西 | 衛西北十五里 |
| 黑水 | 敍州府 | 方輿 | 四川 | 府東南十五里 |
| 黑水河 | 慶陽府 | 方輿 | 陝西 | 府西百二十里 |

**[해석]**

약수(弱水)는 합려(合黎)에 이르고, 그 갈래는 유사(流沙)로 흘러든다. 흑수(黑水)의 물길은 삼위(三危)에 이르고 남해로 흘러든다.

여기에서 흑수(黑水)는 북쪽으로 흐르는 물줄기를 명명한 것이다. 동쪽으로 흐르면 청수(淸水), 서쪽으로 흐르면 백수(白水), 남쪽으로 흐르면 홍수(紅水), 북쪽으로 흐르면 흑수(黑水)라 하였다. 북쪽으로 흐르는 물줄기가 많아서 중국에는 흑수(黑水)라 부르는 물줄기가 대단히 많다. 참고할 수 있도록 표로 소개하였다.

### 4) ≪사기≫ <사마상여열전(司馬相如列傳)> 삼위 기록

≪사기≫ 〈사마상여 열전〉에 '직경치호삼위(直徑馳乎三危)'기사로 삼위산(三危山)을 소개하고 있다.

**원문**

西望崑崙之軋 沕洸忽兮直徑馳乎三危
서 망 곤 륜 지 알 물 광 홀 혜 직 경 치 호 삼 위

排閶闔而入帝宮兮 載玉女而與之歸
배 창 합 이 입 제 궁 혜 재 옥 녀 이 여 지 귀

舒閬風而搖集兮 亢烏騰而一止
서 랑 풍 이 요 집 혜 항 오 등 이 일 지

**[해석]**

서쪽으로 곤륜산(昆侖山)의 모호한 형체를 바라보며, 곧바로 가서 삼위산(三危山)으로 달린다. 창합(閶闔)을 밀치고 천제의 궁궐로 들어가 옥녀(玉女)를 태우고 돌

아온다. 낭풍산(閬風山)을 올라 멀리 모이니, 마치 까마귀가 높이 날아오른 후 한 번 멈춰 쉬는 것과 같다.

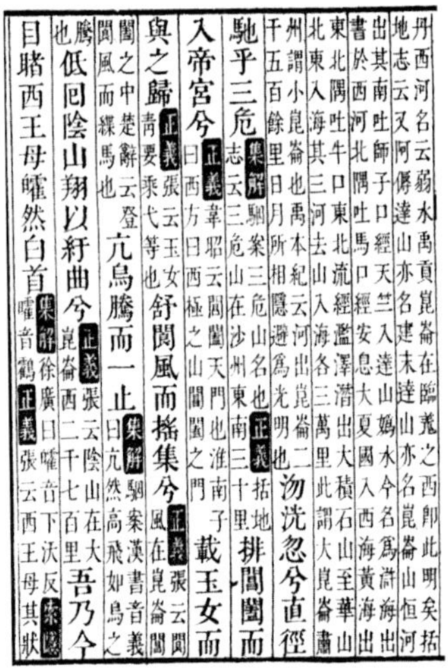
丹西河名云弱水禹貢崑崙在臨羌之西郎此明矣括
地志云又阿傉達山亦名建末達山亦名崑崙山恒河
出其南吐師子口經天竺入達山嬀水今名爲滸海出
書於西河北隅吐馬口經安息大夏國入西海黃海出
東北隅吐牛口東北流經鹽澤潛出大積石山至華山
北東入海其三河去山入海各三萬里此謂大崑崙畵
州謂小崑崙也禹本紀云河出崑崙二
千五百餘里日月所相隱避爲光明也沕洸忽兮直徑
馳乎三危 集解 駰案三危山名也 正義 括地志云三危山在沙州東南三十里排閶闔而
入帝宮兮 正義 韋昭云閶闔天門也淮南子曰西方曰西極之山閶闔之門載玉女而
與之歸 正義 張云玉女青要乘弋等也舒閬風而搖集兮 正義 張云閬風在崑崙
閶之中楚辭云登閬風而緤馬也亢烏騰而一止 集解 駰案漢書音義曰亢然高飛如烏之
騰也低徊陰山翔以紆曲兮 正義 張云陰山在大崑崙西二千七百里吾乃今
目睹西王母皬然白首 集解 徐廣曰皬音下沃反 索隱 皬音鶴 正義 張云西王母其狀

[그림 041] 사마천의 ≪사기≫ <사마상여열전(司馬相如列傳)> '직경치호삼위(直徑馳乎三危)' 기록이 있다. 북경사범대학 소장본으로 청나라 판본이다.

사마상여(司馬相如, BC 179~BC 117)의 재세 시는 지금으로부터 2,200여 년 전이다. 한나라 초기에도 삼위산은 기록으로 등장할 정도로 유명한 서방의 명산이다. 중국의 사서 여러 곳에 삼위산이 등장하는 것은 그만큼 잘 알려진 산이기 때문이다.

## 4. ≪흠정서역동문지≫의 삼위산 기록

≪흠정서역동문지≫는 졸저 ≪실증 환국사≫ Ⅰ, Ⅱ에서도 천산(天山) 연구에 언급하였던 역사시적이다. 이번에는 삼위산(三危山)을 실증하기 위하여 다시 한번 인용하고자 한다. ≪흠정서역동문지≫는 중국 청나라 건륭 28년(1763)에 편찬된 지리서이며 ≪사고전서(四庫全書)≫[89]에 포함된 지리서이다.

≪흠정서역동문지≫ <권지4(卷之四)> <천산남북로산명(天山南北路山名)>에 삼위산(三危山)의 위치와 삼위산에서 서쪽으로 350리(138㎞)에 천산(天山)이 위치하고 있으며, 이를 백산(白山)이라고도 한다는 사실을 ≪산해경≫과 ≪대명일통지(大明一統志)≫ 등의 고서를 인용해 기록하고 있다.

≪흠정서역동문지≫에는 비단길, 즉 실크로드(Silk Road)의 통로인 천산북로(天山北路)와 천산남로(天山南路)로, 지명(地名), 산명(山名), 수명(水名)을 기록하고 있으며, 천산북로, 준갈이부(准噶尔部), 인명(人名)을 기록하고 있으며, 천산남로의 회부(回部)의 인명을 기록한 자료가 잘 정리되어 있다. 천산남로는 다시 서역북로(西域北路)와 서역

---

89) 중국 청나라 건륭(乾隆) 연간에 칙명에 의해 만들어진 총서(叢書). 사고전서(四庫全書)라는 명칭은 경·사·자·집(經·史·子·集)의 4부(部)로 이루어져 있으며, 중국 고대로부터 당대(當代)까지의 모든 서적을 망라했다는 의미에서 붙여진 이름이다.

남로(西域南路)로 갈라진다.

欽定四庫全書薈要卷七千七百二十五 史部

欽定西域同文志卷四

天山南北路山名

天山正幹哈密巴爾庫勒所屬諸山

漢字 塔勒納沁鄂拉

納沁回語塔勒謂柳納沁鴉鶻也鄂拉蒙古語山也古天山東盡境山海經三危山西三百五十里曰天山漢書西域傳西域南北有大山通典始自張掖而西至于庭州山皆周遍一統志天山一名白山自哈密東北境綿亘而西接天山為西域大山自葱嶺分支今自喀什噶爾之北迤東經烏什阿克蘇庫車哈拉沙爾闢展之北東入哈密巴爾庫勒界至塔勒

漢字 雅爾瑪罕鄂拉

瑪罕回語草名長尺餘上結小穗山多此草故名

漢字 必柳鄂拉

蒙古語 必柳磨刀石也

[그림 042] ≪흠정서역동문지≫ <권지4(卷之四)> <천산남북로산명(天山南北路山名)>에 나와 있는 삼위산(三危山).

**원문**

古天山 東盡境(山海經) 三危山
고천산 동진경 산해경 삼위산

西三百五十里 曰 天山
서삼백오십리 왈 천산

漢書 西域傳 西域 南北有大山
한서 서역전 서역 남북유대산

通典 始自張掖 而西至于 庭州 山皆周遍
통전 시자장액 이서지우 정주 산개주편

一統志天山 一名白山 自哈密東北境綿亘而西
일통지천산 일명백산 자합밀동북경면긍이서

**[해석]**

옛날에 천산(天山)은 ≪동진경(산해경)≫[90]에 이르기를 삼위산(三危山) 서쪽 삼백오십 리에 천산(天山)이 있고, 한서(漢書) 서역전(西域傳)에 이르기를 서역의 남북으로 걸쳐 있는 큰 산이며, 또한 통전(通典)에서 말하기를 현 감숙성 장액(張掖)[91]에서 시작하여 서쪽으로 정주(庭州)[92] 모든 산은 천산(天山)의 위용이 골고루 미친다. 일통지(一統志)에 이르기를 천산(天山)은 일명 백산(白山)이라 하고 합밀 동북 끝에서 서쪽으로 길게 뻗쳐 있다.

---

90) ≪산해경≫ 중국 최고(最古)의 지리서(地理書)이다. BC 4세기 전국시대 후의 저작으로 원래는 23권이 있었으나, 전한(前漢) 말기에 유흠(劉歆)이 교정(校定)한 18편만 오늘에 전하고 있다.

91) 張掖(장액), 장예(Zhangye)는 중국 감숙성 하서주랑(河西走廊) 중부에 위치한다. 난주(蘭州)와의 거리는 510㎞이다. 한약 감초(甘草)의 특산지였으므로 감주(甘州)라고도 불렀다. 예로부터 실크로드와 서역을 드나드는 요충지로서 발전하였다. 마르코 폴로가 유럽에 소개한 '칸피추'는 이 지방을 가리킨다. 진(晋) 때에는 영평현(永平縣)이라고 불렀다. 한(漢) 때에는 장예현, 수(隋) 때에도 장예현(張掖縣)이 설치되었고, 당(唐) 후기에는 토번의 땅이었다. 원(元) 때에는 간저우로 개칭되었으나, 청(淸) 후기에 다시 장예현으로 바뀌어 감숙제독(甘肅提督)의 소재지였다.

92) 우루무치(Urumqi)는 천산산맥의 북쪽 기슭에 자리하고 있으며, 한자로는 오노목제(烏魯木齊)로 기록한다. 해발고도 915m의 고지에 있으며 우루무치 강변에 위치한 데서 연유한 지명이다. 신장위구르자치구의 수도이다. 일찍이 중가르부와 회족(回族)이 격렬한 싸움을 벌였던 곳이라고 전해지고 있다. 7세기 무렵 당나라 때 북정도호부(北庭都護府)를 설치하여 천산북로(天山北路)를 관할하면서 정주(庭州)라고 하였다. 그 후 오랫동안 몽골·투르크계(系) 등 여러 유목민족의 쟁탈지가 되었으나, 18세기 중엽 무렵 청나라의 건륭제(乾隆帝)가 중가르부를 평정하고 북쪽에 새로이 한성(漢城)을 축조하여 적화(迪化)라고 하였다.

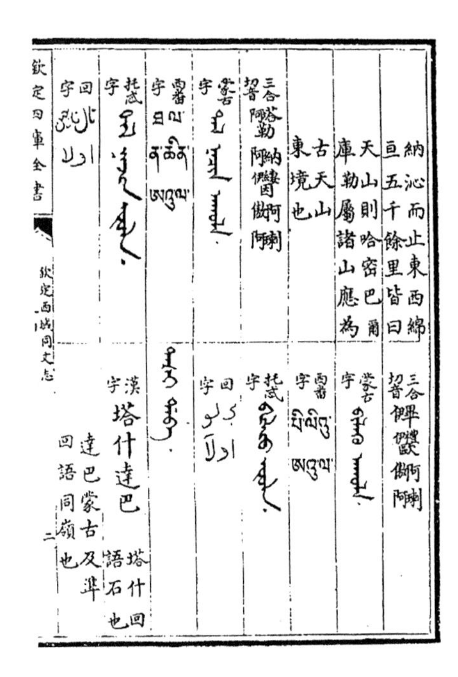
欽定四庫全書

納沁而止東西綿
亘五千餘里皆曰
天山則哈密巴爾
庫勒屬諸山應為
古天山
東境也

漢字 塔什達巴
塔什回語石也
達巴蒙古及準語嶺也
回語同

欽定西域同文志

[그림 043] ≪흠정서역동문지≫ <권지4(卷之四)> <천산남북로산명(天山南北路山名)>이 나와 있는 삼위산(三危山).

동(東)에서 서(西)쪽으로 나가는 방향으로 지리(地理)를 정리한 자료이다. 즉 삼위산에서 천산을 위치를 추정하였는데, 반대로 천산(天山)에서 동쪽으로 350리 정도 이동하면 삼위산(三危山)이 있음을 설명하고 있다.

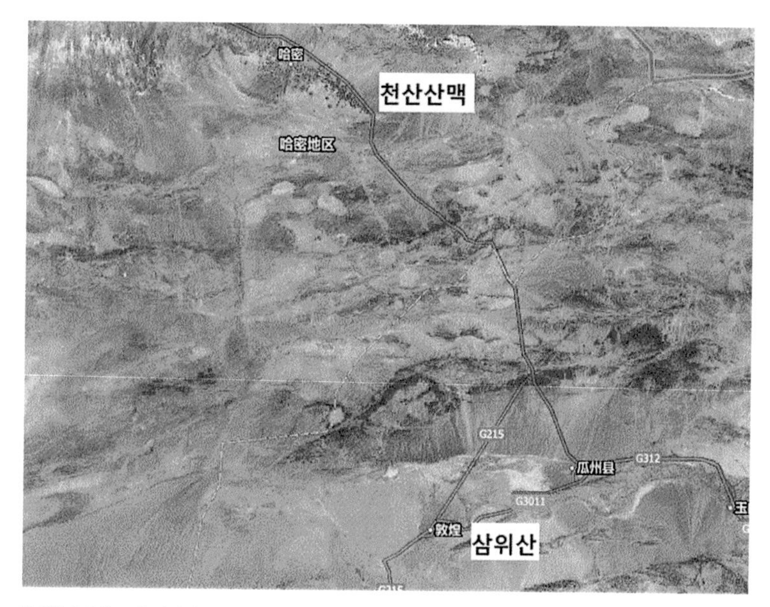


[그림 044] ≪흠정서역동문지≫ <권지4(卷之四)> <천산남북로산명(天山南北路山名)>이 나와 있는 삼위산(三危山)과 천산(天山)을 인공위성 지도로 본 위치도.

'합밀(哈密) 동북 끝에서 서쪽에서 길게 뻗쳐 있다.'는 설명은 인공위성지도에서 그대로 보여지고 있다. 합밀지구(哈密地區)는 신장위구르자치구 동부, 천산산맥의 동쪽 끝에 위치하고 있는 지급 행정구로 동부 및 동남부는 감숙성 돈황시(敦煌市)와 인접하고 있는 곳이다.

인공위성지도에도 삼위산에서 합밀지구로 가는 길이 보인다. 합밀지구 북쪽산맥은 천산산맥이며 지도에 흰색은 바로 산 정상에 만년설이 녹지 않고 있기 때문이다. 그래서 천산을 고대에는 백산(白山)이라 하였다는 기록이 의미가 있음을 보여주고 있다.

천산(天山)을 주요 터전으로 삼았던 우리 민족 최초의 국가인 환국(桓國)에서 돈황(敦煌)의 삼위산(三危山)과 서안(西安)의 태백산(太白山)을 둘러보고, 삼위산을 반고가한이 터전으로 삼았고, 환웅천왕께서는 더 남하(1,300㎞)하여 태백산을 터전으로 하여 배달국 신시를 건국하게 된다.

[그림 045] ≪흠정서역동문지≫ <권지4(卷之四)> <천산남북로산명(天山南北路山名)>이 나와 있는 삼위산(三危山)과 천산산맥의 위치 그리고 서안 태백산의 위치를 인공위성으로 살펴본 지도. 돈황과 서안은 거리상으로 약 1,300㎞ 정도이다.

≪흠정서역동문지≫의 삼위산에 대한 다른 해석을 하는 저자가 있어 소개하고 객관적인 비판을 하고자 한다. 손성태의 ≪우리민족의 대이동≫ 345쪽에 있는 인용 자료와 원인용 자료인 신문기사도 같이 살펴보고자 한다.

고 밝혔다 . 지금도 멕시코의 모든 산들은 태백(tepec)이라고 한다. 따라서 '삼위태백'은 '삼위산'이다. 박은용님(대구 가톨릭대)은 중국 청(淸)나라 건륭 28년(1763년)에 편찬된 지리서 「흠정서역동문지(欽定西域同文志)」에서 삼위산의 위치에 관한 기록을 발견하여, 삼위산은 바로 요동반도에 있는 천산산맥에 있다고 밝힌 바 있다(대구매일신문, 2002년3월21일).

단군신화에 나오는 평양(平壤)은 북한의 평양이 아니라 요동에 있던 평양이다. 조선 후기의 실학자인 박지원(1737~1805)은 「열하일기(熱河日記)」라는 여행 기록을 남겼는데, 그 책에 요동지역에 '평양'이라는 곳이 있다는 근거를 남겼다.

아래 왼쪽 지도는 고조선의 광역(큰 원) 및 초기 중심지(작은 원)이고, 오른쪽 지도는 국립중앙박물관에서 제시한 요동의 천산산맥의 위치도이다.

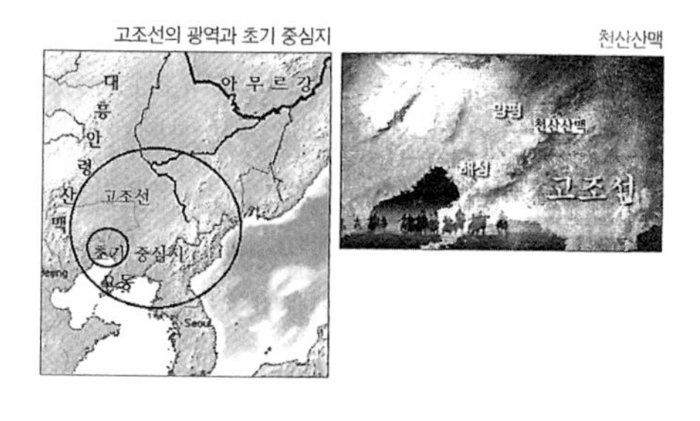


5. '태백산'에 대하여 우리나라 사학계도 여러 가지 주장이 있다. 태백산을 백두산이라고 하는 주장, 태산이라고 하는 주장, 북한 사학자들처럼 묘향산이라고 하는 주장, 그리고 특정 산이 아니라 보통명사라는 주장 등이 있다. 한국고대사학회장이었던 조인성님은 보통명사라는 견해를 가지고 있다. 멕시코에 남겨진 우리말 자료를 보면, 태백산은 보통명사가 분명하다.

**[그림 046]** 손성태의 ≪우리민족의 대이동≫에서 인용한 ≪흠정서역동문지≫를 잘못 설명한 자료.

손성태 저자의 책 인용을 먼저 설명하고, 기사원문을 살펴보고자 한다. 필자는 역사연구의 근본은 원본 제시를 통한 검증절차가 꼭 필요하다는 신념을 갖고 있다. 옮기는 과정에서 일어나는 실수와 번역의 실수 그리고 자의적인 해석을 줄일 수 있기 때문이다.

박은용 님(대구 가톨릭대)은 중국 청(淸)나라 건륭 28년(1763년)에 편찬된 지리서 ≪흠정서역동문지(欽定西域同文志)≫에서 삼위산의 위치에 관한 기록을 발견하여, 삼위산은 바로 요동반도에 있는 천산산맥에 있다고 밝힌 바 있다(≪대구매일신문≫, 2002년 3월 21일).[93)]

≪우리민족의 대이동≫에 나와 있는 손성태 저자의 주장을 먼저 살펴보면 '삼위산은 바로 요동반도에 있는 천산산맥에 있다고 밝힌 바 있다.'라고 설명하고 있다. 그러나 독자 여러분께 측주로 제시할 기사원문에는 그런 내용이 없다. 오히려 '우리 민족의 유래를 서역(西域)으로 확대시킨다고' 설명하고 있다. 즉 요동반도에 있는 천산산맥이라는 주장은 박은용 님의 주장이 아니라, 손성태 저자의 주장이다. 이 주장의 근거로 '국립중앙박물관'의 천산산맥 지도를 아래에서 제시하였다.

≪흠정서역동문지≫에서 설명하고 있는 산맥은 서역(西域)에 있는 천산산맥을 설명하고 있는 것이다. 그래서 국립중앙박물관 홈페이지에서 검색한 결과를 소개하고자 한다.

93) ≪우리민족의 대이동≫, 손성태, 코리, 2014년, 345쪽.

**용연동유적과 고조선, 삼한의 철기문화**

그럼에도 불구하고 우리 학계에서는 용연동유적의 철기를 연나라 철기라고 단정 짓지 않습니다. 용연동유적 철기가 연나라의 영향을 받았지만 유물의 면면을 살펴보면 연나라 철기에서 보이지 않는 특징이 숨어있기 때문입니다.

반달모양 쇠칼[半月形鐵刀]과 쇠새기개[鐵鉈]는 청동기시대의 도구인 반달모양돌칼[半月形石刀], 청동새기개[靑銅鉈]의 형태를 그대로 이어받은 유물로 평가되고 있습니다. 쇠도끼 역시 전형적인 연나라의 것과 달리 가장자리에 융기된 선이 돌아갑니다. 쇠낫에 구멍을 뚫어 자루에 고정하는 방식은 연나라 쇠낫에서 보이지 않는 점입니다.

반달모양 쇠칼, 쇠낫과 같은 수확구에서 보이는 특징은 기원전 3~2세기 고조선의 일부 영역(요하(遼河) 동쪽 천산(千山)산맥 일대)에서 지속적으로 보이고 있어, 연나라의 영향을 받은 독자적인 철기문화로 인식하기도 합니다. 더불어 쇠도끼에서 보이는 융기선의 특징은 기원전 1세기대 진·변한지역의 쇠도끼로 이어집니다.

용연동유적의 철기는 연나라 철기라는 큰 틀 속에 고조선과 삼한 철기의 특징이 내재되어있다는 점에 주목해야 합니다. 왜냐하면 연나라의 철기문화가 고조선과 삼한 등 여러 나라로 어떻게 퍼져가는지를 풀어낼 열쇠를 쥐고 있기 때문입니다.

[그림 047] 국립중앙박물관(http://www.museum.go.kr) 소장품 큐레이터 추천 소장품 '위원 용연동 유적 철기(김상민)' 설명. 2016년 12월 21일 캡처 자료.

> 반달모양 쇠칼, 쇠낫과 같은 수확구에서 보이는 특징은 기원전 3~2세기 고조선의 일부 영역(요하(遼河) 동쪽 천산(千山)산맥 일대)에서 지속적으로 보이고 있어, 연나라의 영향을 받은 독자적인 철기문화로 인식하기도 합니다. 더불어 쇠도끼에서 보이는 융기선의 특징은 기원전 1세기대 진·변한 지역의 쇠도끼로 이어집니다(국립중앙박물관 자료 7~9줄).

위 자료에서 소개하고 있는 산은 서역의 천산산맥(天山山脈, 텐샨, 하늘천 뫼산)이 아니라 일천 천(千)자인 사용하고 있는 천산산맥(千山山脈, 첸샨, 일천천 뫼산) 이다. 중국에서는 발음도 서로 다르다. 텐샨(天山)과 첸샨(千山)으로 서로 다른 산이다. 천산산맥(天山山脈)은 서역(西域)인

신장위구르자치구에 있으며, 천산산맥(千山산맥)[94]은 남만주 요양현(遼陽縣)에 있다.

결론적으로 손성태 저자는 천산(天山, 텐산)과 천산(千山, 첸샨)을 구별하지 못하여 해석에서 오류가 발생한 것이다. 역사연구에서 매우 중요한 연구가 지리연구이다. 민족의 이동 경로를 밝히는 데 매우 중요한 단서이기 때문이다. 만약에 원본을 정확하게 살펴보았다면 엉뚱한 해석은 나오지 않았을 것이다. 몇 가지 특징을 살펴보자.

첫째, ≪흠정서역동문지≫라는 책 제목만 살펴봐도 알 수 있는 것은 바로 서역(西域)이라는 점이다. 서역의 천산(天山) 등을 소개하고 있는 서적인데 어떻게 반대 지역에 있는 요동반도의 천산(千山)이라고 비정할 수 있을까? 치밀하지 못한 역사 연구결과라고 생각할 수밖에 없다.

둘째, ≪흠정서역동문지≫의 목차라도 살펴보았다면 바른 연구가 되었을 것이다. 참고로 목차를 소개하면 아래와 같다. 천산북로(天山北路), 준갈이부족(准噶尔部族), 천산남로(天山南路), 회부족(回部族), 청해속(青海屬), 서번(西番) 등이 핵심 지명과 부족 이름이다.

≪흠정서역동문지≫ 목차

卷一 天山北路地名(천산북로지명)

卷二 天山南路地名一(천산남로지명일)

---

94) 천산(千山)은 남만주(南滿洲) 요양현(遼陽縣) 남쪽 40㎞ 지점에 있는 산(山)이다.

卷三 天山南路地名二(천산남로지명이)

卷四 天山南北路山名(천산남북로산명)

卷五 天山北路水名(천산북로수명)

卷六 天山南路水名(천산남로수명)

卷七 天山北路准噶尔部人名一(천산북로준갈이부인명일)

卷八 天山北路准噶尔部人名二(천산북로준갈이부인명이)

卷九 天山北路准噶尔部人名三(천산북로준갈이부인명삼)

卷十 天山北路准噶尔部人名四(천산북로준갈이부인명사)

卷十一 天山南路回部人名一(천산남로회부인명일)

卷十二 天山南路回部人名二(천산남로회부인명이)

卷十三 天山南路回部人名三(천산남로회부인명삼)

卷十四 青海屬地名(청해속지명)

卷十五 青海屬山名(청해속산명)

卷十六 青海屬水名(청해속수명)

卷十七 青海屬人名(청해속인명)

卷十八 西番地名(서번지명)

卷十九 西番山名一(서번산명일)

卷二十 西番山名二(서번산명이)

卷二十一 西番水名一(서번수명일)

卷二十二 西番水名二(서번수명이)

卷二十三 西番人名一(서번인명일)

卷二十四 西番人名二(서번인명이)

2002년 3월 21일 ≪대구매일신문≫ 기사 내용[95]을 살펴보고자 한다. 박은용 님은 2006년 4월 8일 작고하셨다. 그러나 역사학계에 제기한 문제점인 "우리 학계가 민족의 기원신화에 나오는 '삼위'란 글자가 태백을 수식하는 관용어인지, 별도의 지명인지에 대한 학술적인 규명도 못하고 있다."는 지적은 뼈아픈 지적이다. 그 지적에 대한 답을 필자의 연구를 통하여 조금이나마 밝혀진다면 고인에 대한 예의가 아닐까 한다. 신문기사 중에서 오류가 있어 지적하고 싶다.

---

95) '단군신화 기원은 중국 天山' 조향래 기자, ≪대구매일신문≫, 2002년 3월 21일자 참조. 단군신화에 기록된 우리 민족의 기원은 중국의 천산(天山) 일대라는 문헌자료가 제시돼 학계의 비상한 관심을 모으고 있다. 이는 민족의 유래를 서역(西域)으로 확대시키면서 중국 신강위구르자치구에서 한반도에 이르는 민족의 동진을 뒷받침하고 있어 향후 우리 학계의 중요 연구과제를 제시하고 있다. 박은용(76) 전 효성여대 교수(인문대 국문과)는 중국 청(淸)나라 건륭 28년(1763년)에 편찬된 지리서 ≪흠정서역동문지(欽定西域同文志)≫에서 단군신화의 태백산 위치를 규명할 수 있는 '삼위(三危)'에 대한 기록을 발견했다며 20일 이를 처음 공개했다. 흠정서역동문지 4권(卷之四) ≪천산남북로산명(天山南北路山名)≫에 적힌 삼위에 대한 설명은 '古天山東盡境(山海經)三危山西三百五十里日天山… 一統志天山一名白山自哈密東北境綿亘而西…' 등으로, 삼위산(三危山)의 위치와 삼위산이 곧 천산(天山)이며 이를 백산(白山)이라고도 한다는 사실을 ≪산해경≫과 ≪대명일통지≫ 등의 고서를 인용해 기록하고 있다. ≪흠정서역동문지≫는 박 전 교수가 30년 전 일본 도쿄대 객원교수 시절 우여곡절 끝에 입수한 지리서로 한자와 만주어, 몽골어, 아라비아어, 타밀어, 티베트문자 등으로 된 희귀본이며 '삼위'에 대한 기록을 남긴 현존 유일의 고서이다. '삼위'에 대한 이같은 문헌학적 입증은 단군신화의 태백산 위치 설명을 위한 결정적인 학술자료를 제시할 전망이다. 삼국유사 고조선 조는 '환인이 아들의 뜻을 알고, 내려다 보니 삼위태백이 가히 널리 인간을 이롭게 할 만하다(下視三危太伯可以弘益人間)…'란 기록을 남기고 있으나 지금까지 '삼위태백(三危太伯)'이란 글귀에 대한 설득력 있는 설명을 하지 못했던 게 우리 학계의 실정이다. 따라서 민족의 기원을 밝힌 단군신화의 태백산을 두고 주로 백두산을 가리키는가 하면 강원도 태백산과 북한의 묘향산. 구월산 등지로 해석하는 등 명확한 근거자료나 학설을 제기하지 못한 상태이다. 박 전 교수는 "우리 학계가 민족의 기원신화에 나오는 '삼위'란 글자가 태백을 수식하는 관용어인지, 별도의 지명인지에 대한 학술적인 규명도 못하고 있다"며 "천산 일대의 위구르족 등과 우리 민족은 인종적. 언어풍속학적으로 유사점도 많아 역사·언어·문화인류학계의 연구가 뒤따라야 할 것"이라고 말했다.

흠정서역동문지 4권(卷之四) '천산남북로산명(天山南北路山名)'에 적힌 삼위에 대한 설명은 '古天山東盡境(山海經)三危山西三百五十里曰天山… 一統志天山一名白山自哈密東北境綿亘而西…' 등으로, 삼위산(三危山)의 위치와 삼위산이 곧 천산(天山)이며 이를 백산(白山)이라고도 한다는 사실을 '산해경'과 '대명일통지' 등의 고서를 인용해 기록하고 있다. (기사원문)

삼위산(三危山)이 곧 천산(天山)이라는 역주(譯註)는 오역이다. 삼위산으로부터 서쪽으로 350리를 가면 천산이 있다는 번역이 옳은 해석이다. 원문(原文)을 정확하게 번역하는 일은 더욱 중요한 일이다. 삼위산은 감숙성 돈황현에 있는 산이다. 천산은 신장위구르자치구에 있는 대산맥이다. 이는 위 설명처럼 350리 정도의 거리에 있다는 설명이 옳은 번역이다.

# 5. ≪회남자≫의 삼위(三危) 기록

한(漢)나라 초기에 회남왕(淮南王) 유안(劉安 BC 179~BC 122)이 편찬한 ≪회남자≫에 삼위(三危) 관련 기록이 있다. 총 6곳에서 찾아볼 수 있다.

[표 012] ≪회남자≫의 삼위(三危) 기록 현황

| 회남자 | 삼위 기록 |
|---|---|
| 숙진훈<br>(俶真訓) | 유묘여삼위통위일가<br>(有苗與三危通為一家) |
| 지형훈<br>(墬形訓) | 삼위재악민서<br>(三危在樂民西) |
| 시칙훈<br>(時則訓) | 서지삼위지국<br>(西至三危之國) |
| 주술훈<br>(主術訓) | 서지삼위<br>(西至三危) |
| 인간훈<br>(人間訓) | 신무대공이수후록 삼위야<br>(身無大功而受厚祿 三危也) |
| 수무훈<br>(脩務訓) | 찬삼묘우삼위<br>(竄三苗于三危) |

### 1) ≪회남자≫ <숙진훈(俶真訓)> 삼위(三危) 기록

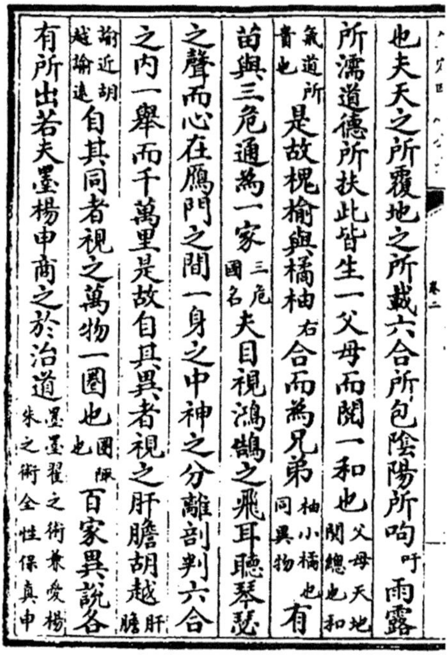

也夫天之所覆地之所載六合所包陰陽所呴 吁 雨露
所濡道德所扶此皆生一父母而閲一和也 父母天地閲總也和
氣道所貴也 是故槐榆與橘柚 右 合而爲兄弟 柚小橘也同異物 有
苗與三危通爲一家 三危國名 夫目視鴻鵠之飛耳聽琴瑟
之聲而心在鴈門之間一身之中神之分離剖判六合
之內一舉而千萬里是故自其異者視之肝膽胡越 肝膽
謂近胡越逾遠 自其同者視之萬物一圈也 圈阪也 百家異說各
有所出若夫墨楊申商之於治道 墨墨翟之術兼愛楊朱之術全性保真申

[그림 048] ≪회남자≫ <숙진훈(俶真訓)>의 삼위(三危) 자료. 위 서적은 주석서인 ≪회남홍렬해(淮南鴻烈解)≫ 원본 자료이다.

≪회남자≫에 대한 주요 주석서로는 한나라 고유(高誘)의 ≪회남홍렬해(淮南鴻烈解)≫, 청나라 유태공(劉台拱)의 ≪회남교보(淮南校補)≫ 등이 있다. 위 원본은 ≪회남홍렬해(淮南鴻烈解)≫ 자료이다. ≪회남자≫ 〈숙진훈(俶真訓)〉에 삼위(三危) 기록을 살펴보고자 한다.

**원문**

有苗與三危通爲一家
유 묘 여 삼 위 통 위 일 가

**[해석]**

묘족(苗族)은 삼위(三危)을 통(通)하여 일가(一家)를 이루었다.

≪회남홍렬해(淮南鴻烈解)≫에서는 고유(高誘)의 주석이 있다. '삼위국명(三危國名)' 즉 '삼위는 나라 이름이다.'라는 주석이다. 즉 그 지역에서 나라를 열었다는 해석이다. 묘족은 환인(桓因)의 나라인 환국(桓國)으로부터 반고가한과 더불어 분국할 때 유묘족(有苗族)이란 부족 이름으로 기록이 남아 있다.

그 이후에 묘족(苗族)이라 불렸으며 서경에 나와 있는 것처럼 요임금과 분쟁으로 인하여 세 방향으로 흩어지게 되어 삼묘족(三苗族)이라 부르게 되었다. 그 후손들이 아직도 중국에서 5번째 많은 인구를 가진 소수민족으로 살고 있다. 귀주성(貴州省), 호남성(湖南省), 운남성(雲南省) 지역에서 살아가고 있다. 묘족은 우리 구환족(九桓族)이다. 즉 우리와 같은 민족이다.

## 2) ≪회남자≫ <지형훈(墬形訓)> 삼위(三危) 기록

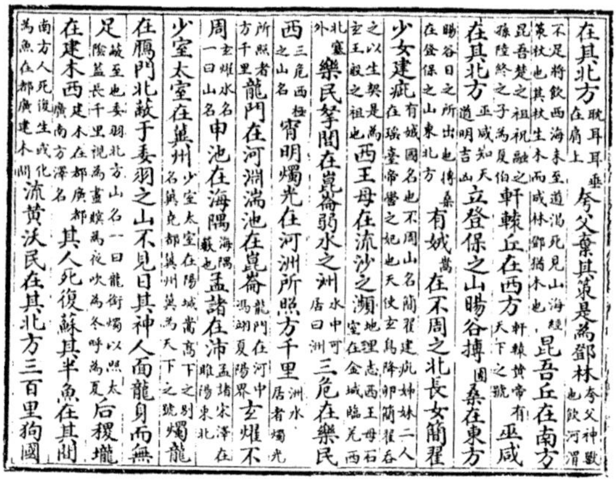

[그림 049] ≪회남자≫ <지형훈(墬形訓)>의 삼위(三危) 자료. 위 서적은 주석서인 ≪회남홍렬해(淮南鴻烈解)≫ 원본 자료이다.

**원문**

三危在樂民西
삼 위 재 락 민 서

**[해석]**

삼위(三危)는 서역(西域)의 즐거운(樂) 백성(民)들이 있는 곳에 위치한다.

≪회남자≫ 〈지형훈(墬形訓)〉에 이르기를 '삼위재악민서(三危在樂民西), 삼위(三危)는 서역(西域)의 즐거운(樂) 백성(民)들이 있는 곳에 위치한다.'라고 기록하고 있다. 이는 삼위산 묘족들의 사는 모습을 소

개하고 있다. 평화롭게 살고 있는 기록이다. 유목민들은 지금도 음악과 춤을 좋아하고 자연에 순응하며 즐겁게 살아가고 있다.

≪회남홍렬해(淮南鴻烈解)≫에서는 고유(高誘)의 주석이 있다. '삼위서극지산명(三危西極之山名)' 즉 '삼위는 서쪽 끝에 있는 산 이름이다.'라고 설명하고 있다. 즉 서방의 끝부분에 있는 산명이라는 해석이다.

이는 한(漢)나라 시대에도 중국 전역에 삼위(三危)에 대한 정보가 알려져 있다는 사실을 증명해 주고 있는 것이다.

### 3) ≪회남자≫ <시칙훈(時則訓)> 삼위(三危) 기록

私正靜以和行稃鬻養老衰弔死問疾以送萬物之歸
(土四方之主故曰萬物之所歸也) 西方之極自崑崙絕流沙沈羽西至
三危之國 (流沙蓋在崑崙之西南) 石城金室飲氣之民不死之野
少皞蓐收之所司者萬二千里 (少皞黃帝之子青陽也名摯以金德王天下號
為金天氏死為西方金德之帝蓐收金天氏之裔子曰修禮死為金神) 其令曰審用法誅
必辜備盜賊禁姦邪飾羣牧謹著聚修城郭補決竇塞
蹊徑遏溝瀆止流水雝谿谷守門閭陳兵甲選百官誅
不法 (應金斷也) 北方之極自九澤窮夏晦之極北至令正之

[그림 050] ≪회남자≫ <시칙훈(時則訓)>의 삼위(三危) 자료. 위 서적은 주석서인 ≪회남홍렬해(淮南鴻烈解)≫ 원본 자료이다.

**원문**

西方之極自昆侖 絶流沙沈羽 西至三危之國
서 방 지 극 자 곤 륜 절 류 사 침 우 서 지 삼 위 지 국

石城金室 飮氣之民 不死之野
석 성 김 실 음 기 지 민 부 사 지 야

少皞蓐收之所司者 萬二千里
소 호 욕 수 지 소 사 자 만 이 천 리

**[해석]**

서방(西方)의 끝(極)은 곤륜산(崑崙山)에서 시작한다. 모래가 흐르고(流沙), 새의 깃털까지 잠기는(沈羽) 일이 멈춰지는 곳에 이르러 서방(西方) 삼위국(三危國)에 다다르게 된다. 돌로 된 성(石城)과 금으로 지은 궁궐(金室)과 기를 마시고 사는 백성들이 있다. 불사의 초원(野)이 있으며, 소호(少皞)[96]와 욕수(蓐收)[97]가 주관하는 곳이며 1만 2천 리 떨어져 있다.'

≪회남자≫ 〈시칙훈(時則訓)〉에 삼위를 상세하게 소개하고 있다. 이는 구체적으로 삼위의 지역을 설명하고 있다. 곤륜산 북쪽은 천산이며 천산의 동쪽이 시작하는 곳에 삼위산이 위치하고 있다.

---

96) 소호(少昊), 소호금천씨(少昊金天氏)라고 부른다. 동이족이며 새(鳥)를 토템으로 삼았다. 춘추시대에는 담국(郯國)이 그 후손들이다.

97) 가을을 맡은 신(神)의 이름. 예기(禮記) 월령(月令)에 '孟秋三月 其神蓐收'라는 기록이 있다.

## 4) ≪회남자≫ <주술훈(主術訓)> 삼위(三危) 기록

之養民以公 遷延猶偃佯也 其民樸重端慤不忿爭而財足不
勞形而功成因天地之資而與之和同是故威厲而不
殺刑錯而不用法省而不煩故其化如神其地南至交
阯北至幽都 幽冥之都 東至暘谷 暘谷日所出也 西至三危 三危西極之山
莫不聽從當此之時法寬刑緩囹圄空虛而天下一俗
莫懷姦心末世之政則不然上好取而無量下貪狼而
無讓民貧苦而忿爭事力勞而無功智詐萌興盜賊滋
彰上下相怨號令不行執政有司不務反道矯拂其本

[그림 051] ≪회남자≫ <주술훈(主術訓)>의 삼위(三危) 자료. 위 서적은 주석서인 ≪회남홍렬해(淮南鴻烈解)≫ 원본 자료이다.

**원문**

其地南至交阯 北至幽都 東至暘穀 西至三危
기 지 남 지 교 지 북 지 유 도 동 지 양 곡 서 지 삼 위

**[해석]**

그 땅의 남쪽은 교지(交阯)에 이르고, 북쪽으로는 유도(幽都)에 이르고, 동쪽으로는 양곡(暘穀)에 이르고, 서쪽으로는 삼위(三危)에 이른다.

≪회남자≫ 〈주술훈(主術訓)〉에는 삼위(三危)의 위치를 설명하고 있다. 남쪽 교지(交阯)는 현재 광동성(廣東省) 지역이다. 북쪽 유도(幽

都)는 하북성(河北省) 일대이다. 동쪽으로는 양곡(暘穀), 서쪽으로는 감숙성 돈황현 삼위산(三危山) 지역을 이름하여 동, 서, 남, 북의 위치를 설명하였다.

삼위(三危)에 대해서 '삼위서극지산(三危西極之山)'이라 하여 '삼위는 서쪽 끝에 있는 산이다.'라고 설명하고 있다. 즉 서방의 끝부분에 있는 산(山)이라는 해석이다. 이렇게 중국 사서에서는 '삼위는 산(山)이다.'라고 설명하고 있다. 그러나 우리나라 역사학자들은 산이 아니다. 형용사, 수식어라고 엉뚱한 이야기만 하고 있다.

### 5) ≪회남자≫ <인간훈(人間訓)> 삼위(三危) 기록

**원문**

天下有三危 少德而多寵 一危也
천 하 유 삼 위 소 덕 이 다 총 일 위 야

才下而位高 二危也
재 하 이 위 고 이 위 야

身無大功而受厚祿 三危也
신 무 대 공 이 수 후 록 삼 위 야

故不可不慎也天下有三危少德而多寵一危也才下
而位高二危也身無大功而有厚祿三危也故物或損
之而益或益之而損何以知其然也昔者楚莊王既勝
晉於河雍之間(莊王敗晉荀林父之師於邲邲河雍地也)歸而封孫叔敖辭
而不受病疽將死謂其子曰吾則死矣王必封女女必
讓肥饒之地而受沙石之間有寢丘者其地确(学)石而
名醜(寢丘今汝南固始地前有垢谷後有莊丘名醜)荊人鬼(好鬼也)越人禨(禨祥也)
人莫之利也孫叔敖死王果封其子以肥饒之地其子

[그림 052] ≪회남자≫ <인간훈(人間訓)>은 지명(地名)이 아니라 인간의 처세에 관한 세 가지 위태로움을 소개하고 있다. 위 서적은 주석서인 ≪회남홍렬해(淮南鴻烈解)≫ 원본 자료이다.

**[해석]**

천하에는 세 가지 위태로움이 있다. 덕은 적은데 총애를 많이 받는 것이 첫 번째 위태로움이요. 재주가 적고 지위는 높은 것이 두 번째 위태로움이며, 사람이 큰 공이 없이 녹을 후하게 받는 것이 세 번째 위태로움이다.

≪회남자≫ 〈인간훈(人間訓)〉에는 지명이 아닌 사람의 위태로움(危)에 관한 설명이 있다. 즉 사람의 세(三) 가지 위태로움이다. 삼위산(三危山)의 위(危)[98]자도 위태롭다는 뜻이다. 즉 세(三) 개의 봉우리

98) 위(危)자 의미: ① 위태하다(危殆), 위태롭다(危殆) ② (마음을 놓을 수 없이) 불안하다(不安) ③ 두려워하다, 불안해하다(不安) ④ 위태(危殆)롭게 하다, 해치다(害) ⑤ 높다, 아슬아슬하게 높다 ⑥ 엄하다(嚴: 매우 철저하고 바르다), 엄정하다(嚴正: 엄격하고 바르다), 엄(嚴)하게 하다 ⑦ 발돋움하다 ⑧ 병이 무겁다, 위독하다(危篤) ⑨ 바르다, 똑바르다 ⑩ 빠르다 ⑪ 마룻대(용마루 밑에 서까래가 걸리게 된 도리), 용마루(龍: 지붕 가운데 부분에 있는 가장 높은 수평 마루) ⑫ 별의 이름 ⑬ 거의

가 위태로울(危) 정도로 험하기 때문에 붙여진 산(山) 이름이다. 같은 의미이다. 위태롭다는 의미이다.

### 6) ≪회남자≫ <수무훈(修務訓)> 삼위(三危) 기록

**원문**

放驩兜於崇山 竄三苗于三危
방 환 두 어 숭 산 찬 삼 묘 우 삼 위

流共工於幽州 殛鯀於羽山
류 공 공 어 유 주 극 곤 어 우 산

**[해석]**

환두를 숭산으로 쫓아내고, 삼묘를 삼위에 몰아내고, 공공을 유주에 유배하고, 곤을 우산에 축출하였다.

於是神農乃始教民播種五穀相土地宜燥濕肥墝高
下嘗百草之滋味水泉之甘苦令民知所避就當此之
時一日而遇七十毒堯立孝慈仁愛使民如子弟西教
沃民東至黑齒北撫幽都南道交趾 沃民西方之國黑齒東方之國陰氣
所聚故曰幽都今鴈門以北是交趾南方之國四者
遠裔不覩聖人之化故親往行教導撫之以仁義也 放
讙兜於崇山竄三苗於三危 放棄也讙兜堯佞臣也崇山南極之山三苗蓋謂帝鴻氏
之裔子渾敦少昊氏之裔子窮奇顓頊氏之裔子檮杌
三族之苗裔故謂之三苗三危西極之山名一曰放三
苗國民於三危也 流共工於幽州殛鯀於羽山 羽山東極之山 舜作室

[그림 053] ≪회남자≫ <수무훈(修務訓)>의 삼위(三危) 자료. 위 서적은 주석서인 ≪회남홍렬해(淮南鴻烈解)≫ 원본 자료이다.

≪회남자≫ 〈수무훈(脩務訓)〉에 이르기를 '찬삼묘우삼위(竄三苗于三危), '삼묘를 삼위에 몰아내고,'라는 내용이 있다. 이 내용은 ≪서경≫을 인용한 것이다.

≪회남홍렬해(淮南鴻烈解)≫에는 삼위(三危)에 대한 주(注)가 있다. '삼위서극지산 일왈방삼묘국민어삼위야(三危西極之山 一曰放三苗國民於三危也)' 즉 삼위산(三危山)은 서쪽 지방의 끝에 있다. 이름하여 '쫓겨난 삼묘국의 백성들이 삼위에 이르렀다.'는 내용이다.

지금으로부터 약 2,100여 년 전에 저술된 책에서 삼위산에 대해서 5곳에서 소개하고 있다. 삼위산(三危山)에 대해서 이미 충분히 알려져 있는 상황이다. 단군건국은 기원전 2333년이다. 삼위태백은 단군조선 건국과는 관련이 없다.

환웅께서 건국하신 배달국은 기원전 3897년이다. 즉 환웅 때에 삼위산에는 반고가한이 자리를 잡았으며, 환웅은 태백산에 자리를 잡았다. 그래서 삼위태백이다. 2017년 기준으로 5,904년 전부터 삼위와 태백이 언급되었던 것이다. 즉 배달국과 삼묘국 건국과 관련된 사건이 바로 삼위태백이다.

## 6. ≪여씨춘추≫의 삼위(三危) 기록

≪여씨춘추≫는 진(秦)나라의 재상 여불위(呂不韋, 미상~BC 235)가 여러 학설과 사실, 실화를 모아 편찬한 책으로 26권이 집필되었다. 여기에 ≪삼국유사≫에서 나오는 삼위태백 중 삼위(三危)에 대한 기록이 나온다. 여기서 살펴보고자 한다.

[표 013] ≪여씨춘추≫의 삼위(三危) 기록 현황

| 여씨춘추 | 삼위(三危) |
|---|---|
| 효행람 (孝行覽) | 삼위지로 (三危之露) |
| 이속람 (離俗覽) | 서지삼위 (西至三危) |
| 신행론 (愼行論) | 서지삼위지국 (西至三危之國) |

≪여씨춘추≫는 진(秦)나라 시대에 집필된 사료로 2,300여 년 전의 서적이다. 이 시대에도 이미 삼위산(三危山)은 잘 알려져 있었으며, 그 지역에 나라까지 있었다는 것을 기록하고 있다.

## 1) ≪여씨춘추≫ <효행람(孝行覽)>의 삼위 기록

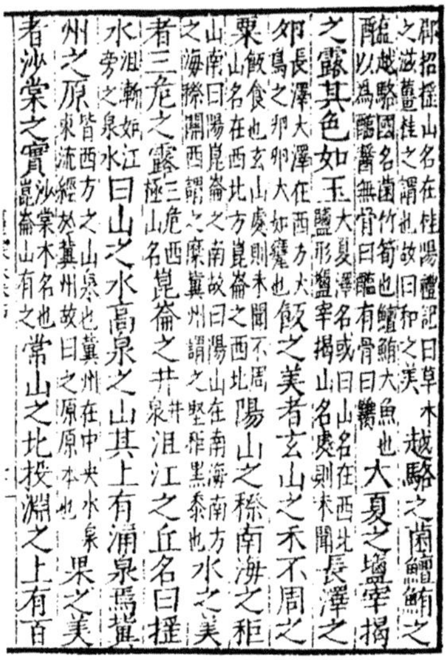

郡招搖山名在桂陽禮記曰草木之滋薑桂之謂也故曰和之美越駱之菌鱣鮪之
醢越駱國名菌竹筍也鱣鮪大魚也以爲醢醬無骨曰醢有骨曰臡大夏之鹽宰揭
之露其色如玉大夏澤名或曰山名在西北鹽形盤宰揭山名處則未聞長澤之
卵長澤大澤在西方大鳥之卵卵大如甕也飯之美者玄山之禾不周之
粟飯食也玄山處則未聞不周山名在西北方崑崙之西北陽山之穄南海之秬
山南曰陽崑崙之南故曰陽山在南海南方之海穄關西謂之糜冀州謂之堅乘黑黍也水之美
者三危之露三危西極山名崑崙之井井泉沮江之丘名曰搖
水沮漸洳江旁之泉水曰山之水高泉之山其上有涌泉焉冀
州之原皆西方之山泉也冀州在中央水泉東流經於冀州故曰之原原本也果之美
者沙棠之實沙棠木名也崑崙山有之常山之北投淵之上有百

[그림 054] ≪여씨춘추≫ <효행람(孝行覽)> <본미(本味)>의 삼위(三危) 자료.

**원문**

水之美者 三危之露 崑崙之井 沮江之丘
수 지 미 자 삼 위 지 로 곤 륜 지 정 저 강 지 구

名曰搖水 曰山之水 高泉之山
명 왈 요 수 왈 산 지 수 고 천 지 산

其上有涌泉焉 冀州之原
기 상 유 용 천 언 기 주 지 원

**[해석]**

물중에서 아름다운 것은 삼위산의 이슬과 곤륜산의 우물물, 저강(沮江)[99]의 언덕에 있는, 이름하여 말하기를 '산골에 고인 빗물인 요수(搖水)', 이름하여 산(山)의 물이다. 고천산(高泉山)[100] 위에 솟아오르는 샘이 있는데 기주(冀州)[101]의 수원지이다.'

≪여씨춘추≫ 〈효행람(孝行覽)〉 〈본미(本味)〉에는 곤륜산과 삼위산을 소개하고 있다. 곤륜산의 북쪽에 천산(백산 또는 파내류산)이 있다. 천산에서 동남쪽으로 조금 내려가면 감숙성 돈황현이 나오고 돈황(敦煌)에 삼위산(三危山)이 있다.

---

99) 한(漢)나라 시대에 서역(西域)에 있었던 나라 이름.

100) 고천산(高泉山)은 지리지인 ≪방여(方輿)≫에 이르기를 섬서성(陝西省) 건주(乾州) 서안부(西安府)에 위치하는 산으로 소개하고 있다.

101) 기주(冀州)는 우공(禹貢) 9주의 하나로 지금의 산서성(山西省) 지역이다. 그 이후에 한(漢)나라 12주 자사부(刺史部)의 하나로 지금의 하북성(河北省)의 남부 지역이다. 위(魏)나라 이래로 하남성(河南省) 하북도(河北道) 남동부에 있는 도시로 현재의 기현(冀縣)을 말한다.

## 2) ≪여씨춘추≫ <이속람(離俗覽)> 삼위 기록

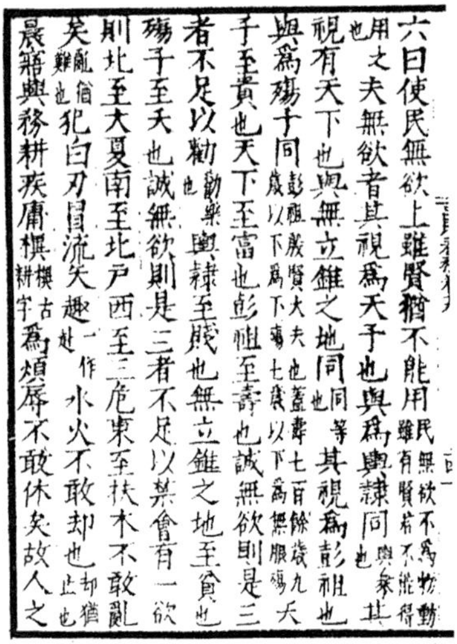

六曰使民無欲上雖賢猶不能用民無欲不爲物動雖有賢者不能得
用之夫無欲者其視爲天子也與爲輿隸同也輿衆也其
視有天下也與無立錐之地同同等也其視爲彭祖也
與爲殤子同彭祖殷賢大夫也蓋壽七百餘歲九歲以下爲下殤七歲以下爲無服殤天
子至貴也天下至富也彭祖至壽也誠無欲則是三
者不足以勸勸樂也輿隸至賤也無立錐之地至貧也
殤子至夭也誠無欲則是三者不足以禁會有一欲
則北至大夏南至北戶西至三危東至扶木不敢亂
矣亂猶難也犯白刃冒流矢趣一作赴水火不敢却也却猶止也
晨寤興務耕疾庸椇椇古耕字爲煩辱不敢休矣故人之

[그림 055] ≪여씨춘추≫ <이속람(離俗覽)> <본미(本味)>의 삼위(三危) 자료.

**원문**

則北至大夏　南至北戶　西至三危　東至扶木
칙 북 지 대 하　남 지 북 호　서 지 삼 위　동 지 부 목

**[해석]**

즉 북으로는 대하(大夏)[102]에 이르고, 남으로는 북호(北戶)에 이르고, 서쪽으로는 삼위(三危)에 이르고, 동쪽으로는 부목(扶木)에 이른다.

---

102) 한(漢)나라 시대에 서역(西域)에 있었던 나라 이름.

≪여씨춘추≫ 〈이속람(離俗覽)〉 〈위욕(爲欲)〉에 삼위산(三危山)을 소개하고 있다. 즉 서쪽 지방에 있다는 점이다. 이름하여 서역(西域)의 출발지이다. 실크로드는 천산산맥과 알타이산맥 사이의 천산북로(天山北路)와 천산산맥과 타클라마칸사막 사이의 천산남로(天山南路)로 길이 갈라지며, 천산남로(天山南路)는 서역북로(西域北路)와 서역남로(西域南路)로 나누이지게 된다.

### 3) ≪여씨춘추≫ <신행람(慎行論)> 삼위 기록

**원문**

西至三危之國 巫山之下 飮露 吸氣之民
서 지 삼 위 지 국 무 산 지 하 음 로 흡 기 지 민

積金之山
적 김 지 산

**[해석]**

서쪽으로는 삼위국(三危國)에 이르고, 무산(巫山)[103] 아래이며, 이슬을 먹으며, 기를 호흡하여 사는 백성들이 있으며, 황금을 쌓은 산이 있다.

---

103) 사천성와 호북성(湖北省) 경계에 있는 산

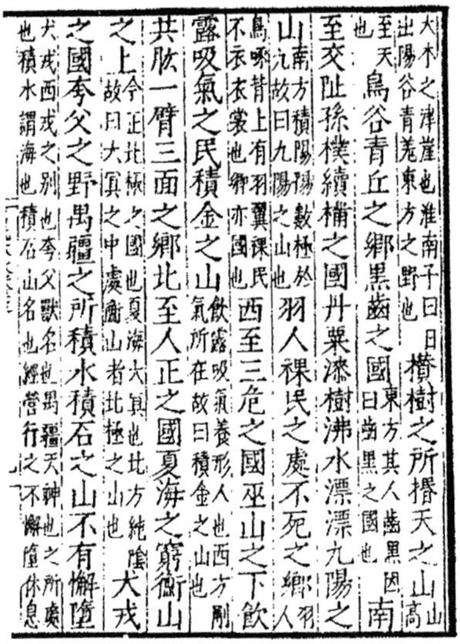

大木之津崖也淮南子曰日出陽谷青羌東方之野也 樻樹之所揩天之山 山高
至天也 鳥谷青丘之鄉黑齒之國 東方其人齒黑因曰齒黑之國也 南
至交阯孫樸續樠之國丹粟漆樹沸水漂漂九陽之
山 南方積陽陽數極於九故曰九陽之山也 羽人裸民之處不死之鄉 羽人
鳥喙背上有羽翼裸民不衣衣裳也鄉亦國也 西至三危之國巫山之下飲
露吸氣之民積金之山 飲露吸氣養形人也西方剛氣所在故曰積金之山也
共肱一臂三面之鄉北至人正之國夏海之窮衡山
之上 人正北極之國也夏海大冥也北方純陰故曰大冥之中衡山者北極之山也 犬戎
之國夸父之野禺彊之所積水積石之山不有懈墮
犬戎西戎之別也夸父獸名也禺彊天神也之所處也積水謂海也積石山名也經營行之不懈墮休息

[그림 056] ≪여씨춘추≫ <신행람(慎行論)> <본미(本味)>의 삼위(三危) 자료.

≪여씨춘추≫ 〈신행람(慎行論)〉 〈구인(求人)〉에 삼위국(三危國)을 소개하고 있다. 묘족(苗族)들이 살고 있어 삼묘국(三苗國)이라 부르기도 한다. 또한 지명을 이용하여 삼위국(三危國)이라고도 부른다. 삼위산(三危山)은 감숙성 돈황현에 있다. 이 지역에서 오아시스 도시는 돈황이다. 돈황에서 남쪽으로 20여 ㎞ 남쪽에 삼위산이 있다.

## 7. ≪중문대사전≫의 삼위(三危) 기록

1991년 중국문화대학인행(中國文化大學印行)에서 ≪중문대사전≫을 발행하였다. 대부분의 역사적인 어휘에 대해서 고대 문헌 등을 참고하여 세밀하게 정리하였다. 이 사전에 삼위(三危) 관련 자료 등이 정리되어 있다. 국내 학자 중 위 자료를 인용하면서 잘못된 해석을 소개하고 있으며 삼위(三危)를 산(山)이 아닌 것처럼 왜곡하고 있어서 삼위(三危) 관련 모든 내용을 번역하여 소개하고자 한다.

**[그림 057]** 1991년 중국문화대학인행(中國文化大學印行)에서 출판된 ≪중문대사전≫은 총 10권으로 제작된 방대한 사전이다.

≪중문대사전≫ 삼위(三危) 원문 요약

一 초치위난지삼사(招致危難之三事)

二 지명(地名)

① 서예지산(西裔之山) 서쪽 변방의 산이다.

② 재금감숙성돈황현(在今甘肅省敦煌縣) 현재 감숙성 돈황현에 있다.

③ 재감숙성조서산지서(在甘肅省鳥鼠山之西) 감숙성 조서산(鳥鼠山)의 서쪽에 있다.

④ 재감숙성천수현(在甘肅省天水縣) 감숙성 천수현에 있다.

⑤ 재감숙성고첩주지서(在甘肅省古疊州之西) 감숙성 옛날 첩주의 서쪽에 있다.

⑥ 재운남경(在雲南境) 운남의 경계에 있다.

⑦ 재사천성(在四川省) 사천성에 있다.

⑧ 이적위산유삼봉자(夷狄謂山有三峰者) 삼위는 오랑캐 이족(夷族)와 적족(狄族)들이 이름한 산(山)이며 3개의 봉우리가 있는 산(山)이다.

⑨ 지서장(指西藏) 즉 서장자치구, 티베트를 가리킨다.

### 1) 삼위(三危) 서예지산(西裔之山)

≪중문대사전≫의 삼위(三危) 기록에 대한 원문을 살펴보고자 한

다. 초치위난지삼사(招致危難之三事)라는 제목으로 ≪회남자≫ 〈인간훈(人間訓)〉에 나와 있는 삼위를 소개하고 있다. 세 가지 위태로움에 대한 설명이다. 이 부분에 대해서는 앞에서 ≪회남자≫를 인용하면서 충분히 설명을 드렸다. 이곳에서는 생략한다.

지명으로 아홉 가지로 분류하여 설명하고 있다. 자세하게 설명해 드릴 예정이다. 아홉 가지로 분류되지만 압축하면 세 가지 정도이다.

첫째. ① 서예지산(西裔之山), ② 재금감숙성돈황현(在今甘肅省敦煌縣), ③ 재감숙성조서산지서(在甘肅省鳥鼠山之西), ⑤ 재감숙성고첩주지서(在甘肅省古疊州之西) 등은 같은 장소를 설명하고 있다. 즉 감숙성 돈황현의 삼위산이다.

둘째. 부족의 이동에 따른 지명이동(地名移動) 등으로 설명되는 지명이다. ⑥ 재운남경(在雲南境)은 삼숭산(三崇山)을 삼위산으로도 불렀다는 설명이며, ⑨ 지서장(指西藏)은 티베트의 중요한 세 곳을 삼위지(三危地)라 부른다는 설명이다. 또한, ⑧ 이적위산유삼봉자(夷狄謂山有三峰者)은 삼위산을 명명한 부족과 그 사유를 설명하고 있다.

셋째. 학설의 오류이다. ④ 재감숙성천수현(在甘肅省天水縣)과 ⑦ 재사천성(在四川省)은 잘못된 설명을 하고 있다. 즉 삼위산에 대한 추정을 잘못 하고 있는 것이다. 천수현과 사천성에는 삼위산이 없다.

사전 원문을 복사하여 독자 여러분과 함께 보면서 삼위산의 비밀을 살펴보고자 한다.

自寫眞人、有得之者、欲以一本見惠、乃爲作此詩
【三危】546 ㊀招致危難之三事。〔淮南子、人間訓〕天下有
三危、少德而多寵、一危也、才下而位高、二危也、身無大功而有
厚祿、三危也。㊁地名。❶西裔之山。〔書、舜典〕竄三苗于
三危。〔傳〕三危、西裔。〔書、禹貢〕三危既宅。〔傳〕西裔之
山已可居。〔疏〕舜典云、竄三苗於三危、是三危爲西裔之山
也、其山必是西裔、未知山之所在。〔蔣廷錫、尙書地理今釋〕
按、蔡傳、三危西裔之地、卽禹貢所謂三危既宅者、是矣、若滇川

[그림 058] 1991년 중국문화대학인행(中國文化大學印行)에서 출판된 ≪중문대사전≫ 1권 212쪽 삼위 자료.

**원문**

二 地名 ① 西裔之山
이 지명 서예지산

[書舜典]竄三苗于三危 [傳]三危西裔
서순전 찬삼묘우삼위 전 삼위서예

[書禹貢]三危既宅 [傳]西裔之山 已可居
서우공 삼위기택 전 서예지산 이가거

[疏]舜典云 竄三苗於三危
소 순전운 찬삼묘어삼위

是三危爲西裔之山也 其山必是西裔未知山之所在
시삼위위서예지산야 기산필시서예미지산지소재

[蔣廷錫 尙書地理今釋] 按 蔡傳 三危西裔之地
장정석 상서지리금석 안 채전 삼위서예지지

卽禹貢所謂 三危旣宅者 是矣 若導川
즉우공소위 삼위기택자 시의 약도천

黑水所經之三危 自在大河之南
흑수소경지삼위 자재대하지남

與竄三苗於三危之三危爲二
여찬삼묘어삼위지삼위위이

**[해석]**

두 번째는 지명(地名)이다. ① 서쪽 변방의 산이다.

≪서경≫ 〈순전〉에 이르기를 삼묘족이 달아난 곳이 삼위산이다. ≪전(傳)≫에 이르기를 삼위는 서쪽 변방의 지역이다.

≪서경≫ 〈우공〉에 이르기를 삼위 지역은 사람들이 거주할 수 있게 되었다. ≪전(傳)≫에 이르기를 서쪽 변방의 산으로 이미 거주가 가능한 곳이다.

≪소(疏)≫ 〈순전〉에 이르기를 삼묘족이 달아난 곳이 삼위산이다. 이곳 삼위는 서쪽 변방의 산이다. 그 산은 반드시 서쪽 변방 지역에 있다. 그러나 그 산의 소재지는 알지 못한다.

≪장정석 상서지리금석≫에 의거하여 채(蔡)가 전하기를 삼위는 서쪽 변방의 땅이다. 즉 〈우공〉에서 말하는 소위 삼위기택을 말한다. 옳은 말이다. 만약에 하천으로 설명한다면 흑수가 지나는 곳에 삼위가 있다. 큰 하천 남쪽에 존재한다. 더불어 삼묘가 달아난 곳이 삼위의 삼위이다.

지명으로 사용되는 문헌들을 정리하여 보면, 첫 번째 삼위산(三危山)을 기록한 문헌이다. ≪서경≫ 〈순전〉은 ≪전(傳)≫이라는 서적을 인용했다. 여기에서 ≪전(傳)≫은 공안국(孔安國)의 전(傳)[104]을 말한다.

≪서경≫ 〈우공〉은 3개의 주석을 인용했다. 여기서도 [전(傳)]은 공안국(孔安國)의 전(傳)을 말하며, [소(疏)]는 공영달(孔穎達)의 소(疏)로 ≪상서주소(尙書注疏)≫[105]에 기록되어 있다. ≪장정석 상서지리금석≫[106] 청나라 시대에 장정석에 의하여 집필되었다. 즉 ≪서경≫에 기록된 삼위(三危)는 삼위산(三危山)을 묘족이 터전으로 삼았던 산(山)이라는 설명을 하고 있다.

묘족(苗族)은 환국(桓國)의 천산(天山)에서 삼위산(三危山) 지역으로 반고가한과 더불어 이주하여 정착하였다. 점차 중원지역으로 진출하다가 순임금 때 화족(華族)과 충돌하면서 다시 삼위산 지역으로 후퇴한 것으로 사료된다.

≪중문대사전≫의 삼위(三危)에 대한 첫 번째 해석은 삼위(三危)는 서예지산(西裔之山)이라는 해석이다. 즉 '서쪽 변방의 산(山)'이라는 해석이다. 예(裔)는 후손, 변방, 묘족을 의미한다. 즉 삼위는 수식어가

---

104) [원문(原文)] '[書舜典]竄三苗于三危 [傳]三苗國名 縉雲氏之後 爲諸侯 號饕餮', [해석(解釋)] '삼묘(三苗)는 나라 이름이다. 진운씨(縉雲氏)의 후손이 제후(諸侯)가 되어 호를 도철(饕餮)이라 하였다. 삼위(三危)는 서쪽 변방이다.' ≪상서정의(尙書正義)≫의 원문과 해석으로 한(漢)나라 공안국(孔安國)의 전(傳)이다.

105) 三危既宅三苗丕敘 [傳]西裔之山已可居三苗之族大有次敘美禹之功 [音義]丕普悲反 [疏]傳正義曰左傳稱舜去四凶投之四裔舜典云竄三苗於三危是三危爲西裔之山也其山必是西裔未知山之所在地理志杜林以爲敦煌郡即古瓜州也昭九年左傳云先王居檮杌于四裔故允姓之姦居于瓜州杜預云允姓之祖與三苗俱放於三危瓜州今敦煌也鄭玄引地 ≪상서주소(尙書注疏)≫ 원문

106) 장정석(蔣廷錫, 1669~1732)은 청나라 강희(康熙) 때 학자로 ≪상서지리금석(尙書地理今釋)≫을 집필하였다.

아니라 산(山)이라는 설명이다.

유묘(有苗), 즉 삼묘(三苗)는 화족(華族)과는 구별이 된다. 왜냐하면, 부족이 서로 달라서 전쟁하는 상황이었기 때문이다. 그럼 묘족은 어떤 종속인가? 천산(天山)에서 3,000년 동안 환국(桓國)이 존속된 이후에 구환족의 일부인 유묘(有苗)족 등 4개 부족이 반고가한을 따라서 삼위산 일대로 분국하게 된다. 그 이후에 약 1,500년 정도 그 일대를 터전으로 삼고 살았다. 그러나 순임금 때에 화족(華族)과 분쟁으로 다시 삼위산 쪽으로 후퇴하게 된 것이다.

### 2) 삼위(三危) 재금감숙성돈황현(在今甘肅省敦煌縣)

지명 두 번째는 위치에 관해서 설명하고 있다. 즉 삼위는 삼위산으로 위치는 중국 서역의 감숙성 돈황현을 명확하게 설명하고 있다는 점이다.

黑水所經之三危、自在大河之南、與竄三苗於三危之三危爲
二。❷在今甘肅省敦煌縣。〔書、禹貢〕導黑水、至于三危、入
于南海。〔疏〕按、酈道元水經、黑水出張掖雞山、南流至敦煌、
過三危山、南流入于南海、然張掖、敦煌、並在河北、所以黑水得
越河入南海者、河自積石以西、皆多伏流、故黑水得越而南也。
〔左氏、昭、九〕故允姓之姦居于瓜州。〔注〕允姓、陰戎之祖、與三
苗俱放於三危者、瓜州今敦煌。〔淮南子、墬形訓〕三危在樂
民西。〔注〕三危、西極之山名也。〔水經、江水注〕又東過江
陽縣南、洛水從三危山、東過廣魏洛縣南、東南注之、洛水出洛
縣漳山、亦言出梓潼縣柏山、山海經曰、三危在敦煌南、與岷山
相接、山南帶黑水、又山海經、不言洛水所導、經曰、出危山、所未
詳。❸在甘肅省鳥鼠山之西。〔書、禹貢〕三危既宅。〔疏〕
鄭玄引地記書云、三危之山、在鳥鼠之西南、當岷山、則在積石
之西南。〔楚辭、天問〕黑水玄趾、三危安在。〔注〕張揖云、三
危山、在鳥鼠之西、黑水出其南。〔漢書、司馬相如傳〕直徑馳
乎三危。〔注〕張揖曰、三危山、在鳥鼠山之西、與岷山相近、黑
水出其南陂。〔後漢書、郡國志、隴西郡首陽有鳥鼠同穴山渭
水出、注〕地道記曰、有三危、三苗所處。〔水經注、禹貢山水澤
地所在〕三危山、在敦煌縣南、山海經曰、三危之山、三靑鳥居
之、是山也、廣圓百里、在鳥鼠山西。❹在甘肅省天水縣。〔莊
子、在宥篇〕三峗、昔危、本亦作危、三峗西裔之山也、今屬天
水。❺在甘肅省古瓜州之西。〔尙書地理今釋〕三危山在

**[그림 059]** 1991년 중국문화대학인행에서 출판된 ≪중문대사전≫ 1권 213쪽 삼위 자료.

≪서경≫ 〈우공편〉, ≪상서주소(尙書注疏)≫, ≪좌씨전(左氏傳)≫ 〈소공〉, ≪회남자≫ 〈지형훈〉, ≪회남자주(淮南子注)≫, ≪수경≫ 〈강수주〉, ≪산해경≫ 등의 중국 문헌을 인용하여 삼위산(三危山)을 설명하고 있다. 먼저 원문을 해석하고 나서 돈황과 삼위산과 대한 현재의 인공위성 사진으로 살펴보고자 한다.

**원문**

② 在今甘肅省敦煌縣 [書 禹貢]導黑水 至于三危
재금감숙성돈황현 서 우공 도흑수 지우삼위

入于南海 [疏]按 酈道元水經 黑水出張掖雞山
입우남해 소 안 력도원수경 흑수출장액계산

南流至敦煌 過三危山 南流入于南海 然張掖
남류지돈황 과삼위산 남유입우남해 연장액

敦煌 並在河北 所以黑水得越河入南海者
돈황 병재하북 소이흑수득월하입남해자

河自積石以西 皆多伏流 故黑水得越而南也
하자적석이서 개다복류 고흑수득월이남야

[左氏 昭 九 故允姓之姦居于瓜州 注]
좌씨 소 구 고윤성지간거우과주 주

允姓 陰戒之祖 與三苗俱放於三危者 瓜州今敦煌
윤성 음계지조 여삼묘구방어삼위자 과주금돈황

[淮南子 墬形訓] 三危在樂民西
회남자 지형훈 삼위재락민서

[注] 三危 西極之山名也
주 삼위 서극지산명야

[水經 江水注] 又東過江陽縣南 洛水從三危山
수경 강수주 우동과강양현남 낙수종삼위산

東過廣魏洛縣南 東南注之 洛水出洛縣漳山
동 과 광 위 락 현 남 동 남 주 지 락 수 출 락 현 장 산

亦言 出梓潼縣柏山 山海經曰 三危在敦煌南
역 언 출 재 동 현 백 산 산 해 경 왈 삼 위 재 돈 황 남

與岷山相接 山南帶黑水 又山海經 不言洛水所導
여 민 산 상 접 산 남 대 흑 수 우 산 해 경 불 언 낙 수 소 도

經曰 出危山 所未詳
경 왈 출 위 산 소 미 상

**[해석]**

삼위(三危)는 ② 지금의 감숙성 돈황현(敦煌縣)에 존재한다. ≪서경≫ 〈우공편〉에 이르기를 흑수를 따라가면 삼위에 이르게 되며 물줄기는 남해로 이어진다. ≪상서주소(尚書注疏)≫[107]에 따르면 역도원(酈道元)[108]의 수경(水經)에 이르기를 흑수가 장액(張掖)[109] 계산(雞山)[110]으로 나간다. 남쪽으로 흘러가면 돈황(敦煌)에 이른다.

삼위산을 지나서 남쪽으로 흘러가 남쪽 바다로 이르게 된다. 그리하여 장액(張掖), 돈황은 하북과 나란하게 위치한다. 그런 까닭에 흑수(黑水)는 월하(越河)을 얻어 남해에 이른다. 하천은 서쪽으로 흘러가면서 적석산(積石山)에 이른다. 대개 많이 굴곡져서 흘러간다. 옛날의 흑수도 월하를 얻어서 남으로 흐른다.

---

107) 당(唐)나라 육덕명(陸德明, 550~630)의 저서를 말한다.

108) 역도원(酈道元, 466~527)은 북위 범양 탁현 사람으로 학문을 좋아했고 기서를 두루 보았다. 북쪽 지역을 널리 여행하면서 물길이나 산세 등의 지리 형세를 자세히 관찰했는데 그 산물로 수경주(水經注) 40권을 써냈다.

109) 중국 감숙성 난주(蘭州)에서 서쪽으로 가는 길목에 있는 도시다. 실크로드의 중요 도시였다.

110) ≪산해경≫에 이르기를 '다시 동쪽으로 500리를 가면 계산(雞山)이라는 곳이 있다. 흑수가 여기에서 나와 남으로 바다에 흘러 들어간다.'고 소개하고 있다.

≪좌씨전≫ 〈소공〉 9년에 윤씨성 간녀가 거주한 과주(瓜州)의 주(注)에 이르기를 윤성(允姓)은 음계의 조상이다. 삼묘를 내보내게 된 곳이 삼위이다. 과주(瓜州)는 오늘날의 돈황(敦煌)이다.

≪회남자≫ 〈지형훈〉에 이르기를 '삼위(三危)는 서역(西域)의 즐거운(樂) 백성(民)들이 사는 곳에 위치한다.'

≪회남자주(淮南子注)≫[111]에 이르기를 삼위는 서쪽의 끝에 있는 산(山)의 이름이다.

≪수경≫ 〈강수주〉에 이르기를 또한 동쪽으로 지나면 강양현(江陽縣)이 있으며, 남쪽으로는 낙수(洛水)가 있으며, 삼위산이 따른다. 동쪽을 지나 넓은 위낙현(魏洛縣) 남쪽에 이른다. 동남쪽으로 흐르는 낙수(洛水)는 낙현(洛縣) 장산(漳山)으로 나간다. 또한, 이르기를 재동현(梓潼縣) 백산(柏山)으로 빠져나간다.

≪산해경≫에 이르기를 삼위(三危)는 돈황(敦煌)의 남쪽에 있다. 민산(岷山)과 서로 접하고 있으며 산 남쪽에는 흑수(黑水)가 따른다. 또한 ≪산해경≫에서는 낙수의 위치와 도착지에 대한 언급이 없다. 또 경(經)에 이르기를 삼위산의 소재지가 확실하거나 분명하지 않다고 나와 있다.

---

111) 후한(後漢) 때 탁현 사람 고유(高誘)가 ≪회남자≫에 주(注)를 단 것이다.

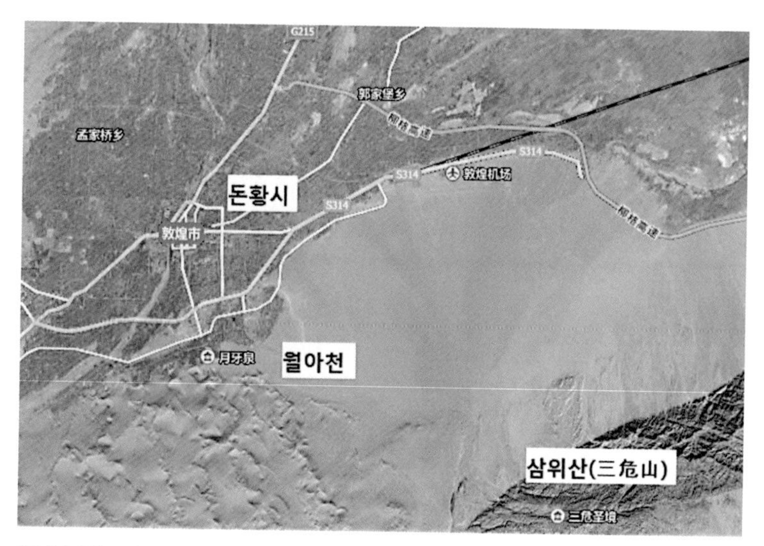


[그림 060] 돈황시(敦煌市) 남쪽에 있는 삼위산(三危山) 인공위성 사진. 바이두포털 2016년 12월 29일 캡처 자료. 중간에 유명한 관광지인 월아천(月牙泉) 오아시스가 보인다. 이곳이 ≪삼국유사≫에 이야기하는 삼위태백의 삼위(三危)이며, 삼위는 삼위산을 말한다.

위 자료에서 소개하고 있는 삼위산의 위치에 대해서 중국 바이두 포털의 지도서비스를 통하여 사진을 복사하였다. 지금도 돈황시 남쪽에 삼위산이 있다.

위 지도에 삼위산 아래 있는 작은 글씨는 삼위성경(三危聖境)이라고 되어 있다. 삼위산 서쪽으로 마주하고 있는 산은 명사산(鳴沙山)이며 중간 경계에 천불동(千佛洞) 유적지가 있다.

### 3) 삼위(三危) 재감숙성조서산지서(在甘肅省鳥鼠山之西)

삼위(三危)에 대한 지명 설명이 첫째로는 '서쪽 변방 지역의 산이다.'라는 설명이 있었으며, 둘째로는 '서쪽이 있는데 구체적으로 지금의 감숙성 돈황현(敦煌縣)에 존재한다.'고 설명하였다. 셋째로는 바로 감숙성에 있는 조서산의 서쪽에 삼위산이 존재한다는 설명이다. 같은 산을 다르게 설명하고 있는 것이다.

詳。❸在甘肅省鳥鼠山之西。〔書、禹貢〕三危既宅。〔疏〕
鄭玄引地記書云、三危之山、在鳥鼠之西、南當岷山、則在積石
之西南。〔楚辭、天問〕黑水玄趾、三危安在。〔注〕張揖云、三
危山、在鳥鼠之西、黑水出其南。〔漢書、司馬相如傳〕直徑馳
乎三危。〔注〕張揖曰、三危山在鳥鼠山之西、與岷山相近、黑
水出其南陂。〔後漢書、郡國志、隴西郡首陽有鳥鼠同穴山渭
水出注〕地道記曰、有三危、三苗所處。〔水經注、禹貢山水澤
地所在〕三危山、在燉煌縣南、山海經曰、三危之山、三青鳥居
之、是山也、廣圓百里、在鳥鼠山西。❹在甘肅省天水縣。〔莊
子、在宥篇〕三峗、音危、本亦作危、三峗、西裔之山也、今屬天
水。❺在甘肅省。古雍州之西。〔尚書地理今釋〕三危山、在

[그림 061] ≪중문대사전≫(중국문화대학인행, 1991) 1권 213쪽 삼위 자료

**원문**

③ 在甘肅省鳥鼠山之西 [書 禹貢] 三危既宅
재감숙성조서산지서 서우공 삼위기택

[疏] 鄭玄引地記書云 三危之山 在鳥鼠之西
소 정현인지기서운 삼위지산 재조서지서

南當崏山 則在積石之西南
남 당 민 산 칙 재 적 석 지 서 남

[楚辭 天問] 黑水玄趾 三危安在
초 사 천 문 흑 수 현 지 삼 위 안 재

[注] 張揖云 三危山 在鳥鼠之西 黑水出其南
주 장 읍 운 삼 위 산 재 조 서 지 서 흑 수 출 기 남

[漢書 司馬相如傳] 直徑馳乎三危
한 서 사 마 상 여 전 직 경 치 호 삼 위

[注] 張揖曰 三危山 在鳥鼠山之西 與崏山相近
주 장 읍 왈 삼 위 산 재 조 서 산 지 서 여 민 산 상 근

黑水出其南陂 [後漢書 郡國志
흑 수 출 기 남 피 후 한 서 군 국 지

隴西郡首陽有鳥鼠同穴山渭水出 注]
롱 서 군 수 양 유 조 서 동 혈 산 위 수 출 주

地道記曰 有三危 三苗所處
지 도 기 왈 유 삼 위 삼 묘 소 처

[水經注 禹貢山水澤地所在]
수 경 주 우 공 산 수 택 지 소 재

三危山 在敦煌縣南 山海經曰 三危之山
삼 위 산 재 돈 황 현 남 산 해 경 왈 삼 위 지 산

三靑鳥居之 是山也 廣圓百里 在鳥鼠山西
삼 청 조 거 지 시 산 야 광 원 백 리 재 조 서 산 서

**[해석]**

삼위(三危)는 감숙성 조서산(鳥鼠山)[112]의 서쪽에 위치하고 있다. ≪서경≫ 〈우

112) 중국 감숙성 위현(渭縣)에 있으며, 이 산에서 위하(渭河)가 발원하여 남동으로 흘러 섬서성(陝西省)에 들어와 봉상, 서안(西安), 조읍을 거쳐 동쪽으로 동관을 돌아 황하에 이른다.

공〉편에 이르기를 삼위 지역은 사람들이 거주할 수 있게 되었다.

정현(鄭玄)[113]은 ≪지기(地記)≫을 인용하여 기록한 ≪상서주소(尙書注疏)≫에 이르기를 삼위산은 조서산(鳥鼠山)의 서쪽에 있으며, 남쪽에는 당연히 민산(岷山)[114]이 있으며, 즉 적석산(積石山)[115]은 서남쪽에 있다.

≪초사≫ 〈천문〉에 이르기를 흑수(黑水), 현지(玄趾), 삼위(三危)는 어디에 있는가? 주(注)에서 장읍(張揖)[116]이 이르기를 '삼위산은 조서산의 서쪽에 있으며 흑수는 그 산의 남쪽으로 흘러나간다.'고 하였다.

≪한서≫ 〈사마상여전(司馬相如傳)〉에 이르기를 '곧바로 가서 삼위산(三危山)으로 달린다.'라고 하였다. 주(注)에서 장읍(張揖)이 말하기를 삼위산은 조서산의 서쪽에 있으며, 조서산은 민산과 나란이 있으며, 가까이 위치하고 있다. 흑수(黑水)는 그 산의 남쪽으로 흘러나간다.

≪후한서≫ 〈군국지〉 〈롱서군수양유조서동혈산 위수출 주〉에 의하면, ≪지도기(地道記)≫[117]에 이르기를 삼위(三危)가 있는데 삼묘(三苗)가 거처하는 곳이다.

≪수경주≫ 〈우공산수택지소재〉에 이르기를 삼위산은 돈황현의 남쪽에 있으며, ≪산해경≫에 이르기를 삼위산은 세 마리 청조(靑鳥)가 거처하는 산이다. 넓이는 둘레가 100리이며, 조서산의 서쪽에 있다.

---

113) 중국 후한 말기의 대표적 유학자이다. 훈고학과 경학의 시조로 존경을 받고 있다.

114) 민산(岷山)은 감숙성의 남부(南部) 지역에 있으며, 사천성의 송반현(松潘縣)과 북쪽 지역에 접해 있다. 한문으로는 민산(岷山) 또는 민산(嶓山)으로도 쓴다.

115) 중국 감숙성 서남부에 위치하고 있으며, 현재는 소수민족 보안족(保安族)의 터전이다.

116) 위(魏)나라의 학자로 ≪이아(爾雅)≫를 증보하여 ≪광아(廣雅)≫라는 자전을 편찬하였다.

117) 왕은(王隱)의 저작으로 동진(東晉) 사람이다.

합밀(哈密)에서 천산(天山)이 시작된다. 천산산맥은 서쪽으로 뻗어 있는 대산맥이다. 이 일대는 환인(桓因)께서 건국하신 우리나라 최초의 나라인 환국(桓國)의 터전이다.

이곳에서 인구의 증가로 인하여 새로운 개척지를 찾아 나설 때 반고가한은 여러 부족들을 거느리고 돈황(敦煌)의 삼위산(三危山)으로 이주하게 된다. 이때 유묘족(有苗族)도 이주하게 되는데 묘족이 바로 그들이다. 그들의 나라를 삼묘국(三苗國) 이라 부른다. 그래서 역사의 기록에 묘족의 터전이 삼위산으로 기록되는 있는 것이다. 그래서 중국 역사에서는 묘족을 서융(西戎)이라 부르며, 화족(華族)과는 구별하였다. 그들은 우리 족속인 구환족(九桓族)이다.

이때 환웅천왕(桓雄天王)께서는 더 남하하여 조서산(鳥鼠山), 민산(岷山), 적석산(積石山)을 지나 지금의 섬서성(陝西省) 서안(西安) 태백산(太白山) 일대에 나라를 여니 그 나라가 배달국(倍達國)이며 수도는 신시(神市)이다. 그 역사적인 비밀이 바로 ≪삼국유사≫의 기록에 있는 삼위태백(三危太白)이다.

### 4) 삼위(三危) 재감숙성천수현(在甘肅省天水縣)

삼위(三危) 지명 관련 네 번째 자료이다. 첫째, 서예지산(西裔之山), 둘째, 감숙성 돈황현(敦煌縣), 셋째, 감숙성 조서산지서(鳥鼠山之西)으로 3곳이 모두 동일 장소를 설명하고 있다.

네 번째인 감숙성 천수현(天水縣)은 감숙성의 남부 지역으로 돈황현의 북부와 상당한 거리가 있는 곳이다. 그래서 잘 해석하고 진위(眞僞) 여부를 잘 검증하고자 한다.

之、是山也、廣圓百里、在鳥鼠山西。❹在甘肅省天水縣。〔莊子、在宥、音義〕三峗、音危、本亦作危、三峗、西裔之山也、今屬天水。❺在甘肅省。古疊州之西。〔尙書地理今釋〕三危山、在

[그림 062] ≪중문대사전≫(중국문화대학 인행, 1991) 1권 213쪽 4번째 삼위 자료.

**원문**

④ 在甘肅省天水縣 [莊子在宥音義] 三峗 音危
재감숙성천수현 장자재유음의 삼위 음위

本亦作危 三峗 西裔之山也 今屬天水
본역작위 삼위 서예지산야 금속천수

**[해석]**

삼위(三危)는 감숙성 천수현(天水縣)에 있다. ≪장자재유음의(莊子在宥音義)≫에 있는 내용이다. 삼위(三峗)에서 위(危)의 소리는 본래 위태로울 위(危)자이며 또한 위(危)자를 사용하였다. 삼위(三峗)는 서쪽 변방의 산이다. 지금의 천수(天水)에 속한다.

≪장자(莊子)≫는 진(晉)나라 사람 곽상(郭象)이 장자를 수집하고 주를 달아 ≪장자주(莊子注)≫라는 책을 편찬하게 된다. 당(唐)나라 사람 육덕명이 ≪경전석문(經典釋文)≫ 책 속에 ≪장자음의(莊子音義)≫를 편찬하게 되었다. 같은 시대에 성현영(成玄英)이 ≪장자소(莊子疎)≫를 편찬했다.

위 내용은 육덕명의 ≪장자음의(莊子音義)≫를 인용하였다. ≪장자≫ 〈권삼 외편(卷三 外篇)〉 11장 〈재유(在宥)〉에 나오는 '투삼묘어삼위(投三苗於三峗)'에 기록이 있다. '삼묘를 삼위로 몰아 내었다.'라는 의미이다. '삼위(三峗)'에서 '위(峗)'자는 '산이름 위'자로 기록되어 있다. 그런데 '위(峗)'자는 잘못 사용하였으며, 본래 위태로울 위(危)자를 써야 한다고 주장한 것이다. 윗부분에 대해서는 ≪장자음의≫ 원문을 살펴보자.

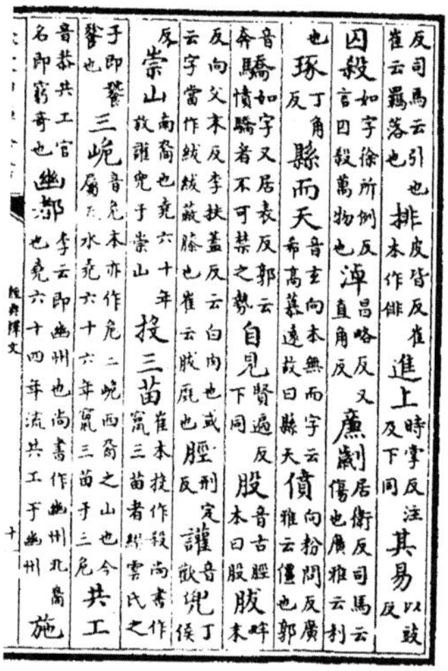

[그림 063] 당(唐)나라 사람 육덕명이 쓴 ≪경전석문≫ 27권 ≪장자음의≫에 나오는 삼위 관련 자료.

**원문**

[投三苗] 崔本投作殺 尙書作竄 三苗者
투삼묘 최본투작살 상서작찬 삼묘자

縉雲氏之子 卽饕餮也
진운씨지자 즉도철야

[三峗]音危 本亦作危 三峗 西裔之山也
삼위 음위 본역작위 삼위 서예지산야

今屬天水 堯六十六年 竄三苗於三危
금속천수 요육십육년 찬삼묘어삼위

**[해석]**

'삼묘를 몰아내었다.'는 말은 본래 '몰아낼 투(投)'이지만 '죽일 살(殺)'자로 높여야 한다. ≪상서≫에는 '달아날 찬(竄)'자를 사용하였다. 삼묘란 진운씨(縉雲氏)의 자손으로 즉 도철(饕餮)을 말함이다.

삼위(三峗)에서 위(危)의 소리는 본래 위(危)자이며 또한 위(危)자를 사용하였다. 삼위(三危)는 서쪽 변방의 산이다. 지금의 천수(天水)에 속한다. 요임금 66년에 삼묘가 삼위로 달아났다.

≪장자≫에는 삼위가 천수에 있다는 설명은 없다. 육덕명의 각주에 나오는 설명에 천수(天水)가 나온다. 당시는 당(唐)나라 시대이다. 감숙성 북부에 있는 돈황현(敦煌縣)과 감숙성 남부에 있는 천수현(天水縣)은 멀리 떨어져 있는 곳이다.

삼위산은 실제로는 천수현이 아니라 돈황현(敦煌縣)에 있다. 이는 육덕명의 각주에 오류(誤謬)가 있는 것으로 판단할 수밖에 없다. 또한 '≪장자≫의 삼위(三巍)에서 위(巍)자도 잘못 기록된 것으로 삼위(三危)로 적어야 한다.'고 지적한 것은 옳은 지적이다.

삼위산(三危山)은 중국 감숙성 돈황시(敦煌市)에서 남쪽으로 25㎞ 정도에 위치하고 있는 산이다. 돈황 남쪽 명사산 기슭에는 막고굴(莫高窟)이 있다. 이는 서기 366년에 낙준(樂樽) 스님께서 저녁 무렵 석양에 삼위산(三危山) 정상에서 이상한 빛이 보여서 가보니 부처의 형상들을 만나게 되어 큰 감명을 받고 그 계시대로 명사산 동쪽 산기슭에 석벽을 파서 굴을 만들어 불상을 모시기 시작하였다.

석굴은 삼위산과 마주 대하고 있다. 그 이후 14세기까지 1,000여 년 동안 굴이 무려 1,000개로 늘어나게 되어 천불동(千佛洞)이라고도 부르게 된 것이다. ≪환단고기≫ 기록에도 '삼위산 납림동굴(三危山 拉林洞窟)'이 소개되고 있다. 납림동굴이 어디인지는 고증이 필요하다.

### 5) 삼위(三危) 재감숙성고첩주지서(在甘肅省古疊州之西)

삼위(三危) 지명에 대한 다섯 번째 설명은 옛 첩주(疊州)의 서쪽 지역에 삼위산(三危山)이 있다는 내용이다. 첩주는 지금의 감숙성 질부현(迭部縣)으로 감숙성의 남부 지역이다.

之、是山也、周圓百里、在鳥鼠山西。❹在甘肅省天水縣。〔莊
子、在宥釋義〕三峗、昔危、本亦作危、三峗、西裔之山也、今屬天
水。❺在甘肅省。古疊州之西。〔尙書地理今釋〕三危山、在
大河南、今陝西岷州衞塞外古疊州西。❻在雲南境。〔通志、
地理略〕三崇山、在州西五里、壁立萬仞、人跡罕到、有行至半
山者、雷雨沙石而止、相傳、卽古三危山。❼在四川省。〔山海
經、西山經〕又西二百二十里、曰三危之山。〔畢沅注〕山當
在今四川省。❽夷狄謂山有三峰者。〔尙書表注〕戎人凡
山有三峰者、便指以三危。❾指西藏。〔尙書古今文集解〕
衞在打箭爐西南、俗稱前藏、藏在衞西南、俗稱後藏、喀木在衞
東南、三處總名三危、卽禹貢導黑水至於三危也。
【三旬】547 一月之上旬、中旬、下旬也。〔周禮、地官、質人〕國

[그림 064] ≪중문대사전≫(중국문화대학인행, 1991) 1권 213쪽 5번째 삼위 자료.

**원문**

在甘肅省　古疊州之西　[尙書地理今釋]
재감숙성　고첩주지서　　상서지리금석

三危山在大河南今陝西岷州衛塞外古疊州西
삼위산재대하남금섬서민주위새외고첩주서

**[해석]**

삼위(三危)는 감숙성의 옛 첩주(疊州)의 서쪽에 있다. ≪상서지리금석(尙書地理今釋)≫에 이르기를 삼위산(三危山)은 대하(大河)의 남쪽, 즉 지금의 섬서성(陝西省) 민주(岷州)를 변방 외곽으로 둘러쌓고 있는 옛 첩주(疊州)의 서쪽에 있다.

[그림 065] 감숙성의 북부에 있는 삼위산(三危山)과 감숙성 남부에 있는 민현(峄縣) 그리고 옛 첩주인 질부현(迭部縣)의 지도. 지도에서 보는 것처럼 삼위산은 옛 첩주의 서쪽에 위치하고 있다.

남부 지역에서 서부 지역으로 가다 보면 삼위산(三危山)을 만나게 된다. 그래서 서쪽에 삼위산이 있다고 소개한 것이다.

≪상서지리금석(尙書地理今釋)≫은 청나라 장정석(蔣廷錫, 1669~1732)의 저서이다. ≪서경≫의 지리적인 내용을 당시 청나라 시대에 해석한 책이다. 대하(大河)는 황하(黃河)를 이른다. 즉 황하의 남쪽에 있는 민주(岷州), 현재의 감숙성 민현(岷縣)이다. 민현과 인접해 있는 옛 첩주(疊州), 즉 지금의 감숙성 질부현(迭部縣)의 서쪽에 삼위산이 있다는 설명이다.

위 원문 중에서 민현(崏縣)[118]이 섬서성(陝西省)으로 소개하고 있는데 감숙성에 속하는 것이다. 이는 잘못 소개한 것이다.

### 6) 삼위(三危) 재운남경(在雲南境)

여섯 번째로 삼위 지명에 관한 기록을 정리한 자료이다. 중국의 남부 운남성(雲南省)의 경계라고 설명하는 자료이다.

**원문**

⑥ 在雲南境 [通志地理略] 三崇山在州西五里
재운남경 통지지리약 삼숭산재주서오리

壁立萬仞人跡罕到 有行至半山者 雷雨沙石而止
벽입만인인적한도 유행지반산자 뇌우사석이지

相傳卽古三危之山
상전즉고삼위지산

118) 西魏置。隋廢。尋復置。唐曰和政郡。尋復曰岷州。後陷於吐蕃。宋曰岷州和政郡。後入金。爲祐州。尋復入宋。徙治白石鎭。卽今西和縣治。元復於故治置岷州。明爲岷州衞。 청복위민주(淸復爲岷州)。 속감숙공창부(屬甘肅鞏昌府)。民國降爲岷縣。≪中國古今地名大辞典≫

**[해석]**

삼위(三危)는 운남성(雲南省)의 경계에 있다. ≪통지지리약(通志地理略)≫[119]에 이르기를 삼숭산(三崇山)은 주(州)의 서쪽으로 5리를 가면 있다. 절벽이 있고 높이가 높아 많은 사람들이 이른 자취가 거의 없다. 평지와 산 사이의 길로 통행이 있을 뿐이다. 우뢰와 비 그리고 모래와 바위만 있다. 서로 전하기를 즉 '옛적의 삼위산이다.'라고 하였다.

之、是山也、居圓百里、在鳥鼠山西。❹在甘肅省天水縣。〔莊子、在宥、音義〕三危、音危、本亦作危、三峗、西裔之山也、今屬天水。❺在甘肅省。古雍州之西。〔尙書地理今釋〕三危山、在大河南、今陝西岷州衞塞外古雍州西。❻在雲南境。〔通志、地理略〕三崇山在州西五里、壁立萬仞、人跡罕到、有行至半山者、雷雨沙石而止、相傳卽古三危山。❼在四川省。〔山海經、西山經〕又西二百二十里、曰三危之山。〔畢沅注〕山當在今四川省。❽夷狄謂山有三峰者。〔尙書表注〕戎人凡山有三峰者、便指以三危。❾指西藏。〔尙書古今文集解〕衞在打箭爐西南、俗稱前藏、藏在衞西南、俗稱後藏、喀木在衞東南、三處總名三危、卽禹貢導黑水至於三危也。

【三旬】547 一月之上旬、中旬、下旬也。〔周禮、地官、質人〕國

[그림 066] ≪중문대사전≫(중국문화대학인행, 1991) 1권 213쪽 6번째 삼위 자료.

중국 남송(南宋) 때인 1161년에 정초(鄭樵, 1104~1162)가 완성한 기전체의 역사서 ≪통지(通志)≫에 있는 기록을 인용하였다. 감숙성과

119) 중국 남송(南宋) 때인 1161년에 정초(鄭樵, 1104~1162)가 완성한 기전체의 역사서이다. 총 200권으로 ≪지리약(地理略)≫은 40권이 있으며, 삼위산에 대한 기록이 있다.

운남성(雲南省)은 아래 지도에서 살펴보면 중국 대륙 북서쪽과 남서쪽으로 상당한 거리를 두고 있다.

이는 삼숭산(三崇山)을 다른 이름으로도 불렀는데 그 이름 중에 하나가 바로 삼위산(三危山)이었다는 것이다. 삼숭산(三崇山)[120]은 운남성(雲南省) 대리백족자치주(大理白族自治州) 대리시(大理市) 운용현(雲龍縣)의 서쪽으로 70리 정도의 거리에 있다. 정상에 세 봉우리가 있어 삼봉산(三峯山) 또는 삼위산(三危山)이라고도 불렀다는 점이다.

[그림 067] 운남성의 삼숭산(三崇山)을 봉우리가 3개 있다고 하여 삼봉산(三峯山) 또는 삼위산(三危山)으로 불린 적이 있다는 것이 역사적인 기록이다. 이는 삼위태백의 삼위산은 아니다.

---

120) 在雲南雲龍縣西七十里。頂有三峯。一名三峯山。〔滇志〕三崇山。名三危山。瀾滄經其麓。其地有黑水祠。或以爲卽古三危山。≪中國古今地名大辭典≫ [해석] 삼숭산은 운남성 운용현 서쪽으로 칠십 리에 있다. 정상에는 봉우리가 3개 있다. 일명 삼봉산이다. ≪전지≫에 이르기를 삼숭산이라 한다. 삼위산이라고도 한다. 란창강이 지나는 산기슭이 있다. 그 땅에 흑수사라는 절이 있다. 혹 이것으로써 옛날의 삼위산이 아닌가 한다. ≪중국고금지명대사전≫

이는 ≪삼국유사≫에서 나오는 삼위태백의 삼위가 아니고 삼숭산(三崇山)을 삼위산으로도 불렀다는 점이다. 역사적인 고대의 삼위산(三危山)은 삼숭산으로 불린 적은 없다. 운남성의 삼숭산을 다르게 부른 이름 중의 하나가 삼위산으로 이해해야 할 것이다.

### 7) 삼위(三危) 재사천성(在四川省)

일곱 번째로 삼위산에 대한 기록을 정리한 자료이다. 삼위산의 위치를 중국의 남부 사천성으로 추정하는 자료를 소개하고 있다.

之、是山也、廣圓百里、在鳥鼠山西。❹在甘肅省天水縣。〔莊
子、在宥、音義〕三巇、音危、本亦作危、三嶮、西裔之山也、今屬天
水。❺在甘肅省。古疊州之西。〔尚書地理今釋〕三危山、在
大河南、今陝西岷州衞塞外古疊州西。❻在雲南境。〔通志、
地理略〕三崇山、在州西五里、壁立萬仞、人跡罕到、有行至半
山者、雷雨沙石而止、相傳卽古三危山。❼在四川省。〔山海
經、西山經〕又西二百二十里、曰三危之山。〔畢沅注〕山當
在今四川省。❽夷狄謂山有三峰者。〔尚書表注〕戎人凡
山有三峰者、便指以三危。❾指西藏。〔尚書古今文集解〕
衞在打箭爐西南、俗稱前藏、藏在衞西南、俗稱後藏、喀木在衞
東南、三處總名三危、卽禹貢導黑水至於三危也。
【三旬】547 一月之上旬、中旬、下旬也。〔周禮、地官、質人〕國

[그림 068] ≪중문대사전≫(중국문화대학인행, 1991) 1권 213쪽 7번째 삼위 자료.

**원문**

⑦ 在四川省 [山海經西山經] 又西二百二十里
재 사 천 성　산 해 경 서 산 경　우 서 이 백 이 십 리

曰三危之山 [畢沅注] 山當在今四川省
왈 삼 위 지 산　필 원 주　산 당 재 금 사 천 성

**[해석]**

삼위산은 사천성에 있다. ≪산해경≫ 〈서산경〉에 이르기를 '다시 서쪽으로 220리를 가면 삼위산(三危山)이 있다.'라고 기록되어 있다. ≪산해경≫을 교정한 필원주(畢沅注)[121]에 의하면 '삼위산은 현재 사천성에 존재한다.'고 설명하였다.

≪산해경≫ 기록은 앞쪽에서 별도로 살펴보았다. 그 기록에 대해서 청나라 강소성 진양 사람인 필원(畢沅)이 ≪산해경≫을 교정하여 기록한 ≪신교정산해경(新矯正山海經)≫에서 설명한 내용이다.

필원의 추측으로 삼위산(三危山)이 사천성에 있다고 기록한 것이다. 이는 필원의 추측이 틀린 것이다. 사천성이 아니라 감숙성이다. 건륭제(乾隆帝)는 1770년대 중반까지 타르바가타이(Tarbagatai)동쪽, 알타이(Altai)산맥 서쪽의 중가리아(Zungaria)와 천산산맥 남쪽, 즉 곤

121) 필원(畢沅, 1730~1797)은 청나라 강소성 진양 사람이다. 관료이자 학자로 ≪산해경≫을 교정하여 ≪신교정산해경(新矯正山海經)≫을 집필하였으며, ≪진서(晉書)≫ 〈지리지〉를 보정하여 지리(地理)와 사학(史學)을 상호 보안해 연구했다.

륜산맥(崑崙山脈) 북쪽의 신강위구르자치구 지역을 포함하는 중앙아시아의 정복을 완료했다.[122] 당연히 서역의 출발 지역인 돈황과 삼위산과 잘 알려져 있던 시대이다.

인터넷 시대에 살고 있는 현 시대의 글에도 오류가 많이 있듯이 과거에 주(注)에도 많은 오류가 있기에 많은 사료를 잘 살펴서 역사적 진실에 접근해야만 바른 역사를 찾을 수 있을 것이다.

삼위산(三危山)은 그대로인데 해당되는 행정 지역인 성(省)이 틀린 것이다. 즉 이는 별도의 삼위산(三危山)이 있다는 것이 아니라, ≪산해경≫에서 소개되는 삼위산(三危山)에 대하여 주(注)를 통하여 사천성이라고 추정한 것이다. 그러나 삼위산은 감숙성 돈황현에 있다.

### 8) 삼위(三危) 이적위산유삼봉자(夷狄謂山有三峰者)

여덟 번째 삼위산(三危山)에 대한 내용은 지명에 관한 설명이 아니다. 삼위산에 대한 이름을 명명한 부족과 명명한 유래를 설명하고 있다. 이는 매우 중요하다. 명명하였다는 것은 그 지역에 거주하였다는 것이기 때문이다.

---

122) ≪실증 환국사≫ Ⅱ, 전문규, 북랩, 2015년, 120쪽 참조.

원문

⑧ 夷狄謂山有三峰者
이 적 위 산 유 삼 봉 자

[尙書表注]戎人凡山有三峯便指以三危
상 서 표 주 융 인 범 산 유 삼 봉 편 지 이 삼 위

**[해석]**

삼위(三危)는 (중국 사람들 입장에서) 오랑캐 이족(夷族)와 적족(狄族)들이 명명한 산(山)이다. 삼위산은 3개의 봉우리가 있다. ≪상서표주(尙書表注)≫[123]에 이르기를 융족(戎族) 사람들이 무릇 대부분 산(山)이 3개의 봉우리가 있어 편하게 지칭하기를 삼위산(三危山)이라 하였다.

之。是山也、周圍百里、在鳥鼠山西。❹在甘肅省天水縣。〔莊子、在宥、音義〕三峗、音危、本亦作危、三峗、西裔之山也、今屬天水。❺在甘肅省。古燉州之西。〔尙書地理今釋〕三危山、在大河南、今陝西岷州衞塞外古燉州西。❻在雲南境。〔通志、地理略〕三嵕山、在州西五里、壁立萬仞、人跡罕到、有行至半山者、雷雨沙石而止、相傳卽古三危山。❼在四川省。〔山海經、西山經〕又西二百二十里、曰三危之山。〔畢沅注〕山當在今四川省。❽夷狄謂山有三峰者。〔尙書表注〕戎人凡山有三峰者、便指以三危。❾指西藏。〔尙書古今文集解〕衞在打箭爐西南、俗稱前藏、藏在衞西南、俗稱後藏、喀木在衞東南、三處總名三危、卽禹貢導黑水至於三危也。

【三旬】547 一月之上旬、中旬、下旬也。〔周禮、地官、質人〕國

[그림 069] ≪중문대사전≫(중국문화대학인행, 1991) 1권 213쪽 8번째 삼위 자료.

123) 송말원초 때 절강(浙江) 난계(蘭溪) 사람인 김이상(金履祥, 1232~1303)이 쓴 책이다.

위 내용에 대한 상세한 설명은 앞쪽에서 '이재호 역주 ≪삼국유사≫' 설명 부분에서 상세하게 언급하였다. 즉 삼위산은 '3개 봉우리가 있는 산이다.'라는 설명이다.

산의 이름은 화족(華族)이 아니라. 그들 입장에서는 이족(夷族), 즉 오랑캐의 족속, 야만인(野蠻人)의 족속, 미개한 족속으로 폄하한 동이(東夷), 북적(北狄), 서융(西戎) 등이 명명한 것으로 설명하고 있다.

삼위산의 문명은 중화족이 아니라 동이족의 문명임을 스스로 설명한 것이다. 즉 ≪삼국유사≫의 삼위태백의 언급과 일맥상통하는 설명이다. 위와 같은 증거에도 불구하고 국내 학자들은 삼위(三危)를 '세 봉우리가 솟은'으로만 설명하고 있다. 분명하게 '세 봉우리가 솟은 산(山)'으로 설명하고 있는데도 반도사관의 테두리를 못 벗어나는 행태이다. 이 책이 삼위산을 우리 상고사의 터전으로 인식하는 계기가 되기를 바란다.

### 9) 삼위(三危) 지서장(指西藏)

티베트(Tibet), 즉, 서장(西藏) 지역에 세 곳을 삼위지(三危地)라 부르는 것에 대한 설명이다.

**원문**

⑨ 指西藏 [尙書古今文集解] 衞在打箭爐西南
지서장 상서고금문집해 위재타전노서남

俗稱前藏 藏在衞西南 俗稱後藏 喀木在衞東南
속칭전장 장재위서남 속칭후장 객목재위동남

三處總名三危 卽禹貢導黑水至於三危也
삼처총명삼위 즉우공도흑수지어삼위야

之、是山也、廣圓百里、在鳥鼠山西。❹在甘肅省天水縣。〔莊
子、在宥、釋義〕三峗、昔危、本亦作危、三峗、西裔之山也、今屬天
水。❺在甘肅省。古燉州之西。〔尙書地理今釋〕三危山、在
大河南、今陝西岷州衞塞外古燉州西。❻在雲南境。〔通志、
地理略〕三危山、在州西五里、壁立萬仞、人跡罕到、有行至半
山者、雷雨沙石而止、相傳、卽古三危山。❼在四川省。〔山海
經、西山經〕又西二百二十里、曰三危之山。〔畢沅注〕山當
在今四川省。❽夷狄謂山有三峰者。〔尙書表注〕戎人凡
山有三峰者、便指以三危。❾指西藏。〔尙書古今文集解〕
衞在打箭爐西南、俗稱前藏、藏在衞西南、俗稱後藏、喀木在衞
東南、三處總名三危、卽禹貢導黑水至於三危也。
【三旬】547 一月之上旬、中旬、下旬也。〔周禮、地官、質人〕國

[그림 070] ≪중문대사전≫(중국문화대학인행, 1991) 1권 213쪽 9번째 삼위 자료.

**[해석]**

서장(西藏)은 중국의 서장차지구(西藏自治區), 즉 티베트(Tibet)를 가리킨다. ≪상서고금문집해(尙書古今文集解≫[124]에 이르기를 위(衛)는 타전노(打箭爐)[125]의 서남 지역에 있다. 속칭 전장(前藏)이다. 장(藏)은 위(衛)의 서남 지역에 있다. 속칭 후장(後藏)이다. 객목(喀木)은 위(衛)의 동남 지역에 있다. 이 세 곳(전장, 후장, 객목)을 총칭하여 삼위(三危)라고 한다. 즉 ≪서경≫ 〈우공〉편에 나오는 '흑수를 따라가면 삼위에 이른다.'는 말과 같다.

티베트(Tibet, 西藏) 지역은 고대에는 강족(羌族)과 융족(戎族)의 터전이었으며, 지금은 장족(藏族)이 주를 이루고 있다. 당(唐), 송(宋)나라 때에는 토번국(吐蕃國)으로 독립국가를 이루었으며, 원(元)나라 때는 선정원(宣政院)에 직속되었다.

청나라 때에는 전장(前藏), 후장(後藏), 객목(喀木), 아리(阿里) 4개 부로 나누었다. 1663년 강희 2년부터 티베트로 불리기 시작했다. 1950년 중국의 침공으로 중국에 강제 복속되었다.

전장(前藏), 후장(後藏), 객목(喀木)을 총칭하여 삼위지(三危地)라고 하였다. 여기에서 의미하는 것은 삼위산(三危山)을 의미하는 것이 아니라. 세 곳의 지역을 묶어서 삼위지(三危地)라고 불렀다는 점이다.

---

124) ≪유봉록상서고금문집해(劉逢祿尙書古今文集解)≫. 청나라 때 유봉록(劉逢祿, 1776~1829)이 쓴 책이다.

125) 사천성 감자서장족자치주(甘孜西藏族自治州)의 행정중심지이다. 티베트와 사천성 간의 교통의 요지이다.

이는 연암 박지원(朴趾源, 1735~1805)의 ≪열하일기(熱河日記)≫ 〈반선시말(班禪始末)〉에 소개되는 '서번고삼위지(西番古三危地)[126]'와 같은 내용이다.

이유원(李裕元, 1814~1888)의 ≪임하필기(林下筆記)≫ 39권 〈서장제번(西藏諸番)〉에 '위(衛), 장(藏), 아이(阿爾), 객목(喀木)[127]' 등 4개부 60여 개 성(城)으로 다스린다고 소개하고 있다.

그럼 왜 장족(藏族)은 세 곳을 삼위지(三危地)라 부르게 되었는가?

한장어계(汉藏語系) 장면어족(藏緬語族)에 속하는 민족은 장족(藏族), 강족(羌族) 등 17개 소수민족이다. 약 2,000만 명 정도의 이들 민족은 자연환경이 척박한 깊은 협곡, 청장고원(靑藏高原) 등 고지대에 분포하고 있다.

이들은 기원전 고대로부터 감숙성 북쪽에서 유목을 하면서 인구

---

126) 내가 열하에 있을 때 몽고 사람 경순미(敬旬彌)가 나를 위해 말하기를, "서번(西番)은 옛날 삼위(三危, 나라 이름) 땅으로 순(舜)이 삼묘(三苗)를 삼위로 쫓아 보냈다는 곳이 바로 이 땅입니다. 이 나라는 셋으로 되어 있으니, 하나는 위(衛)라 하여 달뢰라마(達賴喇嘛)가 사는데 옛날의 오사장이요, 하나는 장(藏)이라 하여 반선라마(班禪喇嘛)가 사는데 옛날의 이름도 역시 장이요, 하나는 객목(喀木)이라 하여 서쪽으로 더 나가 있는 땅으로서 이곳에는 대라마(大喇嘛)는 없고 옛날의 강국(康國)이 바로 이곳입니다. 이 땅들은 사천(四川)마호(馬湖)의 서쪽에 있어 남으로는 운남(雲南)으로 통하고 동북으로는 감숙(甘肅)에 통하여 당의 원장 법사(元裝法師)가 삼장(三藏)으로 들어갔다는 곳이 바로 이 땅입니다. 연암 박지원(朴趾源, 1735~1805)의 ≪열하일기(熱河日記)≫ 〈반선시말(班禪始末)〉, 번역은 한국고전종합DB 참조.

127) 서장은 옛날 서남쪽 변방에 있던 여러 이민족의 나라인데, 당나라와 송나라 때에는 토번 부락(吐蕃部落)이 되었었다. 그 땅이 위(衛), 장(藏), 아이(阿爾), 객목(喀木)의 넷으로 나뉘어, 함께 성 60여 개를 분할하였다. 사람들은 위가 높고 끈이 붉은 전모(氈帽)를 쓰고 구슬을 주렁주렁 많이 단다. 지금은 모두 달라이라마[達賴喇嘛]에게 귀의하여 부세를 바치고 있다. 이유원(李裕元, 1814~1888)의 ≪임하필기(林下筆記)≫ 39권 〈서장제번(西藏諸番)〉, 번역은 한국고전종합DB 참조.

증가와 가혹한 세금징수, 화족(華族)과의 전쟁을 피하여 점차 오지로 이동하게 된 것이다.[128)]

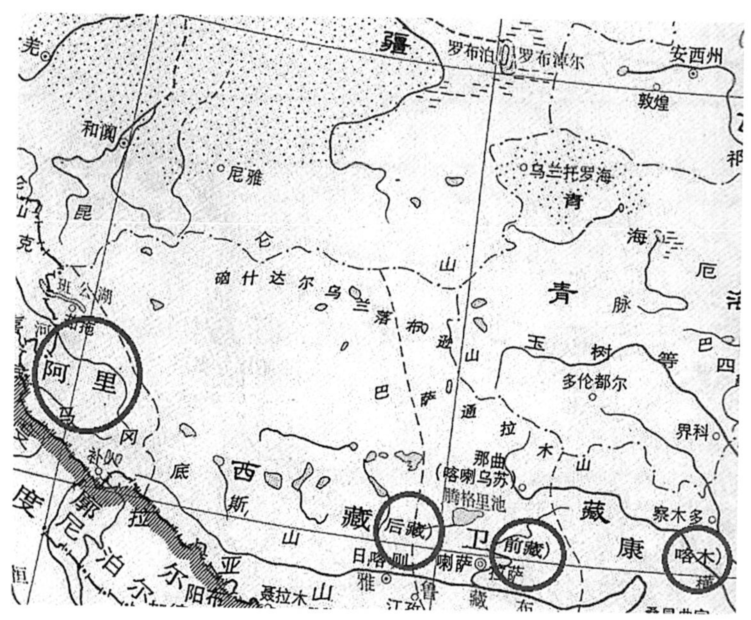


[그림 071] ≪중국사고지도집≫ 하책 99쪽 1820년대 청대강역(淸代疆域)으로 객목(喀木), 전장(前藏), 후장(後藏), 아리(阿里)를 살펴볼 수 있다. 위쪽에 감숙성과 청해성(靑海省) 그리고 서장(西藏)과 사천성, 운남성(雲南省)에 장족(藏族)이 분포하고 있다.

특히 감숙성 삼위산 지역은 반고가한(班固可汗)과 더불어 '공공(共工), 유소(有巢), 유묘(有苗), 유수(有燧)' 부족들이 이주하여 정착하였는데 요임금과 순임금 때에도 삼위산 지역에 거주하였다는 기록이

---

128) ≪중국민속지≫, 양성민 등 4명 지음, 김영순 등 3명 옮김, 한국학술정보, 2015년 참조.

≪서경≫에서 확인할 수 있다.

이들 부족들이 점차 남하(南下)하면서 삼위(三危) 지명을 가지고 이주하게 되어 서장(西藏) 세 지역을 이름하여 삼위(三危)라 이름한 것으로 사료된다. 즉 지명이동(地名移動) 현상으로 생각된다.

[표 014] ≪중문대사전≫ 삼위 자료에 대한 사실 관계조사표

| 삼위(三危)기록 | 사실관계조사 |
|---|---|
| ① 서예지산 (西裔之山) | 서쪽 변방의 산이 바로 감숙성 돈황현 삼위산이다. |
| ② 재금감숙성돈황현 (在今甘肅省敦煌縣) | 감숙성 돈황현에 삼위산이 있다. |
| ③ 재감숙성조서산지서 (在甘肅省鳥鼠山之西) | 조서산의 서쪽이 바로 감숙성 돈황현 삼위산이다. |
| ④ 재감숙성천수현 (在甘肅省天水縣) | 천수현(天水縣)은 오류이다. 돈황현에 삼위산이 있다. |
| ⑤ 재감숙성고첩주지서 (在甘肅省古疊州之西) | 옛 첩주의 서쪽이 감숙성 돈황현 삼위산이다. |
| ⑥ 재운남경(在雲南境) 삼숭산(三崇山) | 운남성(雲南省) 삼숭산(三崇山)의 다른 산 이름으로 삼위·태백의 삼위산은 아니다. |
| ⑦ 산당재금사천성 (山當在今四川省) | 사천성은 오류이다. 돈황현에 삼위산이 있다. |
| ⑧ 이적위산유삼봉자 (夷狄謂山有三峰者) | 삼위(三危)는 오랑캐 이족(夷族)과 적족(狄族)들이 명명한 산(山)이다. |
| ⑨ 삼처총명삼위 (三處總名三危) | 세 곳(衛, 藏, 喀木)을 총칭하여 삼위(三危)라고 한다. 지명이동(地名移動) 현상으로 생각된다. |

## 8. ≪중국고금지명대사전≫의 삼위(三危) 기록

≪중국고금지명대사전(中國古今地名大辭典)≫은 1931년 상해(上海) 상무인서관(商務印書館)에서 발행된 대사전이다. ≪중문대사전≫(1991)과 더불어 고대사 연구에 참조할 자료가 많아서 삼위(三危) 관련 자료연구에 인용하고자 한다. 먼저 삼위지설(三危之說)의 유래를 설명하고 있다. 원문을 통해 살펴보고자 한다.

**원문**

[書禹貢] 三危旣宅 導黑水 至於三危 入於南海
서우공 삼위기택 도흑수 지어삼위 입어남해

三危之說 古今不一 或以爲二 或以爲三
삼위지설 고금불일 혹이위이 혹이위삼

而所指之地又各不同 分擧如下
이소지지지우각부동 분거여하

**[해석]**

≪서경≫ 〈우공〉에 이르기를 삼묘(三苗)는 삼위(三危)에 이미 기거하고 있다. 흑수(黑水)를 따라가면 삼위(三危)에 이르고, 남해(南海)에 다다른다. 이른바 삼위지설(三危之說)이다. 옛날이나 지금이나 한 곳이 아닐 수 있으며, 혹은 두 곳이거나 혹은 세 곳일 수 있다. 이는 어느 지역을 가르치거나 또는 각각 같지 않은 곳을

말할 수 있다. 나누어진 곳은 아래와 같다.

≪중국고금지명대사전≫에서 삼위(三危)는 ≪서경≫ <우공>의 삼위지설(三危之說)에 대하여 여러 가지 지명 설명을 ≪중문대사전≫과 같은 방식으로 설명하고 있다. 중복되는 설명이 있을지라도 원문 전체를 다시 한번 인용하여 설명해 드리고자 한다.

### 1) 삼위(三危) 서예지산(西裔之山)

≪중국고금지명대사전≫에서 삼위(三危)에 대한 1번째(甲) 설명이다. 서예지산(西裔之山)에 있다는 학설을 소개하고 있다. 원문(原文)과 함께 살펴보고자 한다.

**원문**

(甲) 謂三危爲西裔之山 而不信其所在
갑 위 삼 위 위 서 예 지 산 이 불 시 기 소 재

[馬融尙書注] 三危 西裔也
마 융 상 서 주 삼 위 서 예 야

[書孔傳] 西裔之山
서 공 전 서 예 지 산

[書正義] 三危山 必是西裔 未知山之所在
서 정 의 삼 위 산 필 시 서 예 미 지 산 지 소 재

[將廷錫尙書地理今釋] 按蔡傳三危西裔之地
장 정 석 상 서 지 리 금 석 안 채 전 삼 위 서 예 지 지

卽禹貢所謂三危旣宅者是矣
즉 우 공 소 위 삼 위 기 택 자 시 의

若導川黑水所經之三危 自在大河之南
약 도 천 흑 수 소 경 지 삼 위 자 재 대 하 지 남

與竄三苗於三危之三危爲二
여 찬 삼 묘 어 삼 위 지 삼 위 위 이

**[해석]**

순서를 갑을병정무기경신임로 하였다. 즉 아홉가지로 분류하였다. 갑번째, 이름하여 삼위산(三危山)은 서예지산(西裔之山)이다. 즉 서쪽 변방(묘족)의 산이다. 그리고 그 소재를 믿을 수가 없다.

≪마융상서주(馬融尙書注)≫[129]에 이르기를 삼위(三危)는 서쪽 변방 지역에 있다.

≪서공전(書孔傳)≫[130]에 이르기를 '서쪽 변방의 산이다.'라고 하였다.

≪서정의(書正義)≫[131]에 이르기를 삼위산(三危山)이다. 필시 서쪽 변방의 산이다. 그러나 산의 소재는 알지 못한다.

≪장정석 상서지리금석≫에 의거하여 채(蔡)가 전하기를 삼위는 서쪽 변방의 땅이다. 즉 〈우공〉에서 말하는 소위 삼위기택을 말한다. 옳은 말이다. 만약에 하천으로 설명한다면 흑수가 지나는 곳에 삼위가 있다. 큰 하천 남쪽에 존재한다. 더불어 삼묘가 달아난 곳이 삼위의 삼위이다.

---

129) 마융(馬融, 79~166)은 후한(後漢) 시대 학자이며, ≪마융상서주(馬融尙書注)≫는 ≪서경≫에 마융이 주(注)를 단 서적이다.

130) ≪서공전(書孔傳)≫, 한(漢)나라 공안국(孔安國)의 전(傳)으로 공안국은 공자의 11대 손이다.

131) ≪상서정의(尙書正義)≫, 당(唐)나라 유학자인 공영달(孔穎達, 574~648)이 쓴 책이다.

**[표 015] 서예지산(西裔之山)의 인용 서적과 저술 시기**

| 중문대사전 | 중국고금지명대사전 |
|---|---|
|  | 마융상서주-한(漢) |
| 전(傳)-한(漢) | 서공전(書孔傳)-한(漢) |
| 소(疏)-당(唐) |  |
|  | 서정의(書正義)-당(唐) |
| 장정석 상서지리금석-청(淸) | 장정석 상서지리금석-청(淸) |

≪중국고금지명대사전≫과 ≪중문대사전≫의 분류는 9가지로 동일하다. 그러나 인용한 서적은 조금씩 다르다. '삼위는 서예지산(西裔之山)이다.'라는 해석에 대해서 ≪중문대사전≫은 ≪전(傳)≫, ≪소(疏)≫, ≪장정석 상서지리금석≫ 등의 기록을 소개하였다.

≪중국고금지명대사전≫은 ≪마융상서주≫, ≪서공전≫, ≪서정의≫, ≪장정석 상서지리금석≫ 등의 기록을 인용하였다. 위 기록들이 결론적으로 삼위(三危)는 삼위산(三危山)이며, 서쪽 변방의 산임을 설명하고 있다는 점이다.

예(裔)[132]는 후손(後孫), 변방(邊方)이라는 의미로 풀이된다. 그러나 한문 사전을 자세히 찾아보면 '오랑캐'라는 의미로도 사용된다. 여기에서 오랑캐는 바로 삼묘(三苗)를 말한다. 서예지산은 '서쪽 오랑캐 즉 삼묘족의 산이다.'라고도 해석이 가능하다.

---

132) 예(裔)자 ① 후손(後孫), ② 자락(옷이나 이불 따위의 아래로 드리운 넓은 조각), ③ 가선(縇: 의복의 가장자리를 딴 헝겊으로 가늘게 싸서 돌린 선), ④ 옷단(옷자락 끝의 가장자리를 안으로 접어 붙이거나 감친 부분), ⑤ 오랑캐, ⑥ 변방(邊方: 중심지에서 멀리 떨어진 가장자리 지역), ⑦ 가, 끝, ⑧ 남다 (네이버 한자사전 참조)

### 2) 삼위(三危) 감숙돈황현(甘肅敦煌縣)

≪중국고금지명대사전≫에서 삼위(三危)에 대한 2번째(乙) 설명이다. 감숙성 돈황현(敦煌縣)에 있다는 학설을 소개하고 있다. 원문(原文)과 함께 살펴보고자 한다.

**원문**

（乙） 謂三危在今甘肅敦煌縣
을 위삼위재금감숙돈황현

[杜預左傳允姓之姦居於瓜州注] 允姓之祖
두예좌전윤성지간거어과주주 윤성지조

與三苗俱放於三危 瓜州 今敦煌也
여삼묘구방어삼위 과주 금돈황야

[淮南子墬形訓] 樂民拏閭 在昆侖弱水之洲
회남자지형훈 악민나려 재곤륜약수지주

三危在樂民西
삼위재악민서

[郭注] 三危 西極之山名也
곽주 삼위 서극지산명야

[水經注] 山海經曰 三危在敦煌縣南
수경주 산해경왈 삼위재돈황현남

與岷山相接 南帶黑水
여민산상접 남대흑수

[括地志]在沙州敦煌縣東南四十里 山有三峯
괄지지 재사주돈황현동남사십리 산유삼봉

故名 亦名卑羽山
고명 역명비우산

[金履祥尙書注] 沙州敦煌縣東四十里有卑雨山
김리상상서주 사주돈황현동사십리유비우산

一名化雨山 有三峯甚高 人以爲三危
일명화우산 유삼봉심고 인이위삼위

[明都司志] 三危爲沙州望山 俗名昇爾山
명도사지 삼위위사주망산 속명승이산

今在城東南三十里 三峯聳峙 如危欲墮 故名
금재성동남삼십리 삼봉용치 여위욕타 고명

**[해석]**

삼위(三危)는 현재의 감숙성 돈황현(敦煌縣)이다.

≪두예좌전(杜預左傳)≫[133] 윤씨성의 간녀가 거주했던 과주(瓜州)의 주(注)에 이르기를 윤(允)씨 성(姓)의 조상이다. 더불어 삼묘(三苗)를 내보내게 된 곳이 삼위(三危)이다. 과주(瓜州)는 오늘날의 돈황(敦煌)이다.

≪회남자≫ 〈지형훈(墬形訓)〉[134]에 이르기를 즐거운(樂) 백성(民)들이 동네 어귀에서 붙잡는다. 곤륜산(崑崙山) 약수(弱水)가 있는 주(州)에 있다. 삼위(三危)는 서역(西域)의 즐거운(樂) 백성(民)들이 있는 곳에 위치한다.

≪곽주(郭注)≫[135]에 이르기를 서쪽 극지방의 산(山) 이름이다.

≪수경주(水經注)≫[136]에 이르기를 산해경 기록을 보면 삼위(三危)는 돈황현(敦煌縣) 남쪽에 있다. 민산(岷山)과 서로 접(接)하고 있다.

---

133) 두예(杜預, 222~284)는 진(晉)나라의 정치가로 ≪춘추좌씨경전집해(春秋左氏經傳集解)≫, ≪춘추석례(春秋釋例)≫ 등을 집필하였다.

134) ≪회남자≫는 한(漢)나라 초기에 회남왕(淮南王) 유안(劉安, BC 179~BC 122)이 편찬하였다.

135) 곽주(郭注)는 서진(西晉)의 학자 곽상(郭象)이 낸 ≪장자주≫를 말한다.

136) ≪수경(水經)≫은 동한의 상흠(桑欽)이 지은 것으로 이 ≪수경≫에 주(注)를 달아서 집필한 책이 ≪수경주(水經注)≫이다. 북위(北魏)의 역도원(酈道元, 466~527)이 집필하였다.

≪괄지지(括地志)≫[137]에 이르기를 사주(沙州) 돈황현(敦煌縣) 동남쪽 40리(약 15.7㎞)에 있다. 산(山)은 봉우리가 3개 있다. 옛 이름은 비우산(卑羽山)이다.

≪김리상상서주(金履祥尚書注)≫[138]에 이르기를 사주(沙州) 돈황현(敦煌縣) 동쪽으로 40리(약 15.7㎞)에 비우산(卑羽山)이 있다. 일명 화우산(化雨山)이다. 3개의 봉우리가 있으며 매우 높다. 사람들은 이로 인하여 삼위(三危)라 부른다.

≪명도사지(明都司志)≫에 이르기를 삼위(三危)는 사주(沙州)에서 볼 수 있는 산이다. 세속의 이름은 승이산(昇爾山)이다. 성(城)의 동남쪽 30리(약 11.7㎞)에 있다. 3(三) 개 봉우리가 우뚝 솟아 있다. 위태로움(危)이 장차 떨어지려는 것과 같다. 옛 이름이다.

**[표 016] 감숙 돈황현(敦煌縣) 인용 서적과 저술 시기**

| 중문대사전 | 중국고금지명대사전 |
|---|---|
| 소(疏)-당(唐) | |
| 좌씨전 소공-진(晉) | 두예좌전-진(晉) |
| 회남자 지형훈-한(漢) | 회남자 지형훈-한(漢) |
| 회남자주-한(漢) | |
| | 곽주(郭注)-진(晉) |
| 수경 강수주-북위(北魏) | 수경주(水經注)-북위(北魏) |
| | 괄지지(括地志)-당(唐) |
| | 김리상상서주-송(宋) |
| | 명도사지(明都司志) |

137) ≪괄지지(括地志)≫는 당(唐)나라 위왕(魏王) 이태(李泰, 618~652)가 편찬을 주도하였다

138) 김이상(金履祥, 1232~1303)은 송말원초의 학자이다. 저서로는 ≪상서주(尙書注)≫, ≪상시표주(尙書表注)≫, ≪논어맹자집주고증(論語孟子集注考證)≫, ≪대학장구소의(大學章句疏義)≫, ≪중용표주(中庸標注)≫, ≪자치통감전편(資治通鑑前編)≫ 등이 있다.

삼위산(三危山)은 지구에서 오직 한곳에 있다. 이름도 상고시대 이래로 지금까지 변함없이 삼위산이다. 3(三)개의 봉우리가 바위 등이 떨어질 정도로 위태로우므로(危) 붙여진 산(山) 이름이다. 감숙성 돈황현에 있다.

위에 정리한 9권의 인용서적은 지금의 감숙성 돈황현의 남쪽에 있는 산이 바로 삼위산(三危山)이라는 설명들이다. 즉 ≪삼국유사≫의 삼위·태백의 기록에서 삼위는 바로 삼위산이며 그 삼위산이 감숙성 돈황현에 있다는 점이다.

우리 민족의 주류세력은 천산(天山) 일대에서 삼위와 태백을 둘러보시고 태백산으로 내려오고, 삼위에는 반고가한이 이주하여 나라를 여는 것이다.

### 3) 삼위(三危) 감숙조서산지서(甘肅鳥鼠山之西)

≪중국고금지명대사전≫에서 삼위(三危)에 대한 3번째(丙) 설명이다. 감숙성 조서산(鳥鼠山) 서쪽에 있다는 학설을 소개하고 있다. 원문(原文)과 함께 살펴보고자 한다.

**원문**

(丙) 謂三危在甘肅鳥鼠山之西
병 위삼위재감숙조서산지서

[書正義] 鄭玄引地記書云 三危之山 在鳥鼠之西
서정의 정현인지기서운 삼위지산 재조서지서

南當岷山 則在積石之西南
남당민산 칙재적석지서남

地記乃妄書 其言未必可信
지기내망서 기언미필가신

[漢書司馬相如傳注] 張揖曰 三危山在鳥鼠山之西
한서사마상여전주 장읍왈 삼위산재조서산지서

與岷山相近 黑水出其南陂
여민산상근 흑수출기남피

[後漢書郡國志] 隴西郡首陽縣注 地道記曰
후한서군국지 롱서군수양현주 지도기왈

有三危 三苗所處
유삼위 삼묘소처

[水經注] 山海經曰 三危之山 三青鳥居之 是山也
수경주 산해경왈 삼위지산 삼청조거지 시산야

廣圓百里 在鳥鼠山西
광원백리 재조서산서

[河圖括地象] 三危在鳥鼠西南 與汶山相接
하도괄지상 삼위재조서서남 여문산상접

黑水出其南 按鳥鼠山 在今甘肅渭源縣
흑수출기남 안조서산 재금감숙위원현

首陽卽今渭源縣也
수양즉금위원현야

**[해석]**

삼위(三危)는 감숙성 조서산의 서쪽에 있다고 말한다.

≪상서정의(尙書正義)≫[139]에 이르기를 정현(鄭玄)[140]은 ≪지기(地記)≫를 인용한 기록에 의하면, 삼위산은 조서산(鳥鼠山)의 서쪽에 있으며, 남쪽에는 당연히 민산(岷山)[141]이 있으며, 즉 적석산(積石山)[142]은 서남쪽에 있다. ≪지기(地記)≫는 망녕되이 쓴 글이니 그 말을 반드시 믿을 수는 없다.

≪한서≫ 〈사마상여전주(司馬相如傳注)〉[143]에서 장읍(張揖)이 말하기를 삼위산(三危山)은 조서산(鳥鼠山)의 서쪽에 있으며, 조서산(鳥鼠山)은 민산(岷山)과 나란이 있으며, 가까이 위치하고 있다. 흑수(黑水)는 그 산의 남쪽으로 흘러나간다.

≪후한서≫ 〈군국지〉 〈롱서군수양현주〉[144]에서 ≪지도기(地道記)≫[145]에 이르기를 '삼위(三危)가 있는데 삼묘(三苗)가 거처하는 곳이다.'라고 하였다.

≪수경주≫[146]에서 ≪산해경≫에 이르기를 '삼위는 산이다. 세 마리 청조(靑鳥)가 살고 있는 곳이다. 바로 그 산이다. 넓이는 둘레가 100리이다. 조서산의 서쪽에 있다.

≪하도괄지상(河圖括地象)≫ 삼위(三危)는 조서산(鳥鼠山)의 서남쪽에 있다. 더불어 문산(汶山)[147]과 서로 접하고 있다. 흑수가 그 남쪽으로 흘러간다. 조서산과 접

---

139) 당(唐)나라 유학자인 공영달(孔穎達, 574~648)이 쓴 책이다.

140) 정현(鄭玄)은 중국 후한 말기의 대표적 유학자이다. 훈고학과 경학의 시조로 존경을 받고 있다.

141) 감숙성의 남부(南部) 지역에 있으며, 사천성의 송반현(松潘縣)과 북쪽 지역에 접해 있다.

142) 중국 감숙성 서남부에 위치하고 있으며, 현재는 소수민족 보안족(保安族)의 터전이다.

143) 중국 후한 시대에 반고가 저술한 기전체(紀傳體)의 역사서이다.

144) 중국 남북조시대(南北朝時代)에 남조(南朝) 송(宋)의 범엽(范曄)이 편찬한 기전체 사서이다.

145) 동진(東晉) 사람인 왕은(王隱)이 쓴 책이다.

146) 북위(北魏) 때 역도원(酈道元)이 편찬한 지리책(地理册)으로 ≪수경(水經)≫에 주(注)를 단 것이다.

147) 민산(岷山)에 대한 다른 이름으로 문산(汶山)이라 함. [원문] 岷山南下之正支。故岷山亦有汶山之稱。主峯在四川茂縣東南。〔元和志〕「汶山縣有汶山。」卽此。山有九峯。四時積雪。一名雪山。炎夏融泮。江水爲之洪溢。俗呼九頂山。或因德陽縣北有鹿頭山。亦在此山脈中。遂稱爲鹿頭山脈. ≪중국고금지명대사전≫

하고 있다. 지금의 감숙성 위원현(渭源縣)에 있다. 수양현(首陽縣)은 지금의 위원현(渭源縣)이다.

[표 017] 감숙조서산지서 인용 서적과 저술 시기

| 중문대사전 | 중국고금지명대사전 |
|---|---|
| 상서주소(尙書注疏)-당(唐) | 상서정의(尙書正義)-당(唐) |
| 초사천문(楚辭天問)-초(楚) | |
| 초사천문주 | |
| 한서 사마상여전-한(漢) | |
| 한서 사마상여전주-한(漢) | 한서 사마상여전주-한(漢) |
| 후한서-한(漢) | 후한서-한(漢) |
| 수경주-북위(北魏) | 수경주-북위(北魏) |
| | 하도괄지상-한(漢) |

삼위산(三危山)의 위치를 소개할 때 왜 조서산을 언급하고 있는가?

먼저 조서산을 알아보면, 조서산(鳥鼠山)은 감숙성 위현(渭縣)에 있으며, 이 산에서 위하(渭河)가 발원하여 남동으로 흘러 섬서성(陝西省)에 들어와 봉상, 서안(西安), 조읍을 거쳐 동쪽으로 동관을 돌아 황하에 이른다.

서안(西安) 지역은 과거 중국 13개 왕조의 수도로 교통의 요충지이다. 서안의 서쪽에 조서산이 있다. 위하(渭河)의 발원지이며, 서역으로 가는 방향에 조서산이 있다. 이 조서산에서 좀 더 서쪽으로 가면 돈황에 삼위산이 있으므로 조서산의 서쪽에 있다고 설명하고 있다.

### 4) 삼위(三危) 감숙천수현(甘肅天水縣)

≪중국고금지명대사전≫에서 삼위(三危)에 대한 4번째(丁) 설명이다. 감숙성 천수현(天水縣)에 있다는 학설을 소개하고 있다. 원문(原文)과 함께 살펴보고자 한다.

**원문**

(丁) 謂三危在今甘肅天水縣
정 위삼위재금감숙천수현

[陸德明莊子音義] 三危 今屬天水郡
육덕명장자음의 삼위 금속천수군

[畢沅山海經注] 山當在今秦州西 俗失其名
필원산해경주 산당재금진주서 속실기명

按秦州 古天水郡 今爲甘肅天水縣
안진주 고천수군 금위감숙천수현

**[해석]**

삼위(三危)는 지금의 감숙성 천수현이다.

≪육덕명 장자음의≫에 이르기를 삼위는 지금의 천수군(天水郡)에 속한다.

≪필원산해경주≫에 이르기를 삼위산(三危山)은 당연히 지금의 진주(秦州) 서쪽에 있다. 세속에서는 그 이름을 잃어버렸다. 진주(秦州)는 옛 천수군(天水郡)이다. 지금의 감숙성 천수현을 이른다.

≪장자음의≫는 당(唐)나라 때 육덕명의 저서이다. ≪중문대사전≫

에서 자세하게 ≪장자음의≫ 원문을 인용하여 설명하였다.

[표 018] 감숙천수현 인용 서적과 저술 시기

| 중문대사전 | 중국고금지명대사전 |
|---|---|
| 육덕명 장자음의-당(唐) | 육덕명 장자음의-당(唐) |
| | 필원 산해경주-청(淸) |

≪필원산해경주≫는 청나라 때 필원의 저서이다.

≪산해경≫은 전한(前漢) 애제(哀帝) 때 궁중 서고에 ≪산해경≫ 고본(古本) 총 32편이 보관되어 있던 것을 교서관(校書館) 유수(劉秀, BC 53~23)가 18편으로 교감(校勘)하였다. 이 18편을 후한(後漢) 때 왕충(王充)과 조엽(趙曄)이 주(注)를 달았으나 손실되어 전하지 못하고 있다.

동진(東晉) 때 곽박(郭璞, 276~324)이 주(注)를 단 ≪산해경≫이 전해 오고 있다. 곽박 이후부터 ≪산해경≫에 대한 관심이 증대되었으며, 청나라 필원이 주석을 달아 ≪신교정산해경≫을 지었다.

[그림 072] 감숙성 돈황시 삼위산과 감숙성 천수시와의 인공위성 지도. 고(古) 진주(秦州), 고(古) 천수현(天水縣)의 서(西)쪽에는 돈황현의 삼위산(三危山)이 위치하고 있다.

감숙성 천수시(天水市)는 위수(渭水) 상류 연안에 있다. 춘추시대에는 진(秦)의 발상지였고 당대(唐代) 이후에는 진주(秦州)가 설치되었던 곳으로 진주(秦州)라고도 하였다.

≪중문대사전≫에서 결론적으로 '삼위 천수현설'은 학설의 오류라고 주장하였다. 그런데 ≪중문고금지명대사전≫에서 '필원산해경주(畢沅山海經注) 산당재금진주서(山當在今秦州西)'라는 기록을 보고 그 오류의 원인을 확인할 수 있었다.

삼위산(三危山)이 진주(秦州), 즉 천수현(天水縣)에 있는 것이 아니라, '진주서(秦州西)', 즉 진주현의 서쪽 지역에 삼위산이 있다는 것이다. 이럴 경우 삼위산과의 지리적 설명은 정확하게 된다.

청나라 필원이 주석을 달은 ≪신교정산해경≫ 원문을 확인하고

자 한다. 최초의 ≪산해경≫에 청나라 시대의 인식과 생각을 담은 교정(矯正)본은 삼위산(三危山)에 대한 새로운 정보를 확인할 수 있을 것이다.

**원문**

又西二百二十里 曰三危之山
우 서 이 백 이 십 리 왈 삼 위 지 산

今在敦煌郡 尚書云 鼠三苗于三危是也
금 재 돈 황 군 상 서 운 서 삼 묘 우 삼 위 시 야

沅曰山在今甘肅 肅州北塞外
원 왈 산 재 금 감 숙 숙 주 북 새 외

古人言三危有三
고 인 언 삼 위 유 삼

鄭元注尚書引河圖及地說云
정 원 주 상 서 인 하 도 급 지 설 운

三危山在鳥鼠山西南與岐山相連岐當爲珉
삼 위 산 재 조 서 산 서 남 여 기 산 상 연 기 당 위 민

劉昭注郡國志首陽引地道記云
유 소 주 군 국 지 수 양 인 지 도 기 운

有三危三苗所處
유 삼 위 삼 묘 소 처

陸德明壯子音義曰 三峗今屬天水一也
육 덕 명 장 자 음 의 왈 삼 위 금 속 천 수 일 야

山當在今秦州西俗失其名
산 당 재 금 진 주 서 속 실 기 명

水經云江水又東過江陽縣南洛水從
수 경 운 강 수 우 동 과 강 양 현 남 낙 수 종

三危山東過黃魏漢洛縣南二也
삼 위 산 동 과 황 위 한 낙 현 남 이 야

山當在今四川省
산 당 재 금 사 천 성

淮南子云 三危在樂民西禹貢山水地澤所在云
회 남 자 운 삼 위 재 낙 민 서 우 공 산 수 지 택 소 재 운

三危山在敦煌縣南
삼 위 산 재 돈 황 현 남

括地志云三危山在沙州敦煌縣東南三十里見
괄 지 지 운 삼 위 산 재 사 주 돈 황 현 동 남 삼 십 리 견

史記正義是此山也 又水經注云 山海經曰
사 기 정 의 시 차 산 야 우 수 경 주 운 산 해 경 왈

三危在敦煌南與岷山相接山南帶黑水
삼 위 재 돈 황 남 여 민 산 상 접 산 남 대 흑 수

又山海經不言洛水所
우 산 해 경 불 언 낙 수 소

道經曰出三危山所未詳案
도 경 왈 출 삼 위 산 소 미 상 안

酈元此說不知三危有二也所引山海經今書亦無
역 원 차 설 부 지 삼 위 유 이 야 소 인 산 해 경 금 서 역 무

**[해석]**

다시 서쪽으로 220리(약 86㎞)를 가면 삼위산(三危山)이 있다. [주(注)] 지금의 돈황군(敦煌郡)에 있다.

≪상서(尙書)≫에 이르기를 '삼묘(三苗)를 삼위(三危)로 쫓아내었다.'라고 한 곳이 바로 이곳이다. 필원이 말하기를 삼위산(三危山)은 감숙성(甘肅省)[148] 숙주(肅州)의

148) 감숙성은 감주(甘州)와 숙주(肅州) 두 부(府)의 앞 자를 따서 불리게 되었다. 현재 감주구(甘州區)는 감숙성 장액시(張掖市)에 있으며 하서주랑(河西走廊) 중부도시이다. 현재 숙주구(肅州區)는 감숙성 주천시(酒泉市)에 있으며 하서주랑(河西走廊) 중서부 도시이다. 숙주(肅州)의 북서쪽에 삼위산(三危山)이 있다.

북쪽 변방 밖에 있다. 옛사람들이 말하기를 삼위는 3개가 있다고 하였다.

정현(鄭玄)[149]은 ≪지기(地記)≫을 인용하여 기록한 ≪상서주소(尙書注疏)≫에 이르기를 삼위산은 조서산의 서남에 있으며 기산(岐山)과 나란히 있으며 마땅히 기산(岐山)은 민산(岷山)과 서로 이어져 있다.

≪후한서≫ 〈군국지〉 유소(劉昭)[150]의 주(注)에 ≪지도기(地道記)≫에 이르기를 삼위(三危)가 있는데 삼묘(三苗)가 거처하는 곳이다.

≪육덕명 장자음의(陸德明壯子音義)≫에 이르기를 삼위(三峗)는 천수(天水)에 속한다. 이것이 첫 번째 설명이다. 삼위산(三危山)은 당연히 지금의 진주(秦州)의 서쪽에 있다. 세속에서는 그 이름을 잃어버렸다.

≪수경(水經)≫에 이르기를 강수(江水)[151]는 또한 동쪽으로 통과하여 강양현(江陽縣) 남쪽으로 낙수(洛水)를 따른다. 삼위산 동쪽으로 통과하여 황현(黃縣), 위현(魏縣), 한현(漢縣), 낙현(洛縣)의 남쪽으로 흐른다. 이것이 두 번째 설명이다.

---

149) 정현(鄭玄)은 중국 후한 말기의 대표적 유학자이다. 훈고학과 경학의 시조로 존경을 받고 있다. ≪신교정산해경≫에서는 정현(鄭玄)을 정원(鄭元)으로 기록하였다.

150) 중국 남북조시대(南北朝時代) 남조(南朝) 양(梁)의 역사가로 사마표(司馬彪)의 ≪속한서(續漢書)≫ '팔지(八志)' 부분에 주석(註釋)을 붙여 30권(卷)의 ≪보주후한지(補注後漢志)≫를 완성하였다. 팔지 중에 군국지(郡國志)가 있다.

151) 강수(江水)는 양자강(揚子江)의 옛 이름이다.

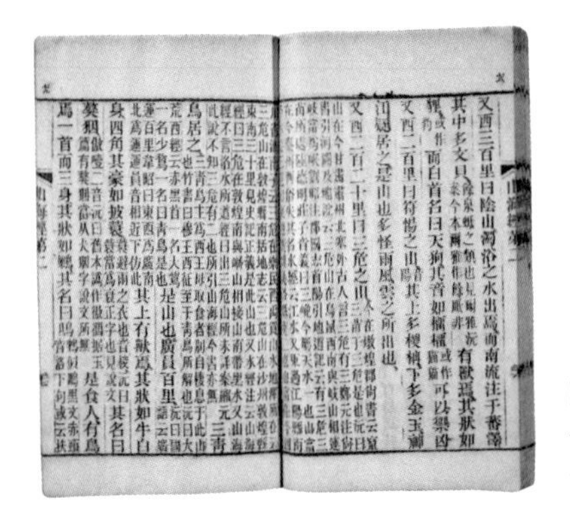

[그림 073] 청나라 필원이 주석한 ≪신교정 산해경≫. '산당재금진주서(山當在今秦州西)'를 확인할 수 있다.

≪회남자≫에 이르기를 삼위(三危)는 낙민의 서쪽에 있으며 우공 산천지택에 소재하고 있다고 하기를 삼위산(三危山)은 돈황(敦煌) 남쪽에 있다.

≪괄지지(括地志)≫에 이르기를 삼위산은 사주(沙州) 돈황현(敦煌縣)에서 동남쪽으로 30리를 가면 볼 수 있다. ≪사기정의(史記正義)≫에 이 산에 대해서 말하기를 ≪수경주(水經注)≫에 이르기를 ≪산해경≫ 말에 삼위산은 돈황의 남쪽에 있고, 남쪽으로 더불어 민산(岷山)과 서로 접하고 있다. 산의 남쪽 지역에 흑수(黑水)가 띠를 이루어 나간다. 또한 ≪산해경≫에서 낙수(洛水)에 대해서 말하지 않았다.

≪도경(道經)≫에서 말하기를 삼위산 출구 장소를 상세하게 알지 못한다고 하였다. 역원(酈元)은 이 해석은 알지 못하며 삼위산은 2개의 장소가 있다고 하였는데, ≪산해경≫을 인용한 지금 책에서도 또한 없다.

### 5) 삼위(三危) 감숙고첩주지서(甘肅古疊州之西)

≪중국고금지명대사전≫에서 삼위(三危)에 대한 5번째(戊) 설명이다. 감숙성 옛 첩주(疊州)의 서쪽에 있다는 학설을 소개하고 있다. 원문(原文)과 함께 살펴보고자 한다.

**원문**

(戊)謂三危在甘肅古疊州之西
무 위삼위재감숙고첩주지서

[金履祥尙書注] 巖昌羌 卽三苗之種 其地有疊州
김리상상서주 암창강 즉삼묘지종 기지유첩주

山多重疊 三危山有三重 或在其地
산다중첩 삼위산유삼중 혹재기지

[蔣廷錫尙書地理今釋] 三危山 在大河南
장정석상서지리금석 삼위산 재대하남

今陝西岷州衞塞外古疊州西 按疊州故治
금섬서민주위새외고첩주서 안첩주고치

在今甘肅臨潭縣西南
재금감숙림담현서남

**[해석]**

삼위(三危)는 감숙성 옛 첩주(疊州)의 서쪽에 있다. ≪김리상상서주(金履祥尙書

注)≫[152]에 이르기를 강종족(羌種族) 번성한 곳으로 험한 지역이다. 즉 삼묘(三苗)의 종족이다. 그 지역이 첩주에 있다. 산이 많고 첩첩산중이다. 삼위산(三危山)은 3개의 중첩이 있다. 그러한 땅이 간혹 있다.

≪장정석상서지리금석≫에 이르기를 삼위산(三危山)은 대하(大河)의 남쪽, 즉 지금의 섬서성(陝西省) 민주(岷州)를 변방 외곽으로 둘러쌓고 있는 옛 첩주(疊州)의 서쪽에 있다. 첩주(疊州)를 처음부터 다스렸다. 지금의 감숙성 임담현(臨潭縣)의 서남에 있다.

≪상서지리금석(尙書地理今釋)≫은 청나라 장정석(蔣廷錫, 1669~1732)의 저서이다. ≪서경≫의 지리적인 내용을 당시 청나라 시대에 해석한 책이다.

**[표 019] 감숙고첩주지서 인용 서적과 저술 시기**

| 중문대사전 | 중국고금지명대사전 |
|---|---|
| | 김리상상서주-송(宋) |
| 장정석상서지리금석-청(淸) | 장정석상서지리금석-청(淸) |

대하(大河)는 황하(黃河)를 말한다. 즉 황하의 남쪽에 있는 민주(岷州), 현재의 감숙성 민현(岷縣)이다. 민현과 인접해 있는 옛 첩주(疊

152) 김이상(金履祥, 1232~1303)은 송말원초의 학자이다. 저서로는 ≪상서주(尙書注)≫, ≪상서표주(尙書表注)≫, ≪논어맹자집주고증(論語孟子集注考證)≫, ≪대학장구소의(大學章句疏義)≫, ≪중용표주(中庸標注)≫, ≪자치통감전편(資治通鑑前編)≫ 등이 있다.

州), 즉 지금의 감숙성 질부현(迭部縣)의 서쪽에 삼위산이 있다는 설명이다. 위 원문 중에서 민현(岷縣)[153]이 섬서성(陝西省)으로 소개하고 있는데 감숙성에 속하는 것이다. 이는 잘못 소개한 것이다.

### 6) 삼위(三危) 운남경(雲南境)

≪중국고금지명대사전≫에서 삼위(三危)에 대한 6번째(己) 설명이다. 운남성(雲南省) 경계에 있다는 학설을 소개하고 있다. 원문(原文)과 함께 살펴보고자 한다.

**원문**

(己) 謂三危在今雲南境
기 위삼위재금운남경

[樊綽蠻書] 麗水源自邏些城三危山下。
번작만서 려수원자라사성삼위산하

南流過麗水城西。禹貢導黑水至於三危。
남류과려수성서 우공도흑수지어삼위

蓋此是也。按邏些城在今雲南麗江縣北。
개차시야 안라사성재금운남려강현북

又 [蔣廷錫尚書地理今釋]
우 장정석상서지리금석

153) 西魏置。隋廢。尋復置。唐曰和政郡。尋復曰岷州。後陷於吐蕃。宋曰岷州和政郡。後入金。爲祐州。尋復入宋。徙治白石鎭。卽今西和縣治。元復於故治置岷州。明爲岷州衞。청복위민주(淸復爲岷州)。속감숙공창부(屬甘肅鞏昌府)。民國降爲岷縣。≪中國古今地名大辭典≫

今雲南大理府雲龍州西有三崇山。一名三危。
금 운 남 대 리 부 운 룡 주 서 유 삼 숭 산 일 명 삼 위

瀾滄江經其麓。有黑水祠。或以爲卽古三危也。
란 창 강 경 기 록 유 흑 수 사 혹 이 위 즉 고 삼 위 야

按 [書正義] 地理志益州滇池有黑水祠。
안 서 정 의 지 리 지 익 주 전 지 유 흑 수 사

止言其有祠。不知水之所在。鄭云。
지 언 기 유 사 부 지 수 지 소 재 정 운

今中國無也。謂三危在今雲南者。蓋出於此。
금 중 국 무 야 위 삼 위 재 금 운 남 자 개 출 어 차

[원문]

삼위산(三危山)은 운남(雲南)의 경계에 있다. 중국 당(唐)나라때 번작(樊綽)이 편찬한 ≪만서(蠻書)≫에 이르기를 여수(麗水)의 수원은 라사성(邏些城)[154] 삼위산(三危山) 아래에서 유래한다.

남쪽으로 흘러 여수성(麗水城)을 지나 서쪽으로 흐른다. 우공(禹貢)의 흑수(黑水)를 지나 삼위(三危)에 이른다는 것은 대개 이것을 이르는 말이다. 라사성(邏些城)은 지금의 운남(雲南)의 여수현(麗水縣) 북쪽이다.

또 ≪장정석상서지리금석≫에 이르기를 지금의 운남(雲南) 대리부(大理府) 운룡주(雲龍州) 서쪽에 삼숭산(三崇山)이 있다. 일명 삼위(三危)라 한다. 란창강(瀾滄江)[155]를 따라 산기슭에 경사진 곳에 흑수사(黑水司)가 있다. 혹시나 이것이 옛

---

154) 티베트(서장자치구)의 수도로 라마교의 성도(聖都).

155) 란창강(瀾滄江)은 청해성(淸海省) 남부의 당고랍(唐古拉)산맥 북쪽 사면에서 발원하여 서장(西藏)차치구를 거쳐 티베트고원 동부를 종곡(縱谷)을 이루면 남동 방향으로 흘러 운남성(雲南省)으로 들어간다. 운남성 약 400㎞ 구간을 깊은 종곡을 이루어 남류하다가 운남고원을 경유하여 라오스에 들어가서 메콩강이라 불린다.

삼위가 아닌가 한다.

≪서정의(書正義)≫[156]에 의하면 ≪지리지(地理志)≫에 익주(益州)[157] 전지(滇池)[158]에 흑수사(黑水祠)가 있다고 한다. 단지 말로만 그 사당이 있다는 것이고 물의 소재는 알지 못한다. 정(鄭)이 이르기를 지금의 중국에는 없다. 삼위산(三危山)이 운남(雲南)에 있다는 것은 그 출처가 위와 같다.

≪중문대사전≫에서 설명해 드렸던 내용과 동일하다. 이는 삼숭산(三崇山)을 다른 이름으로도 불렀는데 그 이름 중의 하나가 바로 삼위산(三危山) 이었다는 것이다.

**[표 020] 운남경 인용 서적과 저술 시기**

| 중문대사전 | 중국고금지명대사전 |
|---|---|
| 통지지리약-송(宋) | |
| | 번작만서-당(唐) |
| | 장정석상서지리금석-청(淸) |

≪중국고금지명대사전≫에서는 ≪번작만서≫와 ≪장정석상서지리금석≫을 인용하여 운남성(雲南省) 경계에 있는 삼숭산(三崇山)을 소개하고 있다. 이 산에 대한 다른 이름이 삼위산(三危山)이었기 때

156) ≪상서정의(尙書正義)≫, 당나라 유학자인 공영달(孔穎達)이 집필한 책이다.

157) 동한의 주(州) 이름이다. 지금의 사천성, 운남성, 귀주성 대부분과 섬서성, 감숙성, 호북성의 일부가 해당된다.

158) 운남성(雲南省) 곤명시(昆明市) 남쪽에 있는 호수.

문이다. 그러나 삼숭산은 돈황현의 삼위산이 아니다. 즉 삼위태백의 삼위산이 아니다.

### 7) 삼위(三危) 사천성(四川省)

≪중국고금지명대사전≫에서 삼위(三危)에 대한 7번째(庚) 설명이다. 사천성에 있다는 학설을 소개하고 있다. 원문(原文)과 함께 살펴보고자 한다.

**원문**

(庚) 謂三危在今四川省。
경 위삼위재금사천성

[水經] 江水又東過江陽縣南。
수경 강수우동과강양현남

洛水從三危山東過廣魏洛縣南。東南注之。
낙수종삼위산동과광위낙현남 동남주지

[畢沅山海經注] 山當在今四川省。
필원산해경주 산당재금사천성

**[해석]**

삼위산(三危山)이 사천성에 있다는 것이다. ≪수경(水經)≫에 이르기를 강수(江

水)[159]는 또한 동쪽으로 지나며 강양현(江陽縣) 남쪽으로 지난다.

낙수(洛水)는 삼위산 동쪽을 지나 넓은 위현(魏縣)과 낙현(洛縣) 남쪽에 이른다.

이것이 동남주(東南注)이다.

≪필원산해경주≫에 이르기를 산은 마땅히 지금의 사천성에 있다고 하였다.

**[표 021] 사천성 인용 서적과 저술 시기**

| 중문대사전 | 중국고금지명대사전 |
|---|---|
| 필원 산해경주-청(淸) | 필원 산해경주-청(淸) |

≪필원산해경주≫에 삼위산이 사천성에 있다고 기록하고 있다. 그러나 이 학설은 잘못된 기록이다. 사천성이 아니라 감숙성에 있다. 감숙성의 남쪽과 사천성의 북쪽이 경계를 하고 있지만 이는 잘못된 해석이다.

## 8) 삼위(三危) 유삼봉자위삼위(有三峯者爲三危)

≪중국고금지명대사전≫에서 삼위(三危)에 대한 8번째(申) 설명이다. 삼위산의 명명과 유래에 대한 학설을 소개하고 있다. 원문(原文)과 함께 살펴보고자 한다.

159) 강수(江水)는 양자강(揚子江)의 옛 이름이다.

원문

(辛) 謂山有三峯者爲三危。
신 위 산 유 삼 봉 자 위 삼 위

[金履祥尚書注] 戎人凡山有三峯者。 便指以三危。
김 리 상 상 서 주 융 인 범 산 유 삼 봉 자 편 지 이 삼 위

**[해석]**

삼위산은 3개의 봉우리가 있다. 이로 인하여 삼위(三危)라 부른다. ≪김리상상서주≫에 이르기를 융족(戎族) 사람들이 무릇 대부분 산(山)이 3개의 봉우리가 있어 편하게 지칭하기를 삼위(三危)라 하였다.

**[표 022] 유삼봉자위삼위 인용 서적과 저술 시기**

| 중문대사전 | 중국고금지명대사전 |
|---|---|
| 김리상상서주<br>(상서표주)-원(元) | 김리상상서주-원(元) |

국내 식민사학자들은 중국사서 중에서 윗부분만 인용한다. 해석도 왜곡하여 소개하고 있다. 위 설명의 핵심은 '삼위산은 봉우리가 3개 있는 산이다.'라는 뜻이다. 즉 '3개 봉우리의 삼위산이다.'라는 주장이다.

그런데 산(山)으로 인식도 못하고 '3개 봉우리'라는 수식어로만 번역하려고 시도하고 있다. 생각이 잘못되어도 한참이나 잘못된 학자들이다.

그래서 그들은 일인(日人)의 반도사관에 우리 민족의 역사를 억지

로 맞추려고 시도한다. 그 학자들을 식민사학자라고 부르는 이유이다.

### 9) 삼위(三危) 서장위삼위(西藏爲三危)

≪중국고금지명대사전≫에서 삼위(三危)에 대한 9번째(壬) 설명이다. 서장(西藏)의 삼위(三危)에 대한 학설을 소개하고 있다. 원문(原文)과 함께 살펴보고자 한다.

**원문**

(壬) 謂西藏爲三危。
임 위서장위삼위

[劉逢祿尙書今古文集解] 衛在打箭爐西南。
유봉록상서금고문집해 위재타전로서남

俗稱前藏。藏在衛西南。俗稱後藏。
속칭전장 장재위서남 속칭후장

喀木在衛東南。三處統名三危。
객목재위동남 삼처통명삼위

卽禹貢導黑水至於三危也。
즉우공도흑수지어삼위야

**[해석]**

서장(西藏)은 중국의 서장차지구(西藏自治區), 즉 티베트(Tibet)를 가리킨다. ≪유봉록상서고금문집해≫에 이르기를 위(衛)는 타전노(打箭爐)의 서남 지역에 있다.

속칭 전장(前藏)이다. 장(藏)은 위(衛)의 서남 지역에 있다. 속칭 후장(後藏)이다. 객목(喀木)은 위(衛)의 동남 지역에 있다.

이 세 곳(전장, 후장, 객목)을 총칭하여 삼위(三危)라고 한다. 즉 ≪서경≫ 〈우공〉편에 나오는 '흑수를 따라가면 삼위에 이른다.'는 말과 같다.

**[표 023] 서장위삼위 인용 서적과 저술 시기**

| 중문대사전 | 중국고금지명대사전 |
| --- | --- |
| 상서고금문집해-청(淸) | 유봉록상서고금문집해-청(淸) |

산명 관련해서는 7번째까지 설명이었으며, 8번째는 지명유래, 그리고 마지막 9번째는 삼위지(三危地) 설명이다. 즉 티벳의 3개 지역을 삼위(三危)라고 불렀다는 설명이다.

## 제 5 절

# 중국 고지도 삼위 고찰(考察)

≪삼국유사≫, ≪제왕운기≫ 등 국내 문헌의 삼위태백 기록과 해석을 먼저 살펴보았다. 제2절에서는 ≪환단고기≫에서 전하는 삼위태백에 대해서 살펴보았다. 제3절에서는 상고사 서적의 연구를 살펴보았다. 제4절에서는 현재 감숙성 돈황에 실존하고 있는 삼위산에 대해서 중국의 고문헌 등에서는 어떻게 언급하고 있는지 살펴보았다. 이번 제5절에서는 중국 고지도(古地圖)에 삼위태백에 대해서 실증적인 자료를 제시하고자 한다.

**[표 024] 중국 고지도(古地圖) 삼위산(三危山) 기록 현황**

| 중국고지도(中國古地圖) | 기록 | 시대 |
|---|---|---|
| 화이도<br>(華夷圖) | 삼위<br>(三危) | 남송(南宋)<br>1136년 |
| 우적도<br>(禹迹圖) | 삼위산<br>(三危山) | 남송(南宋)<br>1136년 |
| 우공구주산천지도<br>(禹貢九州山川之圖) | 삼위<br>(三危) | 남송(南宋)<br>1185년 |
| 고금화이구역총요도<br>(古今華夷區域總要圖) | 삼위<br>(三危) | 남송(南宋)<br>1185년 |
| 우공소재수산준천지도<br>(禹貢所載隨山浚川之圖) | 삼위<br>(三危) | 남송(南宋)<br>1209년 |
| 청나라 고지도<br>(古地圖) | 삼위산<br>(三危山) | 청(淸) |

| 신강전도<br>(新疆全圖) | 삼위산<br>(三危山) | 청(淸)<br>1759년 |
|---|---|---|
| 흠정황여서역도지<br>(欽定皇輿西域圖志) | 삼위산<br>(三危山) | 청(淸)<br>1761년 |
| 대청광여도<br>(大淸廣輿圖) | 삼위산<br>(三危山) | 청(淸)<br>1785년 |
| 당토역대주군연혁지도<br>(唐土歷代州郡沿革地圖) | 삼위<br>(三危) | 청(淸)<br>1835년 |
| 신강도<br>(新疆圖) | 삼위산<br>(三危山) | 청(淸)<br>1864년 |
| 중화신형세일람도<br>(中華新形勢一覽圖) | 삼위산<br>(三危山) | 중국<br>1925년 |
| 최신중화형세일람도<br>(最新中華形勢一覽圖) | 삼위산<br>(三危山) | 중국<br>1935년 |
| 중화인민공화국분성지도<br>(中華人民共和國分省地圖) | 삼위산<br>(三危山) | 중국<br>1955년 |

## 1. ≪화이도(華夷圖)≫ 탁본(拓本)의 삼위(三危) 기록

≪화이도≫[160]는 1136년 남송 때 만들어진 지도이다. ≪우적도(禹迹圖)≫와 함께 가장 오래된 중국 지도이다. 아래 지도는 미국 의회도서관 소장품이다. 이 고지도에 삼위(三危) 기록이 명확하게 그려져 있다.

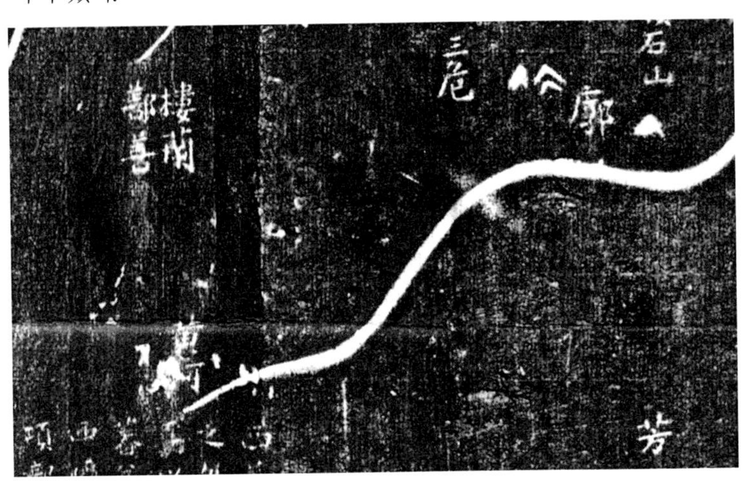


[그림 074] 1136년 남송 때 제작된 ≪화이도≫. 현존하는 가장 오래된 지도이다. 삼위(三危) 기록이 있으며 삼위산은 가장 오래된 서역 지방의 명산이다.

---

160) 華夷圖, 南宗紹興六年(1136年)石刻 較詳細表示了中國東部的主要山川、州、府。突出地繪制了黃河、長江、珠江、遼河、紅河以及太湖、洞庭湖、陽湖、巢湖、青海湖、居延海等水系要素, 表示了四百多個州府居民地及注記, 長城以城墻象形符號繪出。本圖內容表示全面、詳細, 是我圖唐宋地圖的精品。現藏于陝西省碑林博物館。http://blog.daum.net/sabul358 향고도 참조.

## 2. ≪우적도(禹迹圖)≫ 탁본(拓本)의 삼위산(三危山) 기록

≪우적도≫[161]는 1136년 남송 때 만들어진 지도이다. ≪화이도≫와 함께 가장 오래된 중국 지도이다. 1933년경에 탁본한 아래 지도는 미국 의회도서관 소장품이며, 삼위산(三危山)이 그려져 있다.

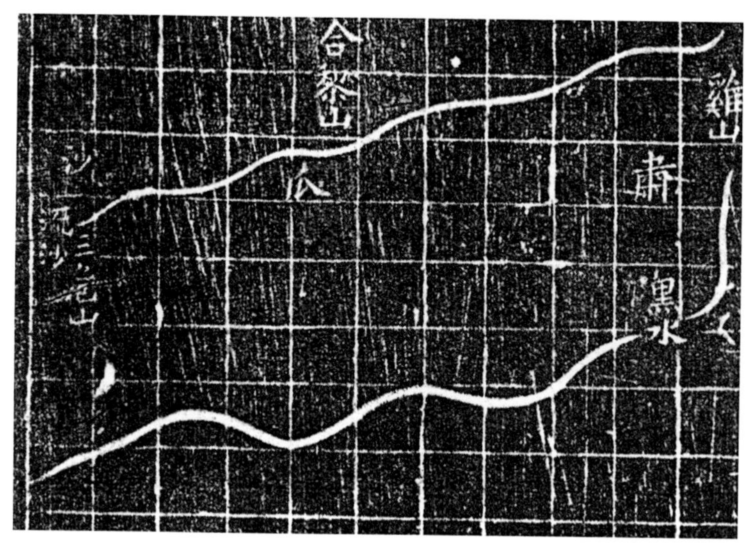


[그림 075] 남송 때인 1136년에 만들어진 ≪우적도≫. 삼위산(三危山)과 흑수(黑水)가 그려져 있다.

---

161) ≪禹迹圖≫. 南宋紹興六年 (1136年). 114×114cm. 石刻 比例尺 : 1:5,000,000 突出表示海岸線、黃河、長江及其支流、太湖、洞庭湖、陽湖等水系要素及其名稱注記, 保留了唐代的地名, 地圖以網絡的形式繪出, 是中國現存最早帶有方格網的地圖。≪禹迹圖≫在制圖學發展史上具有劃時代的意義。現藏于陝西省碑林博物館。http://blog.daum.net/sabul358 향고도 참조.

## 3. ≪우공구주산천지도(禹貢九州山川之圖)≫의 삼위(三危) 기록

아래 지도에 소개되고 있는 감숙성 삼위산(三危山)의 높이는 1,947m로 유서 깊은 산이다. 삼위산과 마주하고 있는 명사산 산기슭에는 막고굴(莫高窟, Mogaoku)이 있다. 이곳에서 25㎞ 떨어진 곳에 돈황(敦煌, Dunhaung)이 있다. 돈황은 하서회랑(河西回廊) 서쪽 끝에 위치하고 있다.

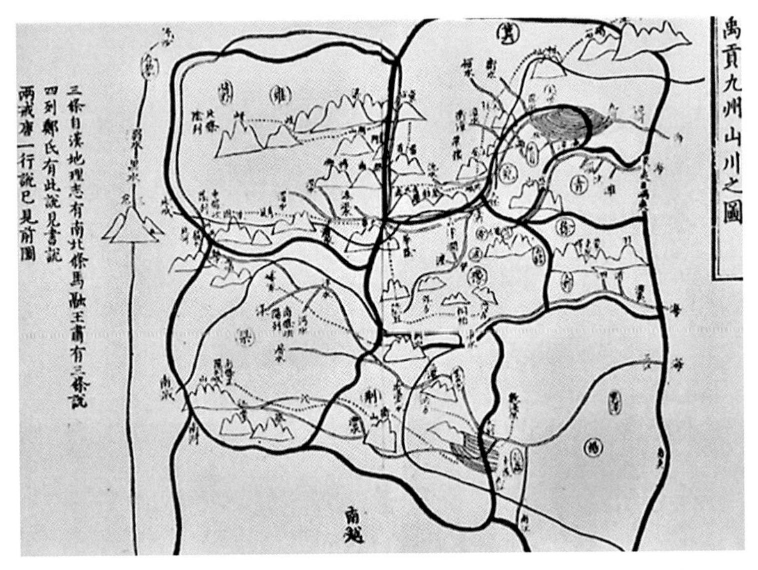


[그림 076] 남송 순희 12년 1185년에 제작된 ≪우공구주산천지도≫. 이 지도의 서쪽에 삼위산(三危山)과 북쪽으로 흐르는 강을 흑수(黑水)라고 표시하였다.

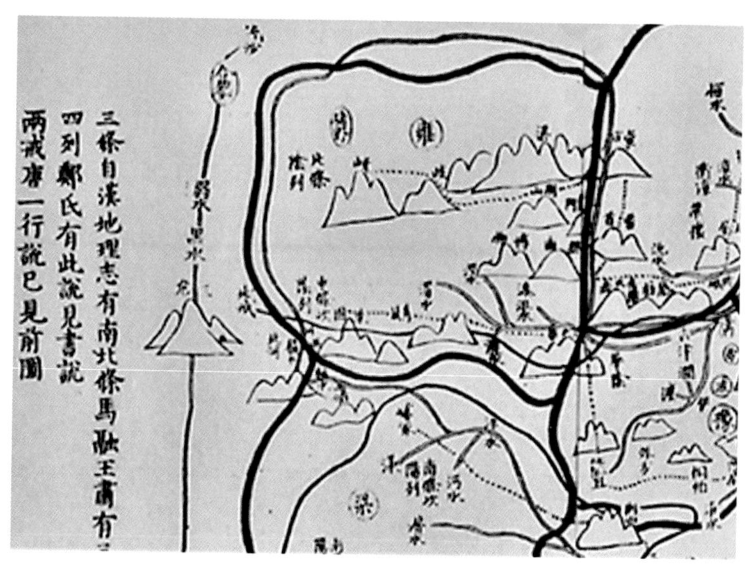


[그림 077] ≪우공구주산천지도(禹貢九州山川之圖)≫ 확대 사진. 삼위(三危), 흑수(黑水), 약수(弱水) 등 역사적으로 중요한 핵심 지명이 보인다.

돈황은 북경에서 2,000㎞, 서안(西安)에서 1,300㎞ 떨어져 있다. 근처에 기련산맥(祁連山脈)이 있고, 삼위산과 명사산(鳴沙山)이 있다.

천산산맥에서 터전을 삼았던 구환족(九桓族)은 환국 말기에 반고가한 무리들은 삼위산을 터전으로 삼고, 환웅천황은 더 남하하여 태백산에 자리를 잡았다.[162)]

위 지도에 삼위라고 기록되어 있으며 그림으로 산이 그려져 있으니 삼위산(三危山)이다.

---

162) 졸저 ≪실증 환국사≫ Ⅰ, Ⅱ에서 설명 드린 내용을 다시 인용한다.

[그림 078] 돈황(敦煌) 지역에 있는 삼위산(三危山) 입구 전경.

[그림 079] 삼위산(三危山)의 험한 산세. 이 지역은 삼묘족(三苗族)의 근거지이다.

**[그림 080]** 삼위산(三危山)은 위태로운 봉우리가 3개 있다고 하여 붙여진 이름으로 서방의 명산이다.

≪우공구주산천지도(禹貢九州山川之圖)≫는 남송(南宋) 순희(淳熙) 12년 1185년에 제작된 지도이다. 제목에서처럼 우공(禹貢)시대의 구주(九州) 산천을 그린 그림이다.

그런데 이 그림에 삼위(三危)가 그려져 있으며 봉우리가 3개인 산으로 그려져 있다. 즉 삼위산(三危山)이다. ≪삼국유사≫에 소개되어 있는 삼위태백(三危太伯)에 기록된 삼위(三危)가 그려져 있다는 점이다. 즉 삼위(三危)가 명백하게 산(山)임을 송나라 시대에 인식하고 있다는 점이다. 수식어나 형용사가 아니라 고유명사임을 실증하고 있는 것이다.

## 4. ≪고금화이구역총요도(古今華夷區域總要圖)≫의 삼위 기록

≪고금화이구역총요도≫는 남송 1185년(순희 20년)에 제작된 지도이다.

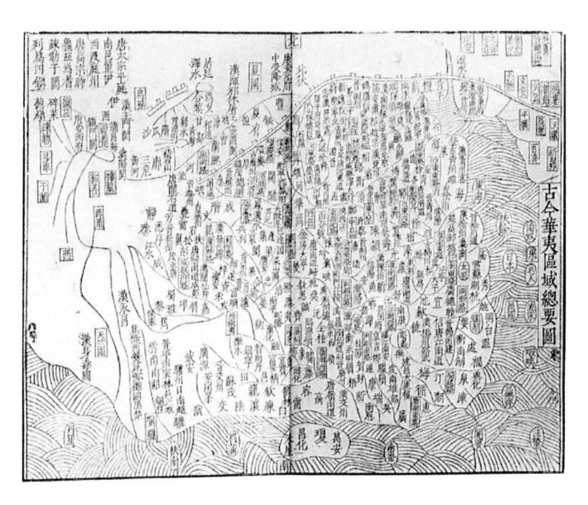


[그림 081] 남송 순희 20년 1185년에 제작된 ≪고금화이구역총요도≫.

위 지도에 청해(青海), 삼위(三危), 진주(秦州) 등 많은 지명들이 표시되어 있다. 상세한 지명을 확인하기 위하여 삼위 부분에 대해서 확대하여 아래에 제시하였다.

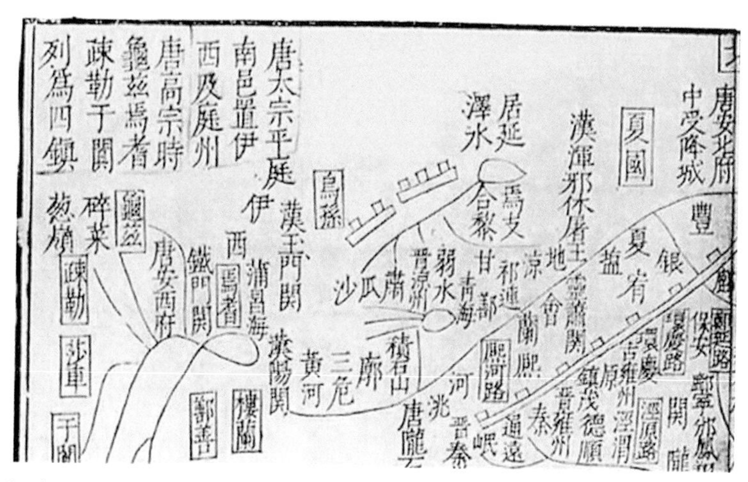

[그림 082] ≪고금화이구역총요도≫의 삼위(三危) 부분 확대 사진.

삼위(三危)가 명확하게 기록되어 있다. 서강(西羌)이라는 기록이 있다. 이는 서방 지역에 강족(羌族)이 주를 이루고 있었다는 기록이다. 삼위 지역은 지금도 중국에서 보면 서역의 도시로 보고 있는 것이다. 우리 민족도 서쪽에서 동진하면서 한반도에 정착하였다는 점을 반드시 인식해야만 바른 역사가 기록될 것이다.

## 5. ≪우공소재수산준천지도(禹貢所載隨山浚川之圖)≫의 삼위 기록

≪우공소재수산준천지도≫는 1209년(가정 2년) 남송에서 제작된 고지도이다. 이 지도에도 감숙성 삼위산(三危山)과 북쪽으로 흐르는 흑수(黑水), 우리 상고사에 자주 등장하는 약수(弱水)가 지도에 표시되어 있다. 지도는 명확한 증거가 될 수 있다. 위치와 지명이 지도에 그려져 있으니 확실하게 증명이 되는 자료이다.

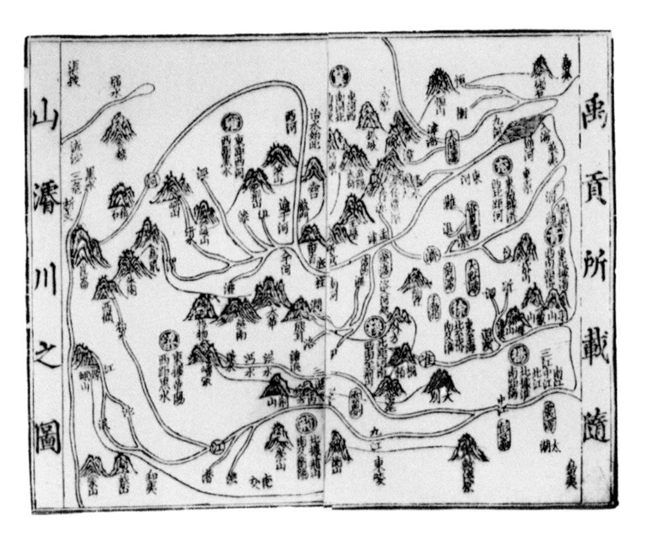


[그림 083] 남송 가정 2년 1209년에 제작된 ≪우공소재수산준천지도≫.

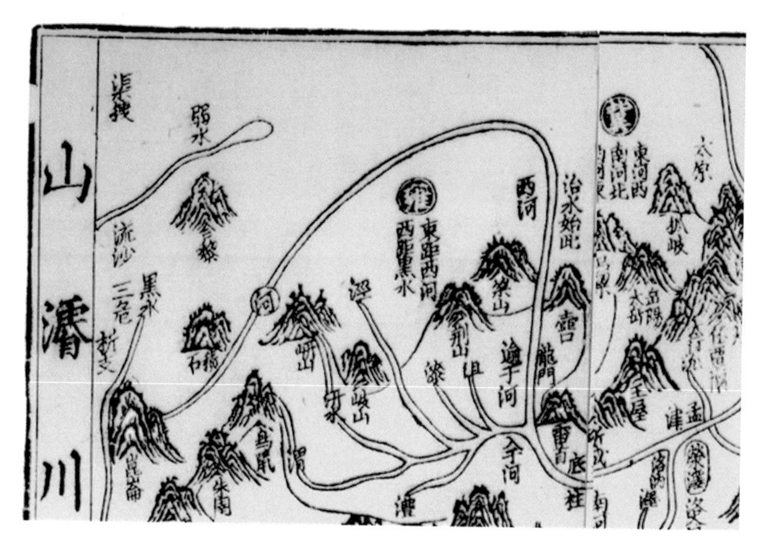


[그림 084] ≪우공소재수산준천지도≫ 확대 사진. 곤륜(崑崙), 삼위(三危), 흑수(黑水), 약수(弱水) 기록이 있다.

≪우공소재수산준천지도≫에 명확하게 그려져 있는 것이 삼위(三危)과 흑수(黑水)이다. 곤륜산(崑崙山)의 북쪽 지역으로 위치도 명확하게 표시되어 있다.

# 6. 청나라 고지도(古地圖)의 삼위산(三危山) 기록

청나라 때 제작된 고지도(古地圖)는 정확한 제작연도는 알 수 없다. 지도 내용상 청나라 때 제작된 것으로 추정하고 있다. 일본 University of Tsukuba Library 소장품이다. 삼위산(三危山)과 순찬삼묘처(舜竄三苗處) 기록이 나와 있다. 토번계(吐蕃界) 기록은 토번이 다스리던 지역이었다는 의미이다.

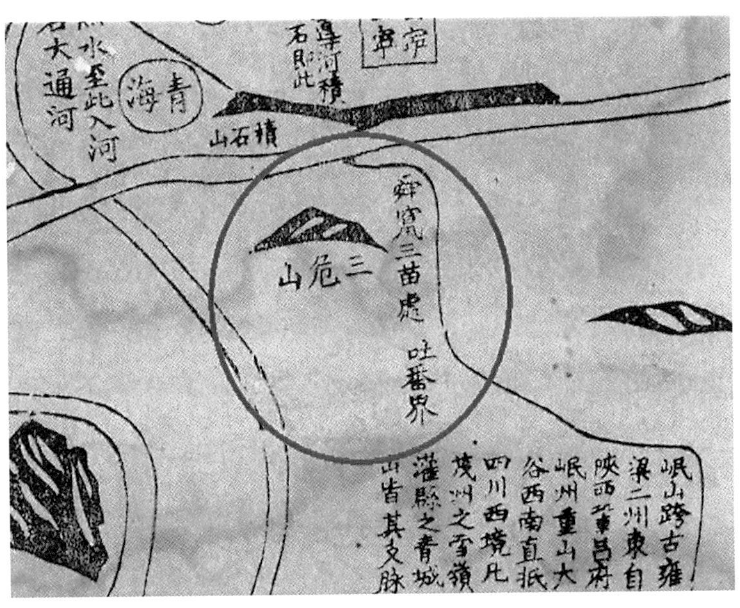


[그림 085] 청나라 때 제작된 것으로 추정되는 고지도. 삼위산이 잘 그려져 있다.

# 7. ≪신강전도(新疆全圖)≫의 삼위산(三危山) 기록

≪신강전도≫는 1759년 청나라 건륭(乾隆) 24년에 책으로 제작된 지도이다.

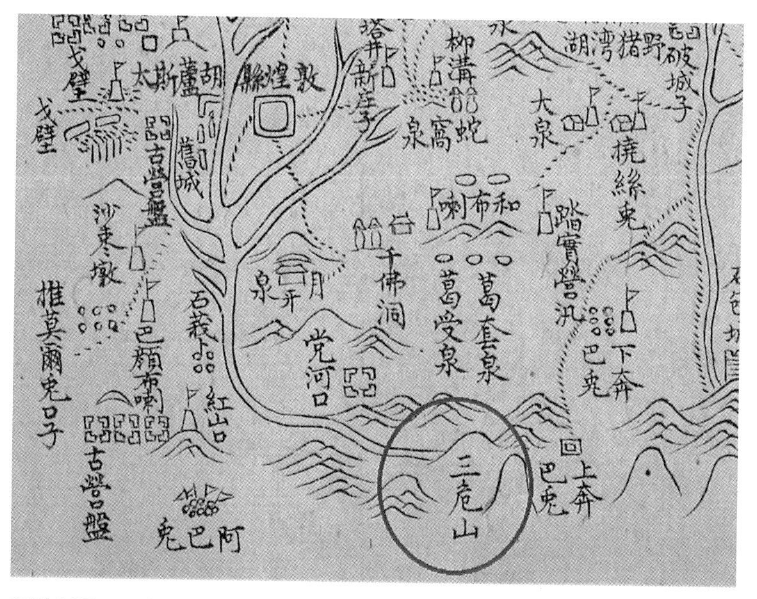


[그림 086] 1759년(건륭 24년) 청나라에서 책으로 제작된 ≪신강전도(新疆全圖)≫의 일부 중 삼위산 부분 확대 지도이다.

≪신강전도≫에는 돈황현(敦煌縣), 월아천(月牙泉), 천불동(千佛洞), 삼위산(三危山)이 현재 위치와 정확하게 잘 그려져 있다.

# 8. ≪흠정황여서역도지(欽定皇輿西域圖志)≫의 삼위산(三危山) 기록

≪흠정황여서역도지(欽定皇輿西域圖志)≫는 1761~1782년 청나라 건륭 연간에 제작된 지도책이다. 16번째 서역산맥도(西域山脈圖)에 삼위산이 소개되어 있다.

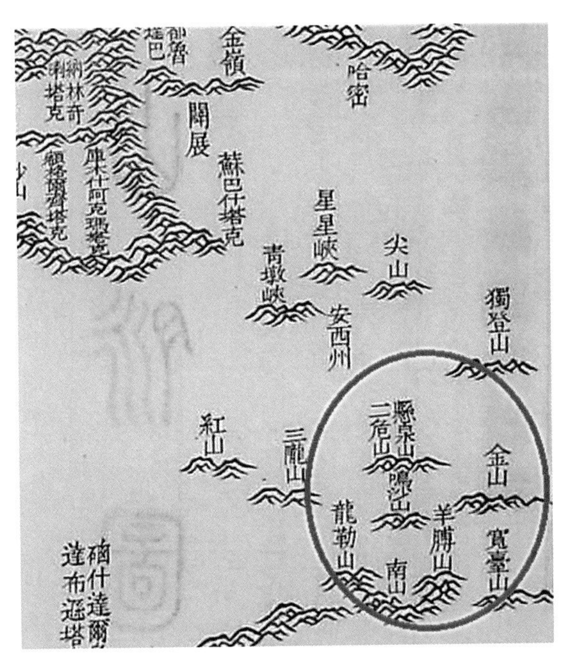


[그림 087] ≪흠정황여서역도지(欽定皇輿西域圖志)≫ 16번째 목차 서역산맥도(西域山脈圖). 삼위산 및 명사산이 소개되어 있다.

# 9. ≪대청광여도≫의 삼위산(三危山) 기록

≪대청광여도≫는 청나라 강희제(康熙帝) 때 사람 채방병(蔡方炳)이 각(刻)한 원도(原圖)에 일본 천명 5년인 1785년에 일본 지도 작성의 선구자인 나가쿠보 세키스이(長久保赤水, 1717~1801)가 교정을 한 중국전도이다. 지도의 우하단에는 범례와 서문이 있는데, 범례는 나가쿠보 세키스이가 쓰고, 서문은 구보 도루(久保亨), 정도 아카기(程赤城)가 서술, 숭문당(崇文堂) 발행, 일본 국립국회도서관에서 복사한 자료이다.

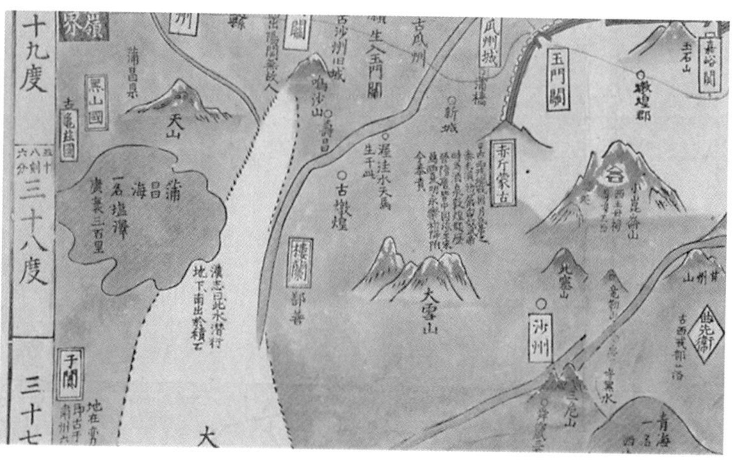


[그림 088] ≪대청광여도≫의 서역 지도 부분. 천산(天山), 이주(伊州), 흑수(黑水)가 있다. 그곳에서 동남쪽으로 보면 삼위산(三危山)이 보인다.

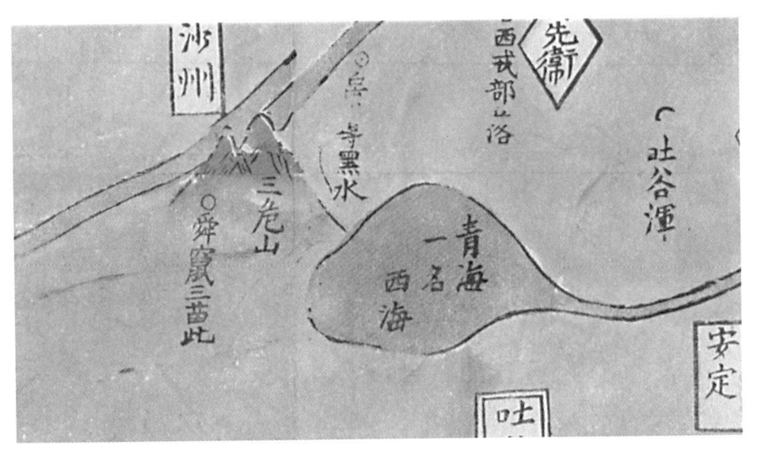


[그림 089] ≪대청광여도≫의 삼위산 부분 확대 지도. 삼위산(三危山), 순찬삼묘지(舜竄三苗地), 흑수(黑水), 청해(青海) 등이 보인다. 소재지인 사주(沙州)도 기록되어 있다.

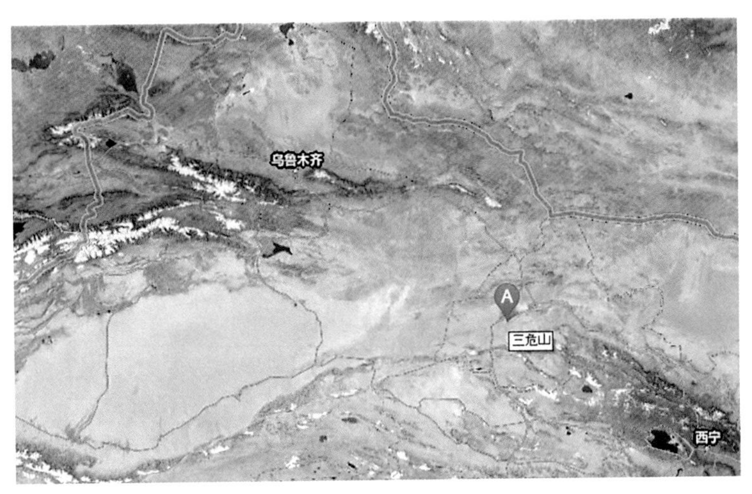


[그림 090] 그림 90과 비교하기 위하여 위성사진을 살펴보았다. 천산산맥이 속해 있는 신강위구르자치구의 주도(主都)인 우루무치(烏魯木齊)와 삼위산(三危山)이 비교적 정확하게 위치하고 있음을 알 수 있다.

≪대청광여도≫ 확대 사진에는 위치를 쉽게 파악해 볼 수 있는

단서들이 많이 나와 있다. 청해(靑海)와 흑수(黑水) 그리고 삼위산(三危山)이 소개되어 있다.

먼저 삼위산 아래에 부연 설명인 순찬삼묘지(舜竄三苗地)[163]는 순임금이 삼묘족을 귀양 보낸 지역이라는 뜻이다. 산 이름과 강 이름은 쉽게 변경되지 않는 특징이 있으며 그 위치 또한 고정되어 있기 때문에 역사연구에 중요한 단서가 된다.

그 산과 강을 터전으로 삼았던 민족과 사람들은 이동할 수 있어도 산과 강은 그 땅에 하늘을 향해 산은 우뚝 서 있고 강은 유구하게 오늘날에도 흐르고 있다.

---

163) [원문] 三危는 卽舜竄三苗之地니 或以爲燉煌이라 하니 未詳其地라 三苗之竄은 在洪水未平之前이러니 及是三危已旣可居하니 三苗於是大有功舒라 今按舜竄三苗컨대 以其惡之尤甚者遷之하고 而立其次者於舊都러니 今旣竄者는 已丕舒로되 而居於舊都者는 尙桀驁不服이라 蓋三苗舊都는 山川險阻하니 氣習使然이라 今湖南猺洞에 時猶竊發하여 俘而詢之하면 多爲猫姓하니 豈其遺種歟아. ≪하서(夏書) 제1편 우공(禹貢) 78장≫
[해석] 삼위는 즉 순임금이 삼묘족을 귀양 보낸 땅이다. (舜典 12章 참조) 혹자는 그 땅이 돈황이 된다 하였다. 그 지역이 자세하게 알지 못한다. 삼묘의 귀양은 홍수(우의 9년 홍수)가 평정되기 전의 일이었다. 이때에 이르러 삼위에 이미 거처하고 있었으니, 삼묘가 이에 크게 공을 폄이 있었던 것이다. 이제 순임금이 삼묘를 귀양 보낸 것을 살펴보면 그 악함이 더욱 심한 자는 옮겨가게 하고, 그다음인 자는 옛 도읍지에 있게 하였더니, 이미 귀양 보낸 자는 크게 펴졌으나 옛 도읍지에 거처하는 자는 오히려 사나워져 복종하지 않았다. 대개 삼묘의 옛 도읍지는 산천이 험조하니, 풍기와 습성이 그렇게 되었다. 지금도 호남요동에 도둑이 일어나서 사로잡아 물어보면 대부분 묘성이라 하니 어찌 그 종족이 아니겠는가!

# 10. ≪당토역대주군연혁지도(唐土歷代州郡沿革地圖)≫의 삼위 기록

≪당토역대주군연혁지도≫는 1835년 나가쿠보 세키스이(長久保赤水)의 작품이다.[164] 청해(靑海), 삼위(三危), 기련(祈連) 등 서역의 주요 산 이름과 호수 이름이 기록되어 있다.

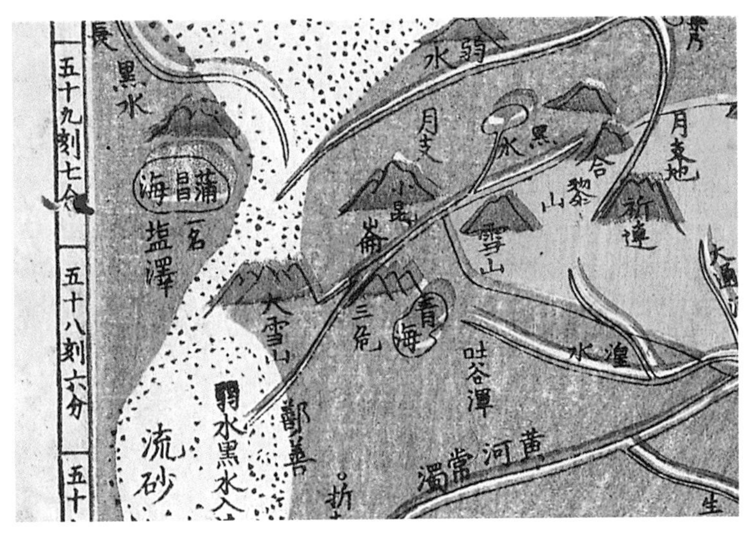


[그림 091] ≪당토역대주군연혁지도≫에는 청해(靑海), 삼위(三危), 기련(祈連)산맥 등 서역의 중요 지명이 소개되어 있다.

---

164) 大清國道程圖, 禹貢九州圖, 周職方氏圖, 春秋列國圖, 戰國七雄地圖, 秦三十六州幷越四郡, 西漢州郡圖, 東漢郡國圖, 三國鼎峙圖, 兩晋南北朝州郡圖, 唐十道圖, 大明一統二京十三省圖, 亞細亞小東洋圖 등을 참고하여 제작하였다. 日, 筑波大附屬圖書館 소장. http://blog.daum.net/sabul358 향고도 참조.

## 11. ≪신강도(新疆圖)≫의 삼위산(三危山) 기록

≪신강도≫는 1864년 청나라 동치(同治) 3년에 제작된 신강위구르 자치구의 지도이다.

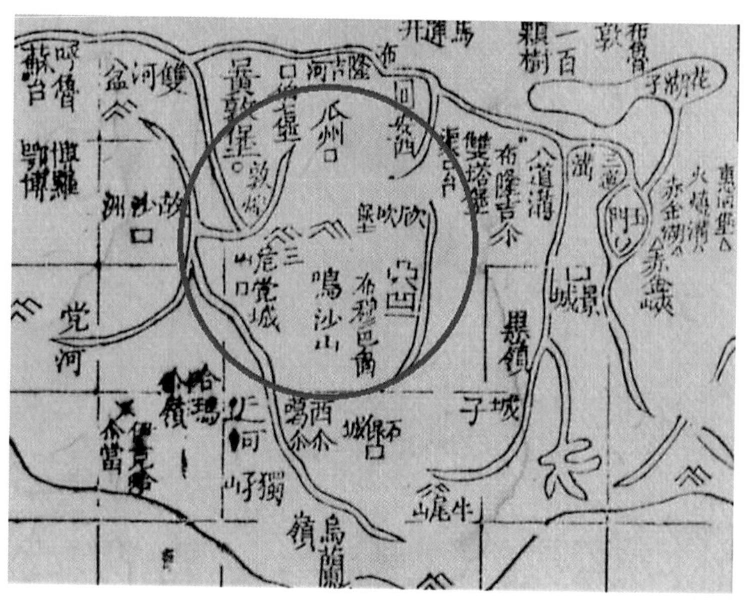


[그림 092] 1864년(동치 3년) 청나라에서 제작된 ≪신강도≫ 중 삼위산 지도.

≪신강도≫에는 돈황(敦煌), 과주(瓜州), 명사산(鳴沙山), 삼위산(三危山)이 그려져 있다. 오랜 역사 동안 삼위산(三危山)은 한결같이 그 이름으로 불리우고 있다. ≪삼국유사≫의 삼위태백의 기록은 소중한

기록이다. 특히 삼위는 고대로부터 지금까지 변함없이 불리우고 있다.

## 12. ≪중화신형세일람도(中華新形勢一覽圖)≫의 삼위산 기록

1925년에 출판된 ≪중화신형세일람도≫에 돈황과 삼위산이 지형대로 잘 그려져 있다.

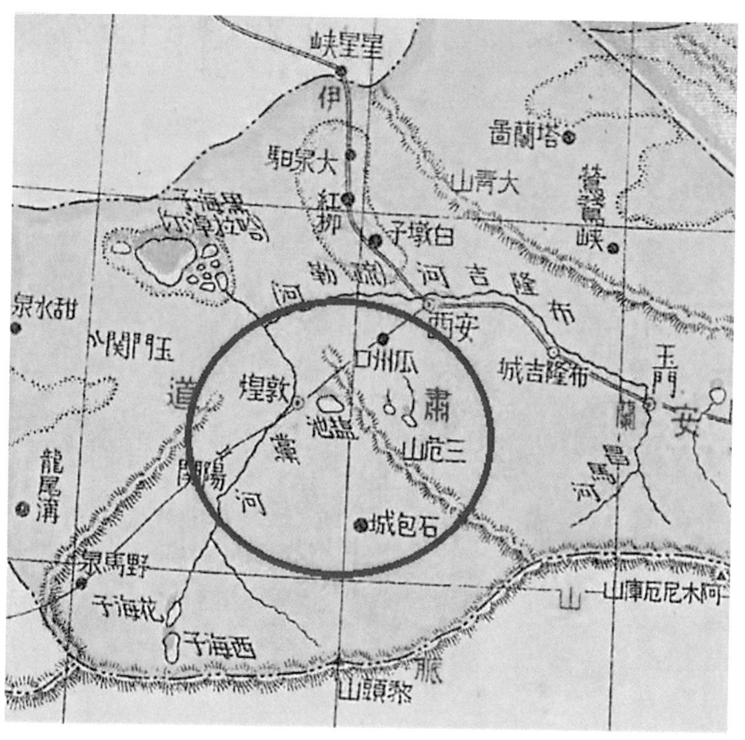


[그림 093] 1925년에 제작된 ≪중화신형세일람도≫. 감숙성 지도에 돈황과 삼위산이 명확하게 그려져 있다.

# 13. ≪최신중화형세일람도(最新中華形勢一覽圖)≫의 삼위산 기록

1935년에 출판된 ≪최신중화형세일람도≫에는 삼위산(三危山)과 돈황(敦煌)이 잘 그려져 있다. 산(山)의 형세는 기련산맥이 동남쪽으로 길게 뻗어 있고, 한 줄기 산맥이 돈황 방향 북서쪽으로 올라와서 맺은 산이 바로 삼위산이다.

삼위산은 1,947m로 제주도 한라산과 높이가 같다. 그만큼 높은 산이다. 산봉우리 형세가 위태롭게 세 봉우리가 솟아 있어 삼위산(三危山)이라 하였다고 한다.

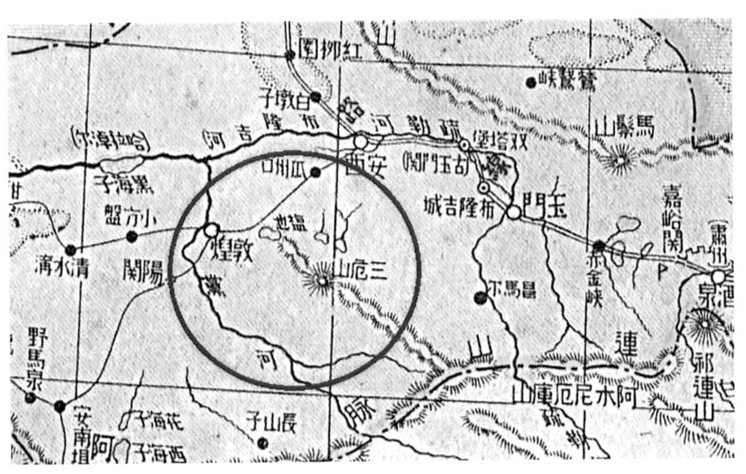


[그림 094] 1935년에 제작된 ≪최신중화형세일람도≫. 감숙성 상세지도에 돈황(敦煌)과 삼위산(三危山)이 명확하게 그려져 있다.

# 14. ≪중화인민공화국분성지도(中華人民共和國分省地圖)≫의 삼위산 기록

1955년에 ≪중화인민공화국분성지도≫라는 이름으로 출판된 지도책이다. 돈황(敦煌)과 천불동(千佛洞) 그리고 삼위산(三危山)이 지도에 잘 표시되어 있다.

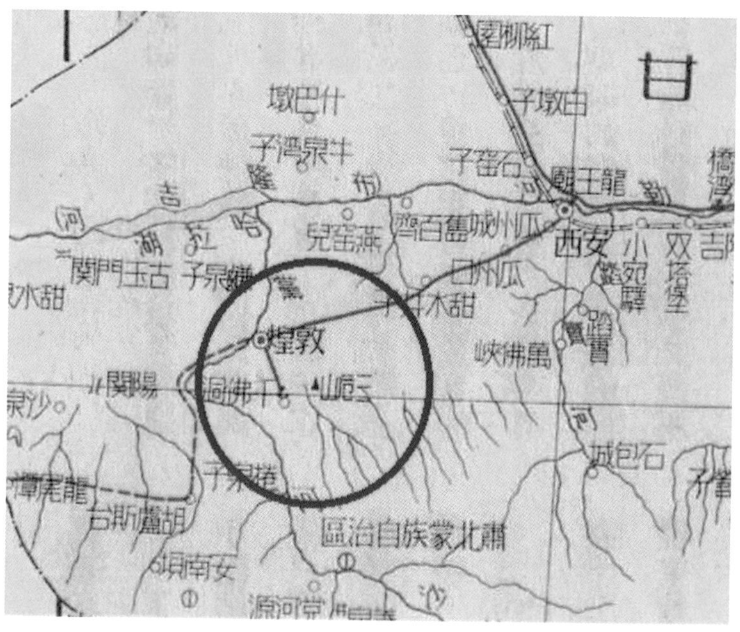


[그림 095] 1955년에 제작된 ≪중화인민공화국분성지도≫. 감숙성 서부 지역 지도에 돈황과 삼위산이 잘 그려져 있다.

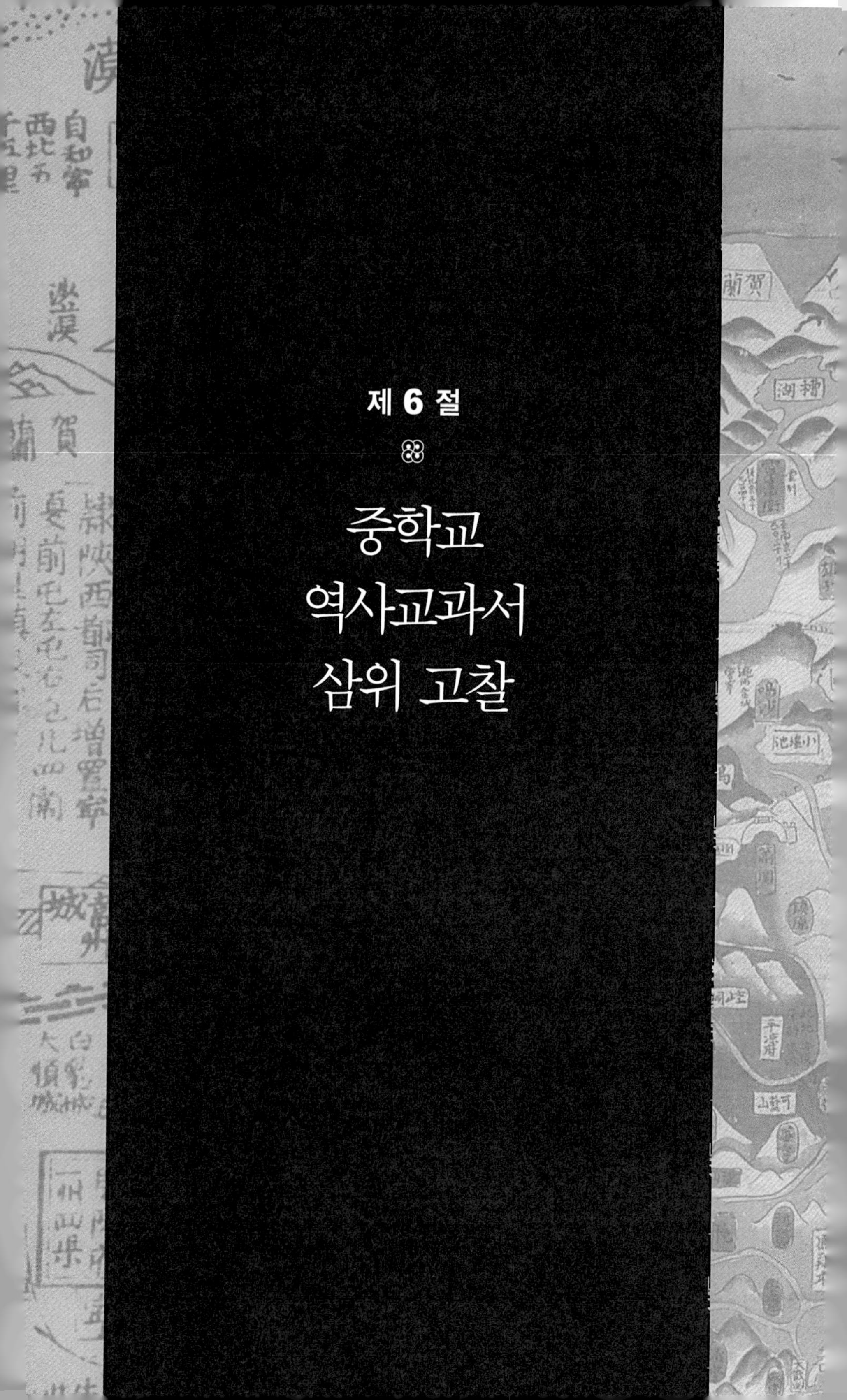

# 제 6 절

# 중학교 역사교과서 삼위 고찰

≪삼국유사≫와 ≪제왕운기≫ 등 국내 문헌 등의 삼위태백(三危太伯) 기록과 지금까지 살펴본 상고사 서적, 중국 문헌, 중국 지도 등 많은 삼위산 관련 실증 자료들을 제시하였다.

그러나 역사교육의 가장 중요한 부분은 정규교육에서 교재로 사용되는 역사교과서이다. 교과서에서 ≪삼국유사≫를 소개하고 있고, 특히 상고사 부분도 언급하고 있다. 그러나 더욱 중요한 것은 한문(漢文)으로 되어 있는 지명 등을 어떻게 해석하느냐에 따라서 역사 왜곡이 될 수 있다. 실태를 살펴보고 논하고자 한다.

아래는 ≪삼국유사≫ 원문과 해석을 정리하였다. 이 부분을 7개 출판사에서 중학교 역사교과서에서 해석하여 소개하고 있다. 각각의 해석과 설명을 보기에 앞서 원문을 살펴보고, 핵심 지명인 삼위태백의 해석을 살펴보고자 한다.

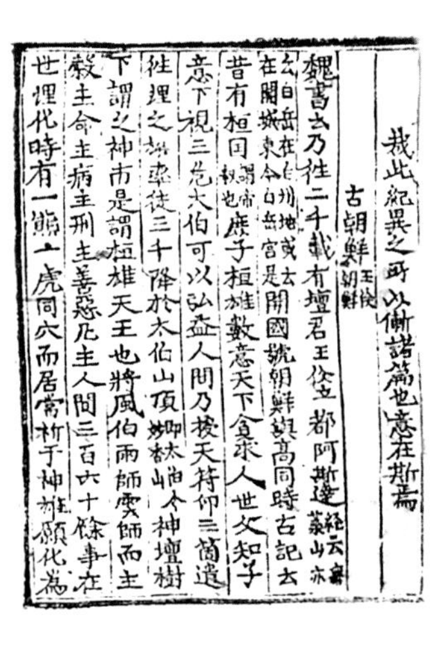
裁此紀異之所以備諸篇也意在斯焉
古朝鮮(王儉朝鮮)
魏書云乃往二千載有壇君王儉立都阿斯達(經云無葉山亦
云白岳在白州地或云在開城東今白岳宮是)開國號朝鮮與高同時古記云
昔有桓因(謂帝釋也)庶子桓雄數意天下貪求人世父知子
意下視三危太伯可以弘益人間乃授天符印三箇遣
往理之雄率徒三千降於太伯山頂(卽太伯今妙香山)神壇樹
下謂之神市是謂桓雄天王也將風伯雨師雲師而主
穀主命主病主刑主善惡凡主人間三百六十餘事在
世理化時有一熊一虎同穴而居常祈于神雄願化爲

[그림 096] 1512년(중종 7년)에 인쇄된 ≪삼국유사≫ 정덕본 사본(서울대 규장각 도서관 소장). 고조선(古朝鮮) 왕검조선(王儉朝鮮) 관련 기록의 첫 쪽.

**원문**

古朝鮮 (王儉朝鮮)
고조선 왕검조선

魏書云 乃往二千載 有壇君王儉 立都阿斯達
위서운 내왕이천재 유단군왕검 유단군왕검

(經云 無葉山 亦云 白岳 在白州地 或云
경운 무엽산 역운 백악 재백주지 혹운

在開城東 今白岳宮是) 開國號朝鮮 與高同時
재개성동 금백악궁시 개국호조선 여고동시

古記云 昔有桓国(謂帝釋也) 庶子桓雄
고기운 석유환국 위제석야 서자환웅

數意天下 貪求人世 父知子意
삭의천하 탐구인세 부지자의

下視三危太伯 可以弘益人間
하시삼위태백 가이홍익인간

乃授天符印三箇 遣往理之 雄率徒三千
내수천부인삼개 견왕리지 웅솔도삼천

降於太伯山頂 (卽太伯 今妙香山) 神壇樹下
강어태백산정 즉태백 금묘향산 신단수하

謂之神市 是謂桓雄天王也
위지신시 시위환웅천왕야

將風伯雨師雲師 而主穀主命主病主刑主善惡
장풍백우사운사 이주곡주명주병주형주선악

凡主人間三百六十餘事 在世理化
범주인간삼백륙십여사 재세이화

時有一熊一虎 同穴而居 常祈于神雄 願化爲人
시유일웅일호 동혈이거 상기우신웅 원화위인

[그림 097] 1512년(중종 7년)에 인쇄된 ≪삼국유사≫ 정덕본 사본(서울대 규장각 도서관 소장). 고조선(古朝鮮) 왕검조선(王儉朝鮮) 관련 기록의 두 번째 쪽.

**원문**

時神遣靈艾一炷 蒜二十枚曰 爾輩食之
시 신 견 령 애 일 주 산 이 십 매 왈 이 배 식 지

不見日光百日 便得人形 熊虎得而食之 忌三七日
불 견 일 광 백 일 편 득 인 형 웅 호 득 이 식 지 기 삼 칠 일

熊得女身 虎不能忌而不得人身
웅 득 녀 신 호 불 능 기 이 불 득 인 신

熊女者 無與爲婚 故每於壇樹下 呪願有孕
웅 녀 자 무 여 위 혼 고 매 어 단 수 하 주 원 유 잉

雄乃假化而婚之 孕生子 號曰 壇君王儉
웅 내 가 화 이 혼 지 잉 생 자 호 왈 단 군 왕 검

以唐堯卽位五十年庚寅 (唐堯卽位元年戊辰
이 당 요 즉 위 오 십 년 경 인 당 요 즉 위 원 년 무 진

則五十年丁巳 非庚寅也 疑其未實)
칙 오 십 년 정 사 비 경 인 야 의 기 미 실

都平壤城（今西京）始稱朝鮮
도 평 양 성　금 서 경　시 칭 조 선

又移都於白岳山阿斯達 又名弓（一作方）
우 이 도 어 백 악 산 아 사 달 우 명 궁　일 작 방

忽山 又今彌達 御國一千五百年
홀 산 우 금 미 달 어 국 일 천 오 백 년

周武王卽位己卯封箕子於朝鮮 壇君乃移於藏唐京
주 무 왕 즉 위 기 묘 봉 기 자 어 조 선 단 군 내 이 어 장 당 경

後還隱於阿斯達爲山神 壽一千九百八歲
후 환 은 어 아 사 달 위 산 신 수 일 천 구 백 팔 세

唐裵矩傳云 高麗本孤竹國(今海州) 周以封箕子爲
당 배 구 전 운 고 려 본 고 죽 국 금 해 주　주 이 봉 기 자 위

朝鮮 漢分置三郡 謂玄菟樂浪帶方(北帶方)
조 선 한 분 치 삼 군 위 현 도 락 랑 대 방　북 대 방

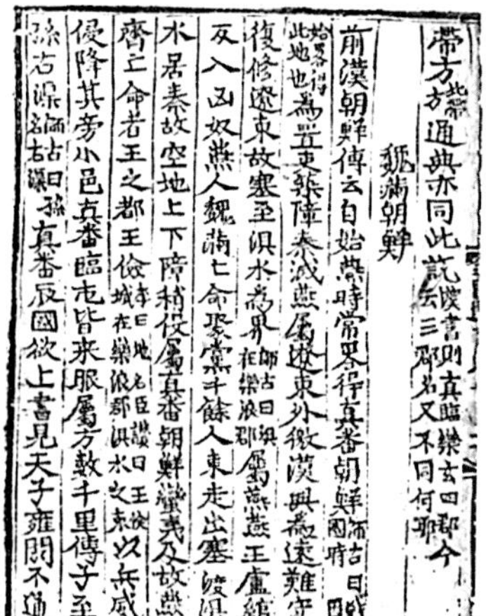
帶方北帶方 通典亦同此義 漢書則眞臨樂玄四郡 今云三郡 名又不同 何耶
魏滿朝鮮
前漢朝鮮傳云 自始燕時 常略得眞番朝鮮(師古曰 戰國時燕因始略得此地也) 爲置吏 築障塞 秦滅燕 屬遼東外徼 漢興 爲遠難守 復修遼東故塞 至浿水爲界(師古曰 浿在樂浪郡) 屬燕 燕王盧綰反 入匈奴 燕人魏滿亡命 聚黨千餘人 東走出塞 渡浿水 居秦故空地上下鄣 稍役屬眞番朝鮮蠻夷及故燕齊亡命者 王之 都王儉(李曰地名 臣瓚曰 王儉城在樂浪郡浿水之東) 以兵威侵降其旁小邑 眞番臨屯皆來服屬 方數千里 傳子至孫右渠(師古曰 孫名右渠) 眞番辰國欲上書見天子 雍閼不通

**[그림 098]** 1512년(중종 7년)에 인쇄된 ≪삼국유사≫ 정덕본 사본(서울대 규장각 도서관 소장). 고조선(古朝鮮) 왕검조선(王儉朝鮮) 관련 기록의 세 번째 쪽.

**원문**

通典亦同此說（漢書 則眞臨樂玄四郡 今云
통 전 역 동 차 설 　한 서 　칙 진 림 락 현 사 군 　금 운

三郡 名又不同 何耶）
삼 군 　명 우 불 동 　하 야

**[해석]**

고조선(왕검조선)

≪위서(魏書)≫에 이르기를 '지금으로부터 2천여 년 전에 단군왕검(檀君王儉)께서 계셨는데, 아사달(阿斯達)(≪경(經)[165]≫에 이르기를 무엽산(無葉山)이라고도 하고, 또는 백악(白岳)이라고도 하였는데 백주(白州)의 땅에 있다. 혹은 개성(開城)의 동쪽 지역에 있다고 하였으니, 지금의 백악궁(白岳宮)이 이것이다.)에 도읍을 세우시고 나라를 열어 조선(朝鮮)이라 하였다. 바로 요(堯)[166] 임금과 같은 시기였다.

≪고기(古記)≫에 이르기를, 옛적에 환국(桓国)이 있었다(제석을 이른다). 서자부에 환웅(桓雄)께서 계셨다. 항상 천하에 뜻을 두었으며, 인간 세상을 탐구하였다. 아버지께서 자식의 뜻을 아시고 삼위산(三危山)과·태백산(太伯山)을 살펴보시니 가히 인간 세상을 널리 이롭게 할 만한 곳이라.

이에 천부인 삼 개를 전수하시고, 그 이치로써 다스리게 하였다. 환웅(桓雄)께서 무리 3천 명을 이끌고 가셨다. 태백산(太伯山)(즉 태백은 지금의 묘향산이다.) 정상에 있는 신단수(神壇樹) 아래로 내려가셨다. 이름하여 신시(神市)이며, 이분이 바로 환웅천왕(桓雄天王)이라 한다.

165) ≪경(經)≫은 ≪산해경≫을 말한다.
166) 고려 3대 정종의 이름이 요(堯)여서 이를 피하기 위해서 고(高)라 쓴 것이다.

환웅천왕은 풍백(風伯)·우사(雨師)·운사(雲師)를 거느리고, 곡식·생명·질병·형벌·선악 등 인간 세상의 360여 가지 일을 주관하여 인간 세상을 이치로써 다스리고 교화하였다.

이때 웅족(熊族)과 호족(虎族)이 같은 굴 속에서 살고 있었는데, 항상 신웅(神雄, 환웅)에게 사람이 되고 싶다고 기도하였다. 이때 환웅은 신령스러운 쑥 한 심지와 마늘 스무 개를 주면서, '너희들이 이것을 먹고 백일 동안 햇빛을 보지 않으면 곧 사람의 몸이 될 것이다.'라고 하였다. 웅족과 호족은 이것을 받아서 먹었다. 웅족은 삼칠일(21일) 동안 참아서 여자의 몸이 되었지만, 호족은 참지 못해 사람이 되지 못하였다.

웅녀는 혼인할 상대가 없었기 때문에 날마다 신단수 아래에서 아기를 갖게 해 달라고 빌었다. 환웅은 잠시 사람으로 변해 웅녀와 혼인하였고, 웅녀는 잉태하여 아들을 낳았으니 이 분을 '단군왕검(壇君王儉)'이라 하였다.

왕검은 요임금이 즉위한 지 50년인 경인년(요임금의 즉위 원년은 무진년(기원전 2333)이므로 50년은 정사년이지 경인년이 아니다. 아마도 사실이 아닌 듯하다.)에 평양성(平壤城)(지금의 서경(西京)이다.)에 도읍하고 비로소 국호를 '조선(朝鮮)'이라 하였다. 이후 백악산(白岳山) 아사달(阿斯達)로 도읍을 옮겼다. 이곳을 궁홀산(弓忽山)(방홀산(方忽山)으로 된 것도 있다.)이라고도 하고 금미달(今彌達)이라고도 한다. 이곳에서 1500년 동안 나라를 다스렸다.

주(周)나라 무왕(武王)이 왕위에 오른 기묘년에 기자(箕子)를 조선에 봉하였다. 그래서 단군은 장당경(藏唐京)으로 옮겼다가 후에 아사달로 돌아와 숨어서 산신이 되었으니, 나이가 1,908세였다.

당(唐)나라 ≪배구전(裵矩傳)≫에는 이러한 말이 있다. '고려(高麗)는 본래 고죽국(孤竹國)(지금의 해주(海州)이다.)이었는데 주(周)나라가 기자를 봉하여 조선이라 하였다. 한(漢)나라는 이를 나누어서 3군을 설치하고 현도(玄菟)·낙랑(樂浪)·대방(帶方)(북대방(北帶方)이다.)이라 불렀다.'

≪통전(通典)≫도 이 말과 같다. (≪한서(漢書)≫에는 진번(眞番)·임둔(臨屯)·낙랑·현도의 4군이라 하였는데, 지금 3군이라 하고 또 이름도 다르니 어째서일까?)

[표 025] 중학교 역사교과서 ≪삼국유사≫ 해석 현황

| 역사교과서 | 삼위태백(三危太伯) 해석현황 |
|---|---|
| 삼국유사<br>원문(原文) | 하시삼위태백 가이홍익인간<br>(下視三危太伯 可以弘益人間) |
| ㈜미래엔<br>(구)대한교과서 | 태백산 지역을 내려다보니 인간 세상을 널리 이롭게 할 만하였다. |
| 대교 | 널리 인간 세상을 다스려 이롭게 할 만한 근거지를 찾았다. |
| 비상교육 | 태백산을 내려다보니, 널리 인간세상을 이롭게 할 만하였다. |
| ㈜지학사 | 태백산 지역이 널리 인간을 이롭게 할 만한 곳임을 알고 |
| ㈜교학사 | 널리 인간 세상을 이롭게 하고자 하여 |
| 두산동아 | 환인의 아들인 환웅이 |
| 천재교육 | 지상 세계를 두루 내려다보니 |

## 1. ㈜미래엔 중학교 역사교과서의 삼위 해석

2010년 7월 30일 교육과학기술부 검정 중학교 교과서 중에서 ㈜미래엔의 중학교 역사교과서를 원본과 함께 살펴보고자 한다.

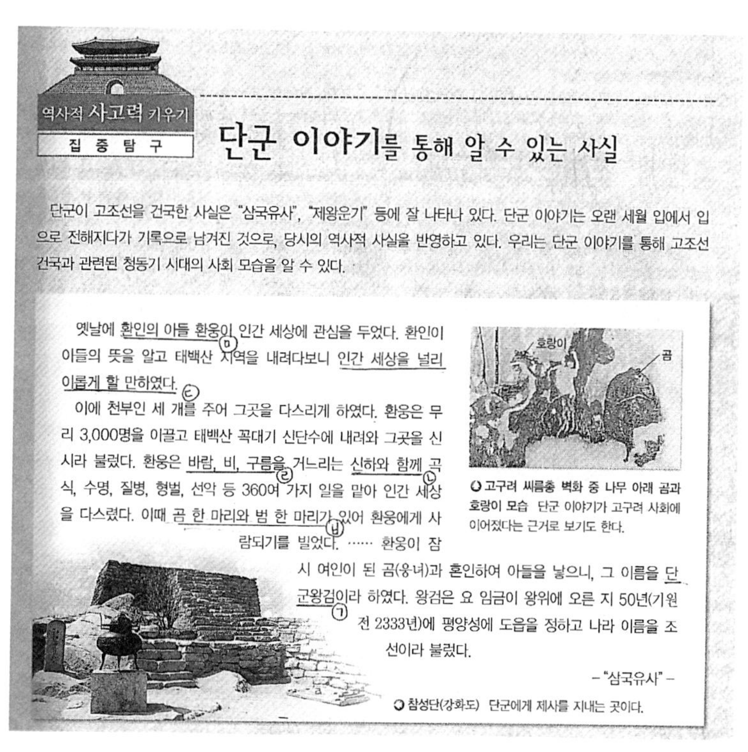

역사적 사고력 키우기
집 중 탐 구

**단군 이야기를 통해 알 수 있는 사실**

단군이 고조선을 건국한 사실은 "삼국유사", "제왕운기" 등에 잘 나타나 있다. 단군 이야기는 오랜 세월 입에서 입으로 전해지다가 기록으로 남겨진 것으로, 당시의 역사적 사실을 반영하고 있다. 우리는 단군 이야기를 통해 고조선 건국과 관련된 청동기 시대의 사회 모습을 알 수 있다.

옛날에 환인의 아들 환웅이 인간 세상에 관심을 두었다. 환인이 아들의 뜻을 알고 태백산 지역을 내려다보니 인간 세상을 널리 이롭게 할 만하였다.

이에 천부인 세 개를 주어 그곳을 다스리게 하였다. 환웅은 무리 3,000명을 이끌고 태백산 꼭대기 신단수에 내려와 그곳을 신시라 불렀다. 환웅은 바람, 비, 구름을 거느리는 신하와 함께 곡식, 수명, 질병, 형벌, 선악 등 360여 가지 일을 맡아 인간 세상을 다스렸다. 이때 곰 한 마리와 범 한 마리가 있어 환웅에게 사람되기를 빌었다. …… 환웅이 잠시 여인이 된 곰(웅녀)과 혼인하여 아들을 낳으니, 그 이름을 단군왕검이라 하였다. 왕검은 요 임금이 왕위에 오른 지 50년(기원전 2333년)에 평양성에 도읍을 정하고 나라 이름을 조선이라 불렀다.

- "삼국유사" -



고구려 씨름총 벽화 중 나무 아래 곰과 호랑이 모습 단군 이야기가 고구려 사회에 이어졌다는 근거로 보기도 한다.

참성단(강화도) 단군에게 제사를 지내는 곳이다.

**[그림 099]** 2010년 7월 30일 교육과학기술부 검정을 마친 ㈜미래엔(구, 대한교과서)의 중학교 역사교과서 상권 33쪽. 2013년 3월 1일 인쇄되었다.

위 ㈜미래엔 역사교과서 원본에 '단군 이야기를 통해 알 수 있는 사실'을 살펴보면

> 단군이 고조선을 건국한 사실은 "삼국유사", "제왕운기" 등에 잘 나타나 있다. 단군 이야기는 오랜 세월 입에서 입으로 전해지다가 기록으로 남겨진 것으로, 당시의 역사적 사실을 반영하고 있다. 우리는 단군 이야기를 통해 고조선건국과 관련된 청동기 시대의 사회 모습을 알 수 있다.

위 설명처럼 ≪삼국유사≫와 ≪제왕운기≫를 정통 사서로 인정하고 인용하고 있다. 이렇게 인정하면서도 가장 중요한 해석과 번역을 역사적 사실과 다르게 하고 있다.

> 삼국유사 원문
>
> 고기운 석유환국(위제석야) 서자환웅 삭의천하 탐구인세 부지자의 하시삼위태백 가이홍익인간
>
> 古記云 昔有桓囯(謂帝釋也) 庶子桓雄 數意天下 貪求人世 父知子意 下視三危太伯 可以弘益人間
>
> 옛날에 환인의 아들 환웅이 인간 세상에 관심을 두었다. 환인이 아들의 뜻을 알고 태백산 지역을 내려다보니 인간 세상을 이롭게 할 만하였다.

위 첫 단락 해석을 살펴보면, '하시삼위태백(下視三危太伯)'을 '삼위산(三危山)과 태백산(太白山)을 내려다보고'로 해석하지 않고 '태백산(太白山) 지역을 내려다보니'라고 해석하였다. 이 해석만 살펴보면 삼위(三危)는 해석을 하지 않았다.

삼위(三危)는 무시하고 의도적으로 해석하지 않는 것이다. 해석하지 않으려면 삼위·태백 원문이라도 기록해 둬야 학생들이 관심을 갖게 될 것인데, 삼위(三危)라는 단어조차도 들어보지 못하고 중학교를 졸업하게 되는 것이다.

이 핵심 기록인 삼위·태백을 잘 연구하면 환인(桓因)의 나라 환국(桓國)에서 환웅(桓雄)의 나라 배달국(倍達國)이 어떻게 분국이 되었는지를 알 수 있을 것이다. 그런데도 왜 역사교과서에서는 '삼위(三危)'에 대해서는 언급조차 하지 않는가? 그리고 왜 삼위(三危)를 숨기려고 하는가?

첫째, 일제강점기 일본 사람으로부터 역사를 배운 식민사학자들은 반도사관을 기초로 역사를 기술하였다. 만약에 ≪삼국유사≫의 '삼위태백(三危太伯)'을 상세하게 연구하게 된다면 그들이 연구해온 반도사관이 허위라는 사실이 밝혀지게 될 것이기 때문이다. 그래서 언급조차 하지 않으려고 교과서에도 '삼위(三危)'라는 단어조차 기록하지 않았다.

둘째, '삼위(三危)'의 위치가 밝혀지게 되면 실증사학의 근간이 흔들리게 된다. 왜냐하면, 우리 민족이 환인(桓因)으로부터 반고(班固)와 환웅(桓雄)으로 분국 하게 되는 장소가 중국 대륙의 서역(西域)이기 때문이다. 이곳에서 한반도로 어떻게 이주하게 되었는가에 관해서 설명하려면 지금 우리가 교과서에서 배운 역사 상식가지고는 도저히 불가능하기 때문이다.

셋째, '삼위'의 위치가 밝혀지면 환국으로부터 분국(分國)하여 삼위산에서 터전을 삼은 반고(盤古)의 존재도 논쟁이 될 수 있다. 왜냐하면, 그가 바로 구환족이기 때문이며, 환국으로부터 분국하여 이주하였기 때문이다.

이처럼 상고사의 주요 단서가 있는 ≪삼국유사≫의 해석을 역사적 사실과는 다르게 하고 있는 것은 참으로 안타까운 현실이다. 그래서 '삼위태백' 기록을 단서로 하여 상세하게 역사연구를 통하여 ≪실증 배달국사≫ Ⅰ, Ⅱ를 저술하려는 사유이다. 삼위(三危)의 비밀을 잘 풀면 상고사의 큰 틀은 해결되는 것이다.

## 2. 대교 중학교 역사교과서의 삼위 해석

2010년 7월 30일 교육과학기술부 검정 중학교 교과서 중 2번째로 대교 중학교 역사교과서를 원본과 함께 살펴보고자 한다.

**하늘에서 내려온 환웅, 웅녀와 혼인을 하다**

옛날 하늘나라에 환인이 있었다. 그의 아들 환웅이 인간 세상으로 내려가고 싶어 하자, 환인이 아들의 뜻을 알고 널리 인간 세상을 다스려 이롭게 할 만한 근거지를 찾았다. 그는 환웅에게 천부인 3개와 3천 명의 무리를 주어 태백산으로 내려가 다스리게 하였다.

환웅은 태백산 꼭대기 신단수 아래로 내려와 그곳을 신시(神市)라고 부르고 스스로를 환웅천왕이라고 하였다. 그는 바람의 신, 비의 신, 구름의 신을 거느리고 곡식, 생명, 질병, 형벌, 선악 등 인간 세상의 360여 가지 일을 주관하였다.

그때 곰과 호랑이가 인간으로 태어나게 해달라고 환웅에게 기원하자 환웅은 신령스러운 쑥 한 자루와 마늘 스무 톨을 주며 말하였다.

"너희들이 이것을 먹고 100일 동안 햇빛을 보지 않으면 소원대로 사람의 몸으로 바뀌어지리라."

곰과 호랑이는 쑥과 마늘만 먹으면서 동굴 생활을 시작하였다. 삼칠일을 잘 참아 곰은 마침내 여자의 몸이 되었지만 호랑이는 견디지 못하고 뛰쳐나가 사람의 형체를 얻지 못하였다. 여인이 된 곰웅녀은 아기를 갖고 싶었지만 혼인할 사람이 없어 매일 신단수 아래에 와서 아기를 갖게 해달라고 빌었다. 이에 환웅이 잠시 인간으로 모습을 바꾸어 웅녀와 혼인하여 아들을 낳으니 이름을 단군왕검이라고 하였다.

– "삼국유사"

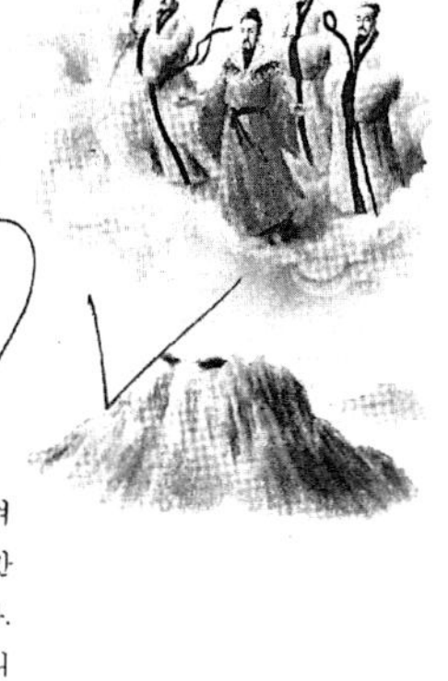

[그림 100] 2010년 7월 30일 교육과학기술부 검정을 마친 대교의 중학교 역사교과서 상권 29쪽. ≪삼국유사≫ 인용 자료이다.

대교 중학교 역사교과서에서 ≪삼국유사≫를 어떻게 해석하였는지 살펴보면

삼국유사 원문

고기운 석유환국(위제석야) 서자환웅 삭의천하 탐구인세 부지자의 하시삼위태백 가이홍익인간

古記云 昔有桓国(謂帝釋也) 庶子桓雄 數意天下 貪求人世 父知子意 下視三危太伯 可以弘益人間

옛날 하늘나라에 환인이 있었다. 그의 아들 환웅이 인간 세상으로 내려가고 싶어 하자, 환인이 아들의 뜻을 알고 널리 인간 세상을 다스려 이롭게 할 만한 근거지를 찾았다.

대교 중학교 역사교과서 해석을 살펴보면, '하시삼위태백(下視三危太伯)'을 '삼위산(三危山)과 태백산(太白山)을 내려다보고'로 해석하지 않고 '근거지를 찾았다.'라고 축소 해석하였다.

이 교육을 받을 학생들이 어떻게 삼위·태백을 알 수 있겠는가? 중국 서역의 삼위산(三危山)이 우리 역사와 관련 있다는 것을 평생 알 수 있겠는가? 어떤 근거지를 찾아보았는지 알맹이가 빠진 설명이다. '삼위산(三危山)과 태백산(太白山)을 근거지로 살펴보았다.'라고 해석하여야만 바른 해석이 될 것이다.

## 3. 비상교육 중학교 역사교과서의 삼위 해석

2010년 7월 30일 교육과학기술부 검정 중학교 교과서 중 3번째로 비상교육 중학교 역사교과서를 원본과 함께 살펴보고자 한다.

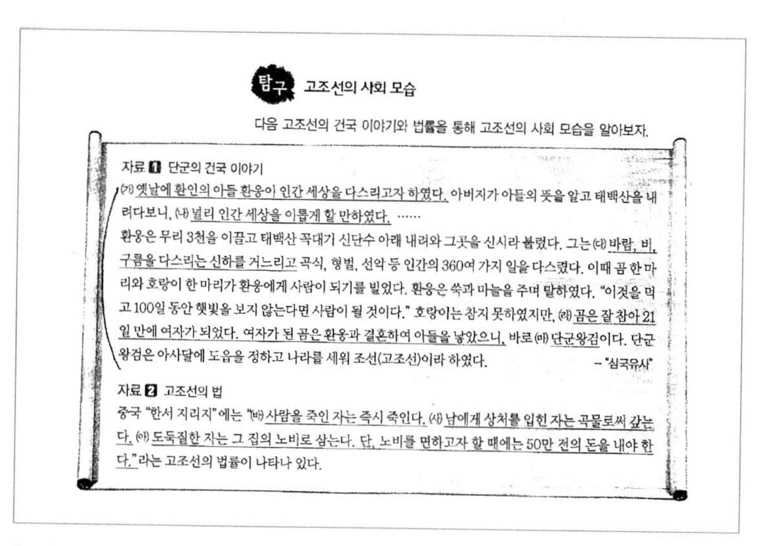

탐구 고조선의 사회 모습

다음 고조선의 건국 이야기와 법률을 통해 고조선의 사회 모습을 알아보자.

자료 1 단군의 건국 이야기

(가) 옛날에 환인의 아들 환웅이 인간 세상을 다스리고자 하였다. 아버지가 아들의 뜻을 알고 태백산을 내려다보니, (나) 널리 인간 세상을 이롭게 할 만하였다. ……
환웅은 무리 3천을 이끌고 태백산 꼭대기 신단수 아래 내려와 그곳을 신시라 불렀다. 그는 (다) 바람, 비, 구름을 다스리는 신하를 거느리고 곡식, 형벌, 선악 등 인간의 360여 가지 일을 다스렸다. 이때 곰 한 마리와 호랑이 한 마리가 환웅에게 사람이 되기를 빌었다. 환웅은 쑥과 마늘을 주며 말하였다. "이것을 먹고 100일 동안 햇빛을 보지 않는다면 사람이 될 것이다." 호랑이는 참지 못하였지만, (라) 곰은 잘 참아 21일 만에 여자가 되었다. 여자가 된 곰은 환웅과 결혼하여 아들을 낳았으니, 바로 (마) 단군왕검이다. 단군왕검은 아사달에 도읍을 정하고 나라를 세워 조선(고조선)이라 하였다.

– "삼국유사"

자료 2 고조선의 법

중국 "한서 지리지"에는 "(바) 사람을 죽인 자는 즉시 죽인다. (사) 남에게 상처를 입힌 자는 곡물로써 갚는다. (아) 도둑질한 자는 그 집의 노비로 삼는다. 단, 노비를 면하고자 할 때에는 50만 전의 돈을 내야 한다."라는 고조선의 법률이 나타나 있다.

[그림 101] 2010년 7월 30일 교육과학기술부 검정을 마친 비상의 중학교 역사교과서 상권 42쪽. ≪삼국유사≫ 인용 자료이다.

비상교육 중학교 역사교과서에서 ≪삼국유사≫를 어떻게 해석하였는지 살펴보면

삼국유사 원문

고기운 석유환국(위제석야) 서자환웅 삭의천하 탐구인세 부지

자의 하시삼위태백 가이홍익인간

古記云 昔有桓国(謂帝釋也) 庶子桓雄 數意天下 貪求人世 父知子意 下視三危太伯 可以弘益人間

옛날에 환인의 아들 환웅이 인간 세상을 다스리고자 하였다. 아버지가 아들의 뜻을 알고 태백산을 내려다보니, 널리 인간 세상을 이롭게 할 만하였다.

비상교육 중학교 역사교과서 해석을 살펴보면, '하시삼위태백(下視三危太伯)'을 '삼위산(三危山)과 태백산(太白山)을 내려다보고'로 해석하지 않고 '태백산을 내려다보니,'라고 해석하였다. 여기에서도 핵심 키워드인 삼위(三危)는 해석되지 않았다. 오히려 더욱 강조하고 강조하여야 할 핵심 지명을 애써 지우려 하는 것은 잘못된 것이다. 이러한 기조를 반도사관이며, 식민사관이라고 할 수밖에 없다. 그런데 이런 역사 왜곡을 조목조목 지적하려는 강단사학자들도 없다. 이 부분은 고대사에서 매우 중요한 단서이다. 지금의 중국 돈황일대, 즉 삼위산(三危山) 일대에 우리 구환족의 근거지를 삼았다는 기록인 것이다. 우선 삼위(三危)에 대한 체계적인 역사연구가 없다. 현 역사학계의 '금기어(禁忌語)'인 것이다. 이 어휘를 인용하면 점차 역사의 진실이 드러나기 때문이다. 이 기록을 실증을 통하여 증명하고자 이 책을 집필하게 되었다.

## 4. ㈜지학사 중학교 역사교과서의 삼위 해석

2010년 7월 30일 교육과학기술부 검정 중학교 교과서 중 4번째로 ㈜지학사 중학교 역사교과서를 원본과 함께 살펴보고자 한다.

탐/구/활/동 | 단군의 건국 이야기

옛날에 환인의 아들 환웅이 자주 인간 세상에 뜻을 두었다. 이에 환인은 태백산 지역이 널리 인간을 이롭게 할 만한 곳임을 알고 환웅에게 천부인 3개를 주어 내려가서 다스리게 하였다. 환웅은 그 무리 3,000명을 거느리고 태백산 신단수 아래로 내려와서 그곳을 신시라 불렀다. 환웅은 풍백, 우사, 운사를 거느리고 곡식, 수명, 질병, 형벌, 선악 등 인간의 360가지의 일을 주관하며 인간 세계를 다스리고 교화하였다. 이때 곰과 호랑이가 한 굴에 있어 항상 사람 되기를 기원하자, 환웅은 쑥과 마늘을 주고 이것을 먹고 백날 동안 햇빛을 보지 않으면 사람이 될 수 있다고 하였다. 곰이 잘 견뎌 여자의 몸이 되었는데, 환웅과 혼인하여 아이를 낳으니 그 이름을 단군왕검이라 하였다. 그는 평양성에 도읍을 정하고 비로소 조선이라 불렀다.

– 「삼국유사」

**과제 1** 윗글의 밑줄 친 부분을 통해 알 수 있는 고조선 건국 당시의 경제 활동의 모습을 설명해 보자.

**과제 2** 곰과 호랑이가 가리키는 것은 무엇인지 말해 보자.

03. 고조선의 건국과 발전 33

[그림 102] 2010년 7월 30일 교육과학기술부 검정을 마친 ㈜지학사의 중학교 역사교과서 상권 33쪽. ≪삼국유사≫ 인용 자료이다.

㈜지학사 중학교 역사교과서에서 ≪삼국유사≫를 어떻게 해석하였는지 살펴보면

삼국유사 원문

고기운 석유환국(위제석야) 서자환웅 삭의천하 탐구인세 부지

자의 하시삼위태백 가이홍익인간

古記云 昔有桓囯(謂帝釋也) 庶子桓雄 數意天下 貪求人世 父知子意 下視三危太伯 可以弘益人間

옛날에 환인의 아들 환웅이 자주 인간 세상에 뜻을 두었다. 이에 환인은 태백산 지역이 널리 인간을 이롭게 할 만한 곳임을 알고,

㈜지학사 중학교 역사교과서 해석을 살펴보면, '하시삼위태백(下視三危太伯)'을 '삼위산(三危山)과 태백산(太白山)을 내려다보고'로 해석하지 않고 '태백산 지역이'라고 해석하였다. 여기에서도 핵심 키워드인 삼위(三危)는 해석되지 않았다.

## 5. ㈜교학사 중학교 역사교과서 삼위 해석

2010년 7월 30일 교육과학기술부 검정 중학교 교과서 중 5번째로 ㈜교학사 중학교 역사교과서를 원본과 함께 살펴보고자 한다.

**탐구 활동** **단군 건국** 이야기의 의의

환인(하늘의 신)의 아들인 환웅이 인간 세상을 내려다보고, 널리 인간 세상을 이롭게 하고자 하여 무리를 이끌고 태백산 꼭대기에 내려왔다. 환웅은 바람, 비, 구름을 다스리는 신하를 거느리고 곡식과 생명, 질병, 형벌 등을 다스렸으며, 세상을 교화하였다. 이때 곰과 호랑이 한 마리가 환웅에게 사람이 되길 청하니, 환웅이 마늘과 쑥을 주며 100일 동안 햇빛을 보지 말라고 하였다. 호랑이는 이를 어겨 사람이 되지 못하였으나 곰은 여인이 되어 환웅과 결혼하여 아들을 낳았으니, 이름을 단군왕검이라 하였다.

– "삼국유사" 수정 인용

| **활동 1** | 환웅 부족과 토착 세력인 곰 부족이 연합하였음을 알 수 있는 부분을 찾아보자.

| **활동 2** | 단군 건국 이야기의 의의를 우리 민족이 외적의 침략을 받아 어려움을 겪었던 시기와 관련지어 생각해 보자.

**[그림 103]** 2010년 7월 30일 교육과학기술부 검정을 마친 ㈜교학사의 중학교 역사교과서 상권 35쪽. ≪삼국유사≫ 인용 자료이다.

㈜교학사 중학교 역사교과서에서 ≪삼국유사≫를 어떻게 해석하였는지 살펴보면

삼국유사 원문

고기운 석유환국(위제석야) 서자환웅 삭의천하 탐구인세 부지자의 하시삼위태백 가이홍익인간

古記云 昔有桓国(謂帝釋也) 庶子桓雄 數意天下 貪求人世 父知子意 下視三危太伯 可以弘益人間

환인(하늘의 신)의 아들인 환웅이 인간 세상을 내려다보고, 널리 인간 세상을 이롭게 하고자 하여

㈜교학사 중학교 역사교과서 해석을 살펴보면, '하시삼위태백(下視三危太伯)'을 '삼위산(三危山)과 태백산(太白山)을 내려다보고'로 해석하지 않고, 아무런 해석도 없다. 여기에서도 핵심 키워드인 삼위(三危)는 해석되지 않았다.

# 6. 두산동아 중학교 역사교과서의 삼위 해석

2010년 7월 30일 교육과학기술부 검정 중학교 교과서 중 6번째로 두산동아 중학교 역사교과서를 원본과 함께 살펴보고자 한다.

역사 자료실 단군의 고조선 건국

환인의 아들 환웅이 무리를 이끌고 태백산 신단수 아래로 내려왔다. 그는 풍백, 우사, 운사를 거느리고, 곡식, 생명, 질병, 형벌, 선악 등과 인간의 360여 가지 일을 주관하며 인간 세상을 다스리고 교화하였다.

이때 곰과 호랑이가 사람이 되기를 원하므로, 환웅은 쑥과 마늘을 주고 이것을 먹으면서 100일간 햇빛을 보지 않는다면 사람이 될 것이라고 하였다. 곰은 이를 지켜 21일 만에 여자로 태어났고, 환웅과 혼인하여 아들을 낳았다. 이가 곧 단군왕검이다. 단군왕검은 아사달에 수도를 정하고 조선이라는 나라를 세웠다(기원전 2333년).

- "삼국유사" -

**[그림 104]** 2010년 7월 30일 교육과학기술부 검정을 마친 두산동아의 중학교 역사교과서 상권 32쪽. ≪삼국유사≫ 인용 자료이다.

두산동아 중학교 역사교과서에서 ≪삼국유사≫를 어떻게 해석하였는지 살펴보면

삼국유사 원문

고기운 석유환국(위제석야) 서자환웅 삭의천하 탐구인세 부지

자의 하시삼위태백 가이홍익인간

古記云 昔有桓国(謂帝釋也) 庶子桓雄 數意天下 貪求人世 父知子意 下視三危太伯 可以弘益人間

환인의 아들인 환웅이

두산동아 중학교 역사교과서 해석을 살펴보면, '하시삼위태백(下視三危太伯)'을 '삼위산(三危山)과 태백산(太白山)을 내려다보고'로 해석하지 않고, 아무런 해석도 없다. 여기에서도 핵심 키워드인 삼위(三危)는 해석되지 않았다.

# 7. 천재교육 중학교 역사교과서의 삼위 해석

2010년 7월 30일 교육과학기술부 검정 중학교 교과서중 7번째로 천재교육 중학교 역사교과서를 원본과 함께 살펴보고자 한다.

단군 신화

옛날 하늘나라의 왕 환인의 아들 환웅이란 이가 있어 자주 천하에 뜻을 두면서 인간 세상을 몹시 바라고 있었다. 그 아버지가 아들의 뜻을 알고 지상 세계를 두루 내려다보니 인간들에게 커다란 이익을 줄 만하므로, 이에 천부인 세 개를 주어 내려 보내어 다스리게 하였다. 환웅이 3천여 명의 무리를 거느리고 태백산 꼭대기 신단수 아래에 내려와 그곳을 신시라 이름하고, 자신을 환웅천왕이라 하였다. 그리고 바람과 비와 구름을 관장하는 자들을 거느려 곡식과 생명, 병과 형벌, 선과 악을 맡게 하고, 무릇 인간 세상의 360여 가지 일들을 주관하여 살면서 세상을 다스리고 교화하였다. 때마침 곰 한 마리와 호랑이 한 마리가 같은 굴에 살면서, 환웅에게 늘 사람으로 변하도록 해 달라고 빌었다. 이때 환웅은 영험이 있는 쑥 한 타래와 마늘 스무 개를 주면서 말하기를, "너희가 이것을 먹고 100일 동안 햇빛을 보지 않으면 사람이 될 수 있을 것이다."라고 하였다. 곰과 호랑이는 이것을 얻어먹고 21일 동안 조심하여 곰은 여자의 몸이 되었으나, 호랑이는 조심하지 못하여 사람이 되지 못하였다. 곰 여인은 혼인할 자리가 없었으므로 매번 신단수 아래에서 아이를 갖게 해 달라고 빌었다. 환웅이 이에 잠시 사람으로 변해서 그녀와 혼인하여 아들을 낳으니, 이름을 단군왕검이라 하였다. 단군왕검은 중국의 요 임금이 왕위에 오른 지 50년이 되는 경인년에 평양성에 도읍하고, 비로소 조선이라 일컬었다.

\- "삼국유사" -

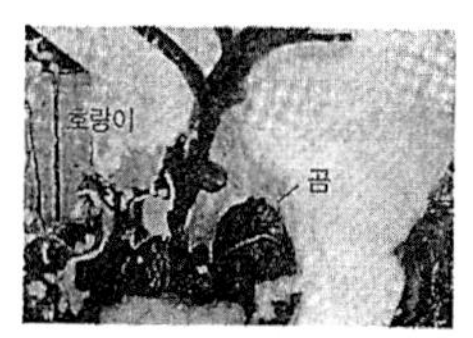


**고구려 각저총의 벽화에 보이는 곰과 호랑이** 고구려 고분인 각저총의 그림에서 씨름하는 사람 옆의 나무 밑에 곰과 호랑이의 모습이 그려져 있다. 고구려에도 곰과 호랑이를 숭배하는 신앙이 계승되었음을 알 수 있다.

**[그림 105]** 2010년 7월 30일 교육과학기술부 검정을 마친 천재교육의 중학교 역사교과서 상권 35쪽. ≪삼국유사≫ 인용 자료이다.

천재교육 중학교 역사교과서에서 ≪삼국유사≫를 어떻게 해석하였는지 살펴보면

삼국유사 원문

고기운 석유환국(위제석야) 서자환웅 삭의천하 탐구인세 부지자의 하시삼위태백 가이홍익인간

古記云 昔有桓国(謂帝釋也) 庶子桓雄 數意天下 貪求人世 父知子意 下視三危太伯 可以弘益人間

옛날 하늘나라의 왕 환인의 아들 환웅이란 이가 있어 자주 천하에 뜻을 두면서 인간 세상을 몹시 바라고 있었다. 그 아버지가 아들의 뜻을 알고 지상 세계를 두루 내려다보니 인간들에게 커다란 이익을 줄만하므로

두산동아 중학교 역사교과서 해석을 살펴보면, '하시삼위태백(下視三危太伯)'을 '삼위산(三危山)과 태백산(太白山)을 내려다보고'로 해석하지 않고, '지상 세계를 두루 내려다보니'라고 해석하였다. 여기에서도 핵심 키워드인 삼위(三危)는 해석되지 않았다.

지금까지 7권의 교육과학기술부 검정을 마친 중학교 ≪역사≫ 상권을 살펴보았다. ≪삼국유사≫의 상고사 기록을 정확하게 번역하여 역사를 바르게 인식하는 것은 매우 중요한 역사교육의 목적이다. 삼위·태백이 '산(山)'이라는 것을 바로 아랫글인 '태백산정(太伯山頂)'에서 알 수 있다. 삼위는 삼위산(三危山)이며, 태백은 태백산(太白山)이다. 삼위산은 중국 감숙성 돈황현에 있다. 태백산은 섬서성 미현에 있다. 이렇게 핵심어휘인 삼위는 언급조차 없다.

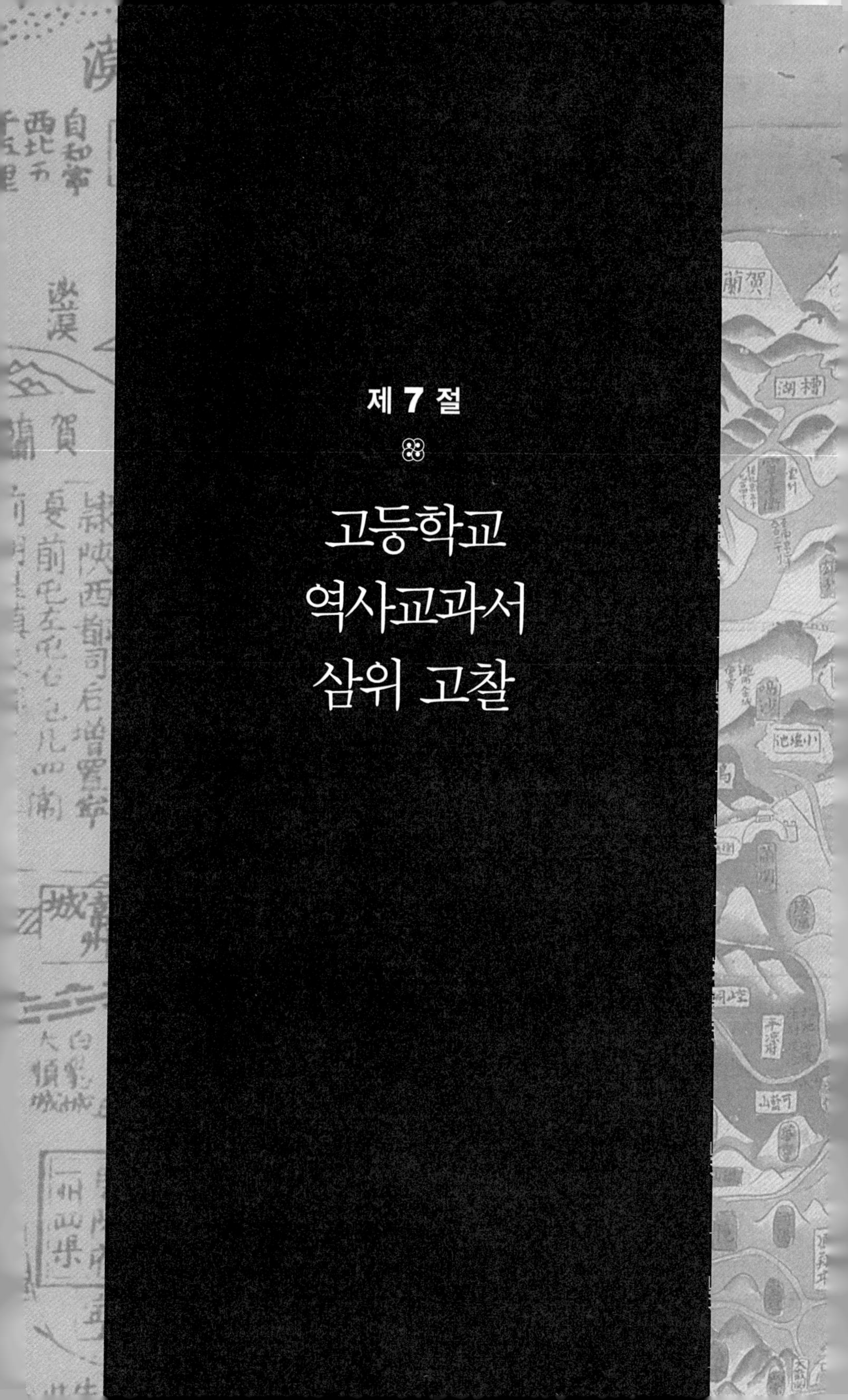

## 제 7 절

# 고등학교 역사교과서 삼위 고찰

중학교 역사교과서에 이어서 고등학교 역사교과서를 살펴보고자 한다. 상고사 부분은 대부분 ≪삼국유사)≫와 ≪제왕운기≫를 해석하여 설명하고 있다. 그중에서 ≪삼국유사≫ 해석현황을 살펴보고자 한다. 원문과 비교하여 살펴보면 최소한의 삼위·태백 원문인용조차 기대하기 힘들다.

**[표 026] 고등학교 역사교과서 삼국유사 해석 현황**

| 역사교과서 | 삼위태백(三危太伯) 해석현황 |
|---|---|
| 삼국유사<br>원문(原文) | 하시삼위태백 가이홍익인간<br>(下視三危太伯 可以弘益人間) |
| ㈜미래엔<br>구)대한교과서 | 인간을 널리 이롭게 한다.<br>(홍익인간). |
| 천재교육 | 인간 세계를 내려다보니 |
| 법문사 | 삼위 태백산을 내려다보니 인간을 널리 이롭게 할 만하여, |
| 비상교육 | 삼위태백(三危太伯)을 내려다보니 가히 널리 인간을 이롭게 할 만하므로[홍익인간(弘益人間)] |
| ㈜지학사 | 언급 없음 |

## 1. ㈜미래엔 고등학교 역사교과서의 삼위 해석

2010년 7월 30일 교육과학기술부 검정 고등학교 교과서 중 ㈜미래엔 고등학교 역사교과서를 원문과 함께 살펴보고자 한다.

**고조선, 청동기 문화를 기반으로 성장하다**

"삼국유사"의 기록에 따르면 단군왕검이 고조선을 건국하였다. 단군왕검은 당시 지배자의 칭호였다. 단군이 이끄는 집단은 하늘의 자손이라는 천손 사상을 앞세워 주변의 군장 사회를 정복하거나 연맹을 맺으면서 점차 세력을 확대하였다. 이 과정에서 '인간을 널리 이롭게 한다(홍익인간).'는 이념을 내세우며 새로운 사회 질서를 형성해 갔다. 단군 신화에는 이와 같은 고조선의 성립에 대한 역사적 사실이 반영* 되어 있다.

고조선은 요령 지방을 중심으로 성장하여 점차 세력을 확대하면서 한반도까지 발전하였다. 이와 같은 사실은 비파형 동검이나 고인돌의 분포를 통해 짐작할 수 있다. 문헌에 따르면, 고조선은 기원전 4세기 말에는 왕을 칭할 정도의 국가 체제를 갖추었다. 기원전 3세기에는 부왕(否王), 준왕(準王)과 같은 강력한 왕이 등장하여 왕위를 세습하였으며, 그 밑에 상(相), 대부(大夫), 장군(將軍) 등의 관직을 두었다. 고조선은 이러한 국가 체제를 바탕으로 중국의 전국 7웅* 중 연(燕)과 대적할 만큼 강성하였다.

[그림 106] 2010년 7월 30일 교육과학기술부 검정을 마친 ㈜미래엔의 고등학교 역사교과서 16쪽. ≪삼국유사≫ 인용 자료이다.

㈜미래엔 고등학교 역사교과서에서 ≪삼국유사≫를 어떻게 해석하였는지 살펴보면

삼국유사 원문

고기운 석유환국(위제석야) 서자환웅 삭의천하 탐구인세 부지자의 하시삼위태백 가이홍익인간

古記云 昔有桓国(謂帝釋也) 庶子桓雄 數意天下 貪求人世 父知子意 下視三危太伯 可以弘益人間

"삼국유사"의 기록에 따르면 단군왕검이 고조선을 건국하였다. 단군왕검은 당시 지배자의 칭호였다. 단군이 이끄는 집단은 하늘의 자손이라는 천손 사상을 앞세워 주변의 군장 사회를 정복하거나 연맹을 맺으면서 점차 세력을 확대하였다. 이 과정에서 '인간을 널리 이롭게 한다(홍익인간).'는 이념을 내세우며 새로운 사회 질서를 형성해 갔다. 단군 신화에는 이와 같은 고조선의 성립에 대한 역사적 사실이 반영되어 있다.

㈜미래엔 고등학교 역사교과서 해석을 살펴보면, '하시삼위태백(下視三危太伯)'을 '삼위산(三危山)과 태백산(太白山)을 내려다보고'로 해석하지 않고, 아무런 해석도 없다. 여기에서도 핵심 키워드인 삼위(三危)는 해석되지 않았다. 언급조차 없다.

고등학교 졸업 이후에는 대학교는 전공별 교육으로 역사를 전공하지 않으면 삼위·태백에 대해서는 공식적으로 배울 기회가 없다. 그래서 고등학교 교육은 더욱 중요하지만 안타깝게도 일부 고등학교 역사교과서에서는 삼위·태백은 언급이 안 되고 있다. 그래서 고

등학교를 마친 아이들과 이야기를 해 봐도 삼위·태백은 배운 적이 없다고 한다. 이것이 역사교육의 현실이다.

## 2. 천재교육 고등학교 역사교과서의 삼위 해석

2010년 7월 30일 교육과학기술부 검정 고등학교 교과서 중 2번째로 천재교육 고등학교 역사교과서를 원본과 함께 살펴보고자 한다.

**사료 탐구 / 단군의 건국 신화와 고조선**

**자료1** 옛날에 환인(桓因)의 아들 환웅(桓雄)이 천하에 자주 뜻을 두고 인간 세상을 갈구하였다. 아버지는 아들의 뜻을 알고 인간 세계를 내려다보니 널리 이롭게 할 만하였다. …… 환웅은 무리 삼천 명을 거느리고 태백산(太白山)의 신단수(神檀樹) 밑에 내려와서 여기를 신시(神市)라 불렀다. …… 그는 풍백(風伯), 우사(雨師), 운사(雲師)를 거느리고 곡식, 수명, 질병, 형벌 등 인간의 여러 가지 일을 주관하여 인간 세계를 다스리고 교화시켰다. 이때 곰 한 마리와 범 한 마리가 같은 굴에 살았는데, 늘 환웅에게 사람 되기를 빌었다. …… 곰은 약속한 지 21일 만에 여자의 몸이 되었으나, 범은 능히 지키지 못하여 사람이 되지 못하였다. …… 환웅은 여자가 된 곰과 결혼하여 아들을 낳았고, 그를 단군왕검(檀君王儉)이라 하였다. …… 단군은 경인년에 평양성에 도읍을 정하고 나라 이름을 조선이라 하였다. -「삼국유사」-

단군 표준 영정

[그림 107] 2010년 7월 30일 교육과학기술부 검정을 마친 천재교육의 고등학교 역사교과서 18쪽. ≪삼국유사≫ 인용 자료이다.

천재교육 고등학교 역사교과서에서 ≪삼국유사≫를 어떻게 해석하였는지 살펴보면

삼국유사 원문

고기운 석유환국(위제석야) 서자환웅 삭의천하 탐구인세 부지자의 하시삼위태백 가이홍익인간

古記云 昔有桓国(謂帝釋也) 庶子桓雄 數意天下 貪求人世 父知子意 下視三危太伯 可以弘益人間

옛날에 환인(桓因)의 아들 환웅(桓雄)이 천하에 자주 뜻을 두고 인간 세상을 갈구하였다. 아버지는 아들의 뜻을 알고 인간 세계를 내려다보니 널리 이롭게 할 만하였다.

천재교육 고등학교 역사교과서 해석을 살펴보면, '하시삼위태백(下視三危太伯)'을 '삼위산(三危山)과 태백산(太白山)을 내려다보고'로 해석하지 않고, '인간 세계를 내려다보니.'로 해석하였다. 여기에서도 핵심 키워드인 삼위(三危)는 해석되지 않았다. 언급조차 없다. 고등학교 교과서에서 달라진 점은 환인(桓因)과 환웅(桓雄)을 한문(漢文)으로도 설명하고 있다는 점이다. 우리나라와 중국 일본 옛 기록이 모두 한문으로 되어 있으니 한문으로도 기록한다는 점은 매우 잘 하고 있는 것이다. 그런데도 핵심 어휘인 삼위(三危)는 언급조차 없다.

역사는 지리적으로 터전을 두고 나라가 형성된다. 그래서 모든 역사서에는 지리적 터전에 대한 기록이 있다. 그 지리적 터전이 바로 삼위·태백이다. 태백산에는 바로 환웅천왕께서 신시(神市)라는 도읍을 세우시고 나라를 열었다. 그래서 천왕(天王)이라는 칭호를

사용하고 있는 것이다. 그러나 ≪삼국유사≫에는 환웅천왕께서 건국하신 나라 이름이 없다. 다행히도 ≪환단고기≫에는 나라이름이 배달국(倍達國)이라는 사실을 전해주고 있다. 즉, 삼위·태백은 최초의 국가인 환국(桓國)에서 배달국으로 분국하는 시기의 건국이야기이다.

## 3. 법문사 고등학교 역사교과서의 삼위 해석

2010년 7월 30일 교육과학기술부 검정 고등학교 교과서 중 3번째로 법문사 고등학교 역사교과서를 원본과 함께 살펴보고자 한다.

옛날에 환인의 아들 환웅이 항상 천하에 뜻을 두고 인간 세상을 자주 내려다보았다. 환인이 아들의 뜻을 알고 삼위 태백산을 내려다보니 인간을 널리 이롭게 할 만하여, 이에 천부인 세 개를 주어 내려가 세상을 다스리게 하였다. …… 환웅은 무리 삼천 명을 이끌고 태백산 꼭대기 신단수 아래로 내려와 그곳을 신시(神市)라 불렀다. 그는 풍백, 우사, 운사를 거느리고 곡식, 수명, 질병, 형벌, 선악 등 무릇 인간의 삼백예순여 가지 일을 맡아서 인간 세상을 다스리고 교화하였다.
그때 곰 한 마리와 범 한 마리가 같은 굴에 살았는데, 항상 환웅에게 사람이 되고 싶다고 빌었다. 한번은 환웅이 신령스러운 쑥 한 자루와 마늘 스무 톨을 주면서 말하였다. "너희가 이것을 먹고 백 일 동안 햇빛을 보지 않으면 사람이 될 것이다." 곰은 세이레 동안 참고 견디어 여자의 몸이 되었으나, 범은 참지 못해 사람이 되지 못하였다. 웅녀는 자기와 혼인할 이가 없어 항상 신단수 아래에서 아이를 갖게 해 달라고 빌었다. …… 환웅이 잠깐 사람으로 변해 웅녀와 혼인하여 아들을 낳으니, 그 이름을 단군왕검이라 하였다. 단군왕검은 아사달에 도읍을 정하고 나라를 세워 조선이라 하였다.
- "삼국유사" -

**[그림 108]** 2010년 7월 30일 교육과학기술부 검정을 마친 법문사의 고등학교 역사교과서 22쪽. ≪삼국유사≫ 인용 자료이다.

법문사 고등학교 역사교과서에서 ≪삼국유사≫를 어떻게 해석하였는지 살펴보면

삼국유사 원문

고기운 석유환국(위제석야) 서자환웅 삭의천하 탐구인세 부지자의 하시삼위태백 가이홍익인간

古記云 昔有桓国(謂帝釋也) 庶子桓雄 數意天下 貪求人世 父知

子意 下視三危太伯 可以弘益人間

옛날에 환인의 아들 환웅이 항상 천하에 뜻을 두고 인간 세상을 자주 내려다보았다. 환인이 아들의 뜻을 알고 삼위 태백산을 내려다보니 인간을 널리 이롭게 할 만하여

법문사 고등학교 역사교과서 해석을 살펴보면, '하시삼위태백(下視三危太伯)'을 '삼위산(三危山)과 태백산(太白山)을 내려다보고'로 해석하지 않고, '삼위 태백산을 내려다보니.'로 해석하였다. 여기에서는 다행이도 핵심 키워드인 삼위(三危)가 언급되었다.

그러나 완전한 해석과 설명은 아니다. 왜냐하면 '삼위·태백'을 앞에 삼위는 삼위로 뒤에 태백은 태백산으로 해석하는 오류를 범하고 있다. 차라리 삼위·태백 그대로 인용하든지 아니면 삼위산·태백산으로 설명하든지 해야 바른 설명이다. 삼위 태백산은 2개의 산이 아니라 1개의 산으로 설명한 것이다. '태백산이 여러 개 있는데 그중에서 하나를 삼위 태백산이라고 이름한 것이다.'라는 설명이

다. 이는 세상에는 없는 사이비(似而非)[167] 산명을 만들어 내어 설명한 것이다.

역사학자들은 왜 삼위를 사실대로 삼위산(三危山)으로 해석하는 것을 꺼리는 것일까?

사실대로 삼위산으로 설명하게 되면 중국 감숙성 돈황현의 삼위산(三危山)과 한반도로 이주한 한민족과의 관계를 설명해야 하는데 이 부분은 우리나라 역사학계를 근간을 흔드는 문제이다. 왜냐하면 한반도 위주로 우리역사를 설명하는 반도사관과 정면으로 배치되기 때문에 삼위산으로 해석하는 것을 금기시하는 것이다. 그러나 역사의 진실은 반드시 밝혀질 것이며, 그 진실을 위하여 이 책을 집필하게 된 것이다.

---

167) 사이비(似而非)는 공자(公子)의 말에서 유래(由來)했다. 만장(萬章)이 그의 스승 맹자(孟子)에게 물었다. "온 고을이 다 그를 향원(鄕原: 점잖은 사람)이라고 하면 어디를 가나 향원일 터인데 공자(孔子)께서 덕(德)의 도적이라고 하신 것은 무슨 까닭입니까?" 맹자(孟子)가 대답(對答)했다. "비난(非難)을 하려 해도 비난(非難)할 것이 없고 공격(功擊)을 하려 해도 공격(功擊)할 것이 없다. 시대(時代)의 흐름에 함께 휩쓸리며 더러운 세상(世上)과 호흡을 같이 하여 그의 태도(態度)는 충실하고 신의가 있는 것 같으며 그의 행동(行動)은 청렴하고 결백한 것 같다. 모든 사람들도 그를 좋아하고 그 자신도 스스로 옳다고 생각하고 있다. 그러나 그와는 함께 참다운 성현의 길로 들어갈 수 없다. 그래서 덕의 도적이라고 말하는 것이다." 공자(孔子)는 '나는 같고도 아닌 것(似而非)을 미워한다.'고 했다. 즉, 그들은 꼬집어 비난(非難)할 구석이 없으며 언뜻 보기에는 청렴결백한 군자(君子)와 같으나, 실인즉 오직 세속에 빌붙어서 사람들을 감복하게 하고, 칭찬(稱讚)을 받으며, 자신도 만족(滿足)한 삶을 누리는 것뿐 결코 성인(聖人)의 도를 행할 수 있는 인물(人物)이 아니라는 것이다. 그래서 공자(孔子)는 이들이야말로 '덕의 적'이라 하고 세상(世上)의 사이비 한 인간(人間)을 미워한다. 돌피는 잡초에 불과하나 벼포기와 비슷한 까닭으로 더욱 성가시다. 수작이 능한 자를 미워함은 정의를 혼란(混亂)하게 만드는 때문이요, 정(鄭) 나라의 음악(音樂)을 미워함은 그것이 아악과 비슷한 관계(關係)로 향원을 증오하는 까닭은 그들이 덕을 어지럽게 한다는 데 있다고 갈파했다.

## 4. 비상교육 고등학교 역사교과서의 삼위 해석

2010년 7월 30일 교육과학기술부 검정 고등학교 교과서 중 4번째로 비상교육 고등학교 역사교과서를 원본과 함께 살펴보고자 한다.

**3 고조선의 건국과 발전**

단군은 만주 랴오닝 지방과 한반도 서북 지방의 족장 사회를 통합하여 우리 민족 최초의 국가인 **고조선**을 건국하였다(기원전 2333).

옛날에 환인과 그의 아들 환웅이 있었는데, 아버지가 삼위태백(三危太伯)을 내려다 보니 가히 널리 인간을 이롭게 할 만하므로[홍익인간(弘益人間)], 아들에게 천부인(天符印) 세 개를 주어 보내 다스리게 하였다. …… 환웅은 무리 3천을 이끌고 태백산 꼭대기의 신령스러운 박달나무 아래에 내려가 풍백, 우사, 운사를 거느리고 곡물, 수명 등을 주관하며 세상을 다스렸다. 그때 곰과 호랑이가 같은 동굴에 살면서 환웅신에게 사람이 되기를 빌었다. …… 그중에서 곰은 삼칠일 동안 금기를 지켜 여자의 몸을 얻었으나, 호랑이는 금기를 지키지 않아 얻지 못하였다. …… 이에 환웅이 웅녀와 혼인하여 아이를 낳았으니, 이름하여 단군왕검이라 하였다.

– "삼국유사"

단군 영정

위 글은 단군신화로, 이를 통해 고조선이 농경 사회를 배경으로 건국되었음을 알 수 있다. 고조선은 랴오닝 지방과 대동강 유역을 중심으로 독자적인 문화를 이룩하면서 발전하였다. 이 지역은 청동기 시대의 유물인 비파형동검과 탁자식 고인돌이 많이 분포되어 고조선의 세력권을 짐작케 한다. 기원전 3세기경에는 왕위를 세습할 정도의 강력한 왕이 등장하였으며, 그 밑에 상, 대부, 장군 등의 관직도 두었다. 또, 요서 지방을 경계로 중국의 연과 대립할 만큼 강성하였다.

[그림 109] 2010년 7월 30일 교육과학기술부 검정을 마친 비상교육의 고등학교 역사교과서 20쪽. ≪삼국유사≫ 인용 자료이다.

비상교육 고등학교 역사교과서에서 ≪삼국유사≫를 어떻게 해석하였는지 살펴보면

삼국유사 원문

고기운 석유환국(위제석야) 서자환웅 삭의천하 탐구인세 부지자의 하시삼위태백 가이홍익인간

古記云 昔有桓国(謂帝釋也) 庶子桓雄 數意天下 貪求人世 父知子意 下視三危太伯 可以弘益人間

옛날에 환인과 그의 아들 환웅이 있었는데, 아버지가 삼위태백(三危太伯)을 내려다보니 가히 널리 인간을 이롭게 할 만하므로[홍익인간(弘益人間)]

비상교육 고등학교 역사교과서 해석을 살펴보면, '하시삼위태백(下視三危太伯)'을 '삼위산(三危山)과 태백산(太白山)을 내려다보고'로 해석하지 않고, '삼위태백(三危太伯)을 내려다보니'로 해석하였다. 여기에서는 다행히도 핵심 키워드인 삼위(三危)가 언급되었다.

이 검정교과서를 배운 사람들은 삼위태백은 기억하게 될 것이다. 물론 삼위(三危)에 대한 설명이 없기 때문에 자세한 역사의 비밀은 배울 기회가 없었을 것이다. 이처럼 역사교과서를 모두 살펴보는 것은 역사교육의 현실을 독자 여러분께 알려드리기 위해서다. 삼위산(三危山)의 역사가 밝혀지면 역사는 새로 써야 할 것이다.

삼위·태백은 우리 민족의 이동 경로를 밝혀줄 매우 중요한 기록이다. 수천 년 전의 역사가 기록으로 남게 되었는데 다행히도 그 기록이 ≪삼국유사≫의 ≪고서(古書)≫ 인용으로 후세에 전해지게

된 것이다. 그 전해진 핵심 기록을 바르게 정확하게 해석하는 것이 후손들이 해야 할 일이다.

## 5. ㈜지학사 고등학교 역사교과서의 삼위 해석

2010년 7월 30일 교육과학기술부 검정 고등학교 교과서 중 5번째로 ㈜지학사 고등학교 역사교과서를 원본과 함께 살펴보고자 한다.

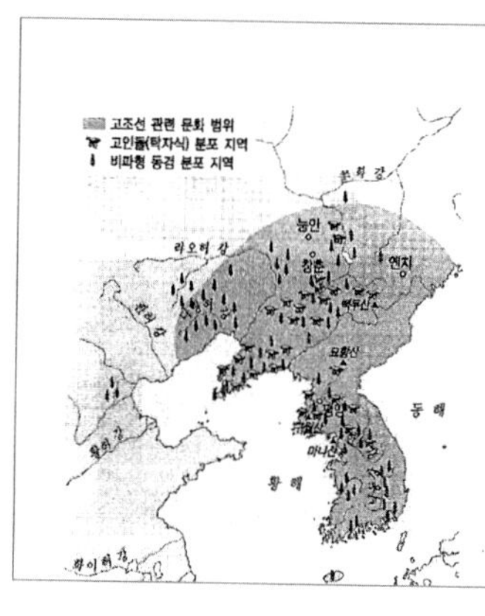


**고조선의 건국과 발전**

청동기 문화의 발전과 함께 족장 사회에서 가장 먼저 국가로 발전한 것은 고조선이었다. 『삼국유사』와 『동국통감』에 따르면 고조선은 단군왕검이 건국하였다고 한다(기원전 2333). 고조선은 요령 지방을 중심으로 성장하여 점차 주변 족장 사회를 통합하면서 한반도까지 발전하였다.

고조선의 건국 사실은 단군 이야기를 통해 알 수 있다. 고조선 사람들은 구릉 지대에 거주하면서 농경 생활을 하였고, 당시의 지배 계급은 농사와 형벌 등의 사회생활을 주도하였다.

[그림 110] 2010년 7월 30일 교육과학기술부 검정을 마친 ㈜지학사의 고등학교 역사교과서 20쪽. ≪삼국유사≫ 인용 자료이다.

㈜지학사 고등학교 역사교과서에서 ≪삼국유사≫를 어떻게 해석하였는지 살펴보면

삼국유사 원문

고기운 석유환국(위제석야) 서자환웅 삭의천하 탐구인세 부지자의 하시삼위태백 가이홍익인간

古記云 昔有桓国(謂帝釋也) 庶子桓雄 數意天下 貪求人世 父知子意 下視三危太伯 可以弘益人間

≪삼국유사≫와 ≪동국통감≫에 따르면 고조선은 단군왕검이 건국하였다고 한다(기원전 2333).

㈜지학사 고등학교 역사교과서 해석을 살펴보면, '하시삼위태백(下視三危太伯)'을 '삼위산(三危山)과 태백산(太白山)을 내려다보고'로 해석하지 않고, '≪삼국유사≫와 ≪동국통감≫에 따르면 고조선은 단군왕검이 건국하였다고 한다(기원전 2333).'는 내용만 전하고 있다. 여기에서도 핵심 키워드인 삼위(三危)는 언급조차 없다.

교육과학기술부 검정을 마친 고등학교 ≪역사≫ 책 5권을 살펴보았다. 그중 한 권에서만 삼위·태백을 원문대로 소개하고 있다. 또 1권은 삼위 태백산으로 소개하고 있으며 나머지 3권은 언급조차 없다. 반만년 역사를 가진 민족이라고 스스로 말하지만, 역사교과서를 살펴보면 부끄럽기 짝이 없다. 최소한의 삼위·태백 원문 소개라도 이루어져야 하지 않을까 한다.

이로써 삼위태백(三危太白) 기록 중에서 삼위 관련 연구를 마치고 이어서 태백(太白) 관련 연구를 통하여 ≪실증 배달국사≫ II에서 독자 여러분을 찾아 뵙고자 한다.

【 후기 】

# 역사의 진실을 이제는 당당하게 밝히자!

2017년 4월 20일 ≪조선일보≫에 “시진핑이 ‘한국은 중국의 일부였다’고 하더라”라는 기사가 보도되었다.

핵심 내용은 미국 트럼프 대통령과 2시간 독대 시간에 북핵 문제를 이야기하면서 대한민국의 역사에 대해서 추가 언급하면서 한 말이라는 내용이다. 참으로 통탄한 일이다.

## “시진핑이 ‘한국은 중국의 일부였다’고 하더라”

**트럼프, 정상회담때 얘기 공개**

**왜곡된 中華주의를 바탕으로 한반도 문제 풀어나갈 우려**

시진핑(習近平) 중국 국가주석이 지난 6~7일 미·중 정상회담에서 도널드 트럼프 미국 대통령에게 "한국은 역사적으로 중국의 일부"라고 말한 것으로 18일(현지 시각) 뒤늦게 확인됐다.

트럼프 대통령은 지난 12일 월스트리트저널(WSJ) 인터뷰 당시 북한 문제를 언급하면서 "(시 주석에 따르면) 한국은 사실 중국의 일부였다"고 말했다. 이 발언은 당시 WSJ 보도에는 없었지만, 미국 온라인 매체 쿼츠(Quartz)가 이날 인터뷰 발췌본을 인용해 추가 보도하는 과정에서 공개됐다.

쿼츠에 따르면, 트럼프 대통령은 "(북핵 문제 논의 과정에서) 시 주석이 중국과 한국의 역사를 설명하기 시작했다. 북한이 아니라 한국 전체(Not North Korea, Korea)의 역사"라고 말했다. 그러면서 "(시 주석이) 중국과 한국 간 수천 년 역사와 많은 전쟁을 이야기했다"며 "(시 주석에 따르면) 한국은 사실 중국의 일부였다. 그리고 (시 주석이 설명한 지) 10분 후 그것(중국의 북한 압박)이 쉽지 않을 것이라는 점을 깨달았다"고 했다.

트럼프 대통령과 시 주석은 정상회담에서 일대일로 통역만 대동한 채 2시간 이상 북핵 문제를 논의했다.

'한반도가 중국의 일부였다'는 시 주석의 발언이 어떤 맥락에서 나왔는지는 불분명하다. 시 주석이 한·중 역사를 설명하며 '원나라가 한때 고려를 지배했다'는 식으로 말한 것을 트럼프가 '중국의 일부였다'고 오해했을 가능성도 있다. 그러나 시 주석이 정말 '한국은 역사적으로 중국의 일부'라고 인식한다면 앞으로 중국이 왜곡된 중화주의를 바탕으로 한반도 문제를 풀어나갈 수 있다는 우려가 제기된다.

A2면에 계속 워싱턴=조의준 특파원

발행면수 A40·B12·C4·D8

[그림 111] 2017년 4월 20일 ≪조선일보≫의 역사 관련 보도자료.

그럼 왜 중국에서 대한민국을 바라보는 역사관이 이 지경에 이르게 되었는가를 먼저 살펴봐야만 해결책이 제시될 수 있을 것이다.

첫째, 대한민국의 역사학계의 문제점이다. 중국이 동북공정(東北工程)을 통하여 대한민국의 역사를 중국의 식민지 역사로 편입하려는 시도에 대응하는 태도가 문제이다.

오히려 대륙의 역사를 포기하고 반도사관 논리만 주장하고 있다는 점이다. 중국에서는 그런 대한민국의 어용 역사학자들이 오히려 자기들의 주장에 맞다고 해 주는 것이 되는 상황이니 어떻게 진실되게 역사를 바로 잡을 수 있겠는가?

당사자가 본인 주장을 포기하면 어떻게 진실을 세상에 바르게 알릴 수 있겠는가? 참으로 안타깝고 대한민국의 미래에 불행한 일이다.

또한, 국가에서는 더욱 안이하게 대처하고 있다. 일제강점기에 형성된 반도사관과 식민사관에서 벗어나지 못하고 역사광복은 아직도 이루어지지 않았기 때문이다. 책임 있는 정치 지도자 중에 어느 누가 당당하게 이 문제를 공론화하는 경우가 있는가?

둘째, 이 책에서 많은 실증적인 자료를 제시하면서 ≪삼국유사≫의 삼위태백(三危太伯)의 진실을 밝히려고 하였다. 수많은 자료가 의미하는 것은 단 한 가지이다. 삼위(三危)는 중국 감숙성 돈황(敦煌)에 있는 삼위산(三危山)을 말하고 있다는 것이다. 만약에 필자의 위 주장을 반박한 자료와 근거가 있다면 반드시 반박논문이나 반박하는 책을 세상에 내어야 할 것이다.

태백산은 우리나라 학자들의 90%가 백두산이라고 주장하고 있는데 이는 잘못된 학설이다. 태백산도 대륙에 있는 섬서성 미현에 있는 태백산이다.

그럼 삼위산과 태백산이 대륙에 있었으면, 환국과 배달국은 당연히 대륙에 있어야만 합리적인 추론이 되는 것이다.

셋째, 역사의 진실을 이제는 당당하게 밝혀야 할 것이다. 우리가 정식으로 인정하는 사서인 ≪삼국유사≫와 ≪제왕운기≫에 소개되고 있는 삼위태백(三危太伯)은 우리 대한민국의 뿌리가 대륙이며, 대륙의 주인이었으며, 점차 동방으로 동진하였다는 것이다. 환국(桓國), 배달국(倍達國), 단군조선(檀君朝鮮), 북부여(北夫餘), 고구려(高句麗), 발해(渤海)까지가 대륙의 역사이며 고려, 조선시대만 반도의 역사라는 점을 반드시 기억하고 당당하게 우리 민족의 진실을 밝혀야 할 것이다.

## • 원전(原典)

≪경전석문(經典釋文)≫

≪고금화이구역총요도(古今華夷區域總要圖)≫

≪고려사(高麗史)≫

≪고운집(孤雲集)≫

≪관암전서(冠巖全書)≫

≪괄지지(括地志)≫

≪괄지지(括地志)≫

≪규원사화(揆園史話)≫

≪논어(論語)≫

≪당토역대주군연혁지도(唐土歷代州郡沿革地圖)≫

≪대대예기(大戴禮記)≫

≪대명일통지(大明一統志)≫

≪대청광여도(大淸廣輿圖)≫

≪도경(道經)≫

≪동국사략(東國史略)≫

≪동국여지승람(東國輿地勝覽)≫

≪동국통감(東國通鑑)≫

≪동사강목(東史綱目)≫

≪동사보유(東史補遺)≫

≪마융상서주(馬融尙書注)≫

≪만서(蠻書)≫

≪맹자(孟子)≫

≪명도사지(明都司志)≫

≪방여(方輿)≫

≪부도지(符都誌)≫

≪사기(史記)≫

≪사기색은(史記索隱)≫

≪사기정의(史記正義)≫

≪사기집해(史記集解)≫

≪사서오경(四書五經)≫

≪산해경(山海經)≫

≪삼국사기(三國史記)≫

≪삼국유사(三國遺事)≫ 〈정덕본〉

≪삼국유사(三國遺事)≫ 〈파른본〉

≪삼국지(三國志)≫

≪상서고금문집해(尙書古今文集解≫

≪상서공전참정(尙書孔傳參正)≫

≪상서대전(尙書大傳)≫

≪상서정의(尙書正義)≫

≪상서주(尙書注)≫

≪상서주소(尙書注疏)≫

≪상서표주(尙書表注)≫

≪서경(書經)≫

≪서경집전(書經集傳)≫
≪서공전(書孔傳)≫
≪세종실록지리지(世宗實錄地理志)≫
≪수경(水經)≫
≪수경주(水經注)≫
≪수산집(修山集)≫
≪시경(詩經)≫
≪신강도(新疆圖)≫
≪신강전도(新疆全圖)≫
≪신교정산해경(新矯正山海經)≫
≪신단민사(神檀民史)≫
≪신당서(新唐書)≫
≪신이경(神異經)≫
≪신증동국여지승람(新增東國輿地勝覽)≫
≪약천집(藥泉集)≫
≪여씨춘추(呂氏春秋)≫
≪여지지(輿地志)≫
≪요사(遼史)≫
≪우공구주산천지도(禹貢九州山川之圖)≫
≪우공소재수산준천지도(禹貢所載隨山浚川之圖)≫
≪우적도(禹迹圖)≫
≪유헌집(游軒集)≫
≪응제시주(應製詩註)≫
≪임연백선시(臨淵百選詩)≫
≪자치통감(資治通鑑)≫

≪자치통감외기(資治通鑑外紀)≫
≪장자(莊子)≫
≪장자소(莊子疎)≫
≪장자음의(莊子音義)≫
≪장자주(莊子注)≫
≪장정석상서지리금석(蔣廷錫尙書地理今釋)≫
≪제왕운기(帝王韻紀)≫
≪조선왕조실록(朝鮮王朝實錄)≫
≪좌씨전(左氏傳)≫
≪중용(中庸)≫
≪중화신형세일람도(中華新形勢一覽圖)≫
≪중화인민공화국분성지도(中華人民共和國分省地圖)≫
≪지기(地記)≫
≪지도기(地道記)≫
≪지리약(地理略)≫
≪진서(晉書)≫
≪청고지도(淸古地圖)≫
≪초사(楚辭)≫
≪최신중화형세일람도(最新中華形勢一覽圖)≫
≪춘추좌씨경전집해(春秋左氏經傳集解)≫
≪통지(通志)≫
≪풍암집화(楓巖輯話)≫
≪하도괄지상(河圖括地象)≫
≪한서(漢書)≫
≪한서지리지(漢書地理志)≫

≪해동악부(海東樂府)≫
≪해동역사(海東繹史)≫
≪화이도(華夷圖)≫
≪환단고기(桓檀古記)≫, 광오이해사, 1979년
≪환단고기(桓檀古記)≫, 배달의숙, 1983년
≪환단고기(桓檀古記)≫, 현토원본, 상생출판, 2010년
≪회남교보(淮南校補)≫
≪회남자(淮南子)≫
≪회남자주(淮南子注)≫
≪회남홍렬해(淮南鴻烈解)≫
≪후한서(後漢書)≫
≪흠정서역동문지(欽定西域同文志)≫
≪흠정황여서역도지(欽定皇輿西域圖志)≫

## • 단행본

≪中國古今地名大辭典≫, 商務印書館, 1931年
≪中文大辭典≫, 中國文化大學印行, 1991年
강인숙, ≪단군 신화≫
강희남, ≪새번역 환단고기≫, 법경원, 2008년
고동영, ≪단기고사(檀奇古史)≫, 한뿌리, 1986년
고동영, ≪신단민사(神檀民史)≫, 한뿌리, 1986년
고동영, ≪환단고기≫, 한뿌리, 2005년
고운기, ≪삼국유사≫, 현암사, 2002년

郭沫若, ≪中國史稿地圖集≫上·下冊, 中國地圖出版社, 1996年
구인환, ≪삼국유사≫, ㈜신원출판사, 2002년
금서龍, ≪檀君考≫, 近澤, 1929년
今書龍, ≪朝鮮古史の硏究≫, 國書刊行會, 1937년
기세춘, ≪장자(莊子)≫, 바이북스, 2006년
김경묵, ≪이야기 세계사≫, 청아출판사, 2002년
김경수, ≪제왕운기(帝王韻紀)≫, 역락, 1999년
김영돈, ≪홍익인간과 환단고기≫, 유풍출판사, 1995년,
김영주, ≪단군조선사≫, 대원출판, 1987년
김용만, ≪고구려의 발견≫, 바다출판사, 1998년
김원중, ≪삼국유사≫, 민음사, 2007년
김은수, ≪부도지(符都誌)≫, 한문화, 1986년
김은수, ≪주해환단고기≫, 가나출판사, 1985년
金載元, ≪武氏祠石室 畵像石에 보이는 檀君神話≫
김정민, ≪단군의 나라 카자흐스탄≫, 글로벌콘텐츠, 2015년
김지선, ≪신이경(神異經) ≫, 지만지고전천줄, 2008년
김혜경, ≪청소년을 위한 삼국유사≫, 서해문집, 2002년
데레비안코, ≪알타이의 석기시대 사람들≫, 학연문화사, 2003년
데이비드 롤, ≪문명의 창세기≫, 해냄출판사, 1999년
도면회 등 7명, ≪고등학교 한국사≫, 비상교육, 2010년
류부현, ≪삼국유사의 교감학적 연구≫, 한국학술정보, 2007년
류정기, ≪합본사서오경≫, 태평양출판공사, 1983년
리상호, ≪고조선에 관한 토론논문집≫, 과학원출판사, 1963년
리상호, ≪사진과 함께 읽는 삼국유사≫, 까치, 1999년
몰로딘, ≪고대알타이의 비밀≫, 학연문화사, 2000년

문재현, ≪환단고기≫ 2권, 바로보인, 2005년
민영순, ≪규원사화(揆園史話)≫, 다운샘, 2008년
박문기, ≪대동이≫ 1, 2권, 정신세계사, 1987년
박문기, ≪맥이≫, 정신세계사, 1996년
박문기, ≪숟가락≫, 정신세계사, 1999년
박시인, ≪알타이신화≫, 청노루, 1994년
박용숙, ≪샤먼제국≫, 소동, 2010년
박창범, ≪하늘에 새긴 우리역사≫, 김영사, 2002년
블라지미르, ≪알타이의 암각예술≫, 학연문화사, 2003년
블라지미르, ≪알타이의 제사유적≫, 학연문화사, 1999년
서완석, ≪환단고기의 진실성입증≫, 샘, 2009년
성삼제, ≪고조선 사라진 역사≫, 동아일보사, 2005년
손성태, ≪아즈텍의 역사, 제도, 풍습 및 지명에 나타나는 우리말연구(라틴아메리카연구)≫, 배재대학교, 2009년
손성태, ≪우리민족의 대이동≫, 코리, 2014년
손연종, ≪단군과 고조선 연구(단군학회)≫, 지식산업사, 2005년,
시오노 나나미, ≪로마 멸망 이후의 지중해 세계≫, 한길사, 2009년
신용우, ≪환단고기를 찾아서≫ 1, 2, 3권, 작가와 비평, 2013년
신유승, ≪갑골문자로 푼 신비한 한자≫, 성채출판사, 2008년
신채호, ≪조선상고사≫, 비봉출판사, 2006년
안경전, ≪환단고기≫, 상생출판, 2012년
안호상, ≪겨레 역사 6천 년≫, 기린원, 1992년
양성민 등 4명 지음, 김영순 등 3명 옮김, ≪중국민속지≫, 한국학술정보, 2015년
양종현, ≪백년의 여정≫, 상생출판, 2009년

양태진, ≪환단고기≫, 예나루, 2009년
양호환 등 9명, ≪중학교 역사(상)≫, ㈜교학사, 2010년
윤치원, ≪부도지(符都誌)≫, 대원출판, 2002년
이강식, ≪환국, 신시, 고조선조직사≫, 상생출판, 2014년
이규태, ≪실크로드를 따라 성자의 발길따라≫, 동광출판사, 1985년
이기백, ≪단군 신화 논집≫, 새문사, 1990년
이도학, ≪한국고대사 그 의문과 진실≫, 김영사, 2001년
이문기 등 17명, ≪중학교 역사 (상)≫, 두산동아, 2010년
이문영, ≪만들어진 한국사≫, 파란미디어, 2010년
이민수, ≪삼국유사≫, 을유문화사, 2013년
이민수, ≪환단고기≫, 한뿌리, 1986년
이병도, ≪역주 삼국유사≫, 광조출판사, 1976년
이병도, ≪역주 원문 삼국유사≫, 명문당, 1990년
이병도, 최태영, ≪한국상고사입문≫, 고려원, 1989년
이상인, ≪청소년을 위한 삼국유사≫, 평단문화사, 2008년
이송은, ≪중국환상세계≫, 들녘, 2000년
이영희, ≪노래하는 역사≫, 조선일보사, 1994년
이이화, ≪한국사 이야기 1: 우리 민족은 어떻게 형성되었나≫, 한길사, 1999년
이일봉, ≪실증한단고기≫, 정신세계사, 1998년
이재호, ≪삼국유사≫, 솔출판사, 1997년
이정민, ≪중앙아시아 육로여행 내가 꿈꾸는 그곳≫, 이담, 2012년
이중재, ≪상고사의 새발견≫, 동신출판사, 1993년
이찬 등 8명 ≪사회과부도≫, 교학사, 1983년
임승국, ≪한단고기≫, 정신세계사, 1986년
장 보테로, ≪메소포타미아≫, 시공사, 1998년

張金奎, 《흉노제국이야기》, 아이필드, 2010년
장진근, 《만주원류고》, 파워북, 2008년
전문규, 《실증 환국사》 I, 북랩, 2015년
전문규, 《실증 환국사》 II, 북랩, 2015년
전형배, 《환단고기》, 코리언북스, 1998년
정선영 등 8명, 《중학교 역사 (상)》, ㈜미래엔, 2010년
정재승, 《바이칼 한민족의 시원을 찾아서》, 정신세계사, 2003년
정재정 등 5명, 《고등학교 한국사》, ㈜지학사, 2010년
정재정 등 8명, 《중학교 역사 (상)》, ㈜지학사, 2010년
정현진, 《천년왕국 수시아나에서 온 환웅》, 일빛, 2006년
정형진, 《신라왕족》, 일빛, 2005년
조승래 등 10명, 《중학교 역사 (상)》, 대교, 2010년
조한욱 등 11명, 《중학교 역사 (상)》, 비상교육, 2010년
주진오 등 8명, 《고등학교 한국사》, 천재교육, 2010년
주진오 등 9명, 《중학교 역사 (상)》, 천재교육, 2010년
朱學淵, 《비교언어학으로 밝혀낸 중국 북방민족들의 원류》, 우리역사연구재단, 2009년
지승, 《우리상고사기행》, 학민사, 2012년
최남선, 《불암문화론(不咸文化論)》, 1925년
최용범, 《하룻밤에 읽는 한국사》, 중앙M&B출판㈜, 2001년
최준채 등 5명, 《고등학교 한국사》, 법문사, 2010년
태산, 《금문신고(金文新考)》 1~7권, 미래교류, 2011년
한재규, 《만화한단고기》 1, 2, 3권, 북캠프, 2003년
한창건, 《석가모니는 단군족이었다》, 홍익출판기획, 2003년
한창건, 《한국고대사발굴》, 홍익출판기획, 2013년

한창건, ≪환국배달조선사신론≫, 홍익출판기획, 2012년
한철호 등 6명, ≪고등학교 한국사≫, ㈜미래엔, 2010년
허대동, ≪고조선 문자≫ 2권, 경진, 2013년
허대동, ≪고조선 문자≫, 경진, 2011년

## • 신문기사 및 인터넷

≪대구매일신문≫, 2002년 3월 21일, 박은용 교수 기사
≪조선왕조실록 홈페이지≫, http://sillok.history.go.kr
≪국립중앙박물관≫, http://www.museum.go.kr
인터넷포털 다음 한국어 검색, http://www.daum.net
인터넷포털 네이버 한자 검색, http://www.naver.com

ㄱ



ㄴ



ㄷ

ㅇ

ㅈ